普通高等职业教育
"十三五"规划教材

国际货运代理实务

黎　侨　徐斌华　李　琨　主　编
易　攀　吴　健　王智伟　宋岁岁　汪　洋　王　蓓　于　斌　副主编

清华大学出版社
北　京

内 容 简 介

本书基于校企合作的实践经验，将当前形势、国际货运理论与企业岗位要求相结合，根据我国国际货运代理业务的实际操作分为6个项目：项目一认识国际货运代理与岗位、项目二国际货运代理服务的采购、项目三国际货运代理服务的销售、项目四国际海上货运代理操作、项目五国际航空货运代理操作，以及项目六国际陆路货运代理与多式联运操作。每个项目都包括教学目标、项目导入、项目实施、思考、练习、拓展阅读和项目测评等内容。

本书适合作为普通高等职业院校物流管理等专业的教材，也适合物流、货物运输等行业从业人员参考使用。

本书封面贴有清华大学出版社防伪标签，无标签者不得销售。
版权所有，侵权必究。举报：010-62782989，beiqinquan@tup.tsinghua.edu.cn。

图书在版编目(CIP)数据

国际货运代理实务 / 黎侨，徐斌华，李琨主编. --北京：清华大学出版社，2017 (2024.7重印)
（普通高等职业教育"十三五"规划教材）
ISBN 978-7-302-47789-1

Ⅰ.①国… Ⅱ.①黎… ②徐… ③李… Ⅲ.①国际货运-货运代理-高等职业教育-教材 Ⅳ.①F511.41

中国版本图书馆 CIP 数据核字(2017)第 171812 号

责任编辑：刘志彬
封面设计：汉风唐韵
责任校对：宋玉莲
责任印制：刘海龙

出版发行：清华大学出版社
网　　址：https://www.tup.com.cn，https://www.wqxuetang.com
地　　址：北京清华大学学研大厦A座　　邮　编：100084
社 总 机：010-83470000　　邮　购：010-62786544
投稿与读者服务：010-62776969，c-service@tup.tsinghua.edu.cn
质量反馈：010-62772015，zhiliang@tup.tsinghua.edu.cn
印 装 者：天津鑫丰华印务有限公司
经　　销：全国新华书店
开　　本：185mm×260mm　　印　张：15.5　　字　数：359千字
版　　次：2017年7月第1版　　印　次：2024年7月第6次印刷
定　　价：42.00元

产品编号：072821-01

前　言

近年来，受 2008 年全球金融危机影响，世界经济大幅下滑，国际市场需求严重萎缩。我国外贸发展也遇到前所未有的困境。世界经济动力不足、深层次矛盾和问题不断出现，不确定、不稳定的因素在增加，党中央和国务院在应对各种困难和风险的挑战中审时度势、因势而谋、找准方向、顺势而为，明确提出扩内需、稳外需、调结构、促转型，并在优化国际市场结构、优化国内区域布局、优化外贸经营主体、优化商品新竞争优势等方面提出系列政策和举措。抓住机遇，大力推进沿疆沿边自贸区建设，出台贸易合作新机制，扩大跨境贸易人民币结算业务，促进贸易运输服务便利化，外贸增速企稳回升，发展质量稳步提高。我国在国际经贸事务中的影响力和话语权得到巩固和提高，为我国国际货运服务业创造了良好的国内外市场环境和发展基础。

我国国际货运代理业在分享经济发展，特别是国际经贸企稳，强力回升成果的同时，不断发掘行业的价值内涵，从业主体迅速发展。整个行业呈现以市场为导向，以创新现代服务理念，满足客户差异化需求为特征，你追我赶、合作竞争的新趋势，塑造了一批强者更大、小者更专、后来者更具竞争力的企业代表，行业整体实力得到提升。与此同时，国际货运代理企业需要更多懂理论、会操作的应用型技术人才，对从业人员的专业性提出了更高要求，由此，在校企合作的实践中，我们不断改革，也获得一些成果。于是，将当前形势、国际货运理论与企业实际操作要求相结合，梳理成册。

本书的编写得到了校企深度合作企业——重庆直通物流有限公司的大力支持，从企业视角为本书的编写打开思路。全书根据我国国际货运代理业务的实际操作，分为 6 个项目，并从具体案例中提炼出 20 个任务。每个项目都涉及教学目标、项目导入、项目实施、思考、练习、拓展阅读和项目测评等内容。本书在内容上注重精选、结合实际、突出应用；在编排上，以企业实际操作流程为顺序，做到项目流程化；在阐述上，力求简明扼要、图文并茂、通俗易懂，便于教学和自学。

  本书在编写过程中，借鉴了诸多学者的观点，参考了大量论文、专著和网络资料。这些学者的观点和著作对本书的编写有很大帮助，在此表示诚挚的感谢！由于编者水平有限、时间仓促，本书还需要不断完善，不足之处敬请专家和读者批评指正！

编 者

目　录

项目一　认识国际货运代理与岗位 ……………………………………… 1

　　教学目标 …………………………………………………………………… 1
　　项目导入 …………………………………………………………………… 1
　　项目实施 …………………………………………………………………… 2
　　任务一　认识国际货运代理的相关概念 ………………………………… 2
　　任务二　了解货运代理企业发展的内外部环境 ………………………… 8
　　项目测评 …………………………………………………………………… 16

项目二　国际货运代理服务的采购 ……………………………………… 18

　　教学目标 …………………………………………………………………… 18
　　项目导入 …………………………………………………………………… 18
　　项目实施 …………………………………………………………………… 19
　　任务一　全球主要承运人查询 …………………………………………… 19
　　任务二　班轮航线查询 …………………………………………………… 27
　　任务三　班轮运费查询与计算 …………………………………………… 44
　　任务四　货运代理其他服务查询与采购 ………………………………… 50
　　项目测评 …………………………………………………………………… 54

项目三　国际货运代理服务的销售 ……………………………………… 55

　　教学目标 …………………………………………………………………… 55
　　项目导入 …………………………………………………………………… 55
　　项目实施 …………………………………………………………………… 56
　　任务一　揽货及揽货策略认知 …………………………………………… 56
　　任务二　集装箱基础认知 ………………………………………………… 66
　　任务三　货运代理合同的磋商与订立 …………………………………… 73
　　项目测评 …………………………………………………………………… 77

| 项目四 | 国际海上货运代理操作 | 80 |

    教学目标 …………………………………………………………………… 80

    项目导入 …………………………………………………………………… 80

    项目实施 …………………………………………………………………… 81

    任务一   租船订舱与做箱操作 …………………………………………… 81

    任务二   代理报关与提单确认 ………………………………………… 117

    任务三   单证流转与货物跟踪 ………………………………………… 137

    任务四   费用结算与风险防范 ………………………………………… 141

    项目测评 ………………………………………………………………… 148

| 项目五 | 国际航空货运代理操作 | 150 |

    教学目标 ………………………………………………………………… 150

    项目导入 ………………………………………………………………… 150

    项目实施 ………………………………………………………………… 151

    任务一   办理航空货物托运 …………………………………………… 151

    任务二   航空运费计算 ………………………………………………… 177

    任务三   缮制航空货运单 ……………………………………………… 193

    项目测评 ………………………………………………………………… 206

| 项目六 | 国际陆路货运代理与多式联运操作 | 207 |

    教学目标 ………………………………………………………………… 207

    项目导入 ………………………………………………………………… 207

    项目实施 ………………………………………………………………… 208

    任务一   国际铁路联运操作 …………………………………………… 208

    任务二   国际公路联运操作 …………………………………………… 215

    任务三   国际多式联运基础认知 ……………………………………… 220

    任务四   国际多式联运操作 …………………………………………… 230

    项目测评 ………………………………………………………………… 239

参考文献 ………………………………………………………………… **241**

项目一 认识国际货运代理与岗位

教学目标

★知识目标

1. 了解国际货运代理的基本概念。
2. 了解国际货运代理企业的经营概况与市场竞争环境。
3. 认识国际货运代理企业内部组织结构和岗位，以及岗位之间的关系。

★能力目标

1. 能区分国际货运代理与货主、船东、船代、报关行等相关主体之间的关系。
2. 能根据自身实际，确定合适的求职目标岗位。
3. 形成市场的概念与意识，把握市场动向。了解货运代理行业的现状、货运代理企业市场环境、常见外贸商品的种类与特点，以及企业主要竞争对手的概况。
4. 了解货运代理公司的经营与盈利机制，了解货运代理公司常规的业务岗位的设置及其协作部门，能够把握工作中的各种因素及环节，积极主动地融入公司的企业文化和工作氛围。
5. 能灵活应对各种突发情况，掌握国际货运代理的责任及服务内容，正确规避货运代理公司的风险。

★素质目标

1. 培养强烈的主人翁意识。
2. 培养精益求精的敬业精神。

项目导入

某职业学院大三的四名同学参加重庆直通物流有限公司国际货运代理部的招聘，现该公司有四大岗位：业务员岗位、单证员岗位、操作员岗位和客服人员岗位。

四名同学踌躇满志，根据自己的求职意向，填写求职申请表，并等待人事部的面试通知。一周过去，四名同学相继接到重庆直通物流公司人事部的面试通知。面试那天，公司面试官就四个岗位分别提出以下问题。

业务员岗位：你了解我们直通物流公司吗？请结合重庆的物流环境谈谈物流公司开展货运代理业务的现状。如果本公司录用了你，作为业务员，你会如何给我们公司带来更大的效益？

单证员岗位：单证员的主要职责是什么？最重要的工作品质是什么？与其他岗位的关系是什么？

操作员岗位：重庆外贸商品的主要类别有哪些？到欧洲各国的主要航线有哪些？你对集装箱的基本类型及配载了解吗？

客服人员岗位：货运代理公司经营的主要产品是什么？怎样才能做好国际货运代理工作？遇到要求苛刻的客户该如何应对？

项目实施

任务一　认识国际货运代理的相关概念

一、国际货运代理

根据《中华人民共和国国际货物运输代理行业管理规定》，国际货运代理（international freight forwarding agent）是指国际货运代理组织接受进出口货物收货人、发货人的委托，以委托人或自己的名义，为委托人办理国际货物运输及相关业务，并收取劳务报酬的经济活动。国际货物运输代理企业可以作为进出口货物收货人、发货人的代理人，也可以作为独立经营人从事国际货运代理业务。国际货运代理组织是收货方和发货方之外的第三方主体，即中间型企业。

国际货运代理被称为国际货运、国际多式联运和国际物流的组织者、设计师和建筑师。10世纪，国际货运代理开始在欧洲出现，最初为佣金代理，后发展为中间人性质的独立行业，如今更是扮演了代理人与当事人的双重身份。第三方物流产生后，一些大型国际货运代理为迎合需要，提出了传统点到点运输以外的其他服务项目，包括进出口货物运输、仓储、包装、拼货、选货、装配、产品测试、库存管理、门到门服务等。国际货运代理已从传统的代理人变为国际贸易周转过程中的组织者，因此，无论是从国际货运代理本身所从事的业务范围来看，还是从国内外立法、司法形势来看，国际货运代理已开始由代理人向当事人的演变，即国际货运代理已具有代理人与当事人双重角色。

在如今的国际国内形势下，国际货运代理企业开展业务时，若想真正起到桥梁作用，就得从各个市场主体处采购到低价格的运输服务，再把这些服务销售给货主，从而解决不同国家间收发货人的远程运输难题。由此分析得出，国际货运代理人要开展工作，需借助以下几个条件。

▶ 1. 国际间运输的实际承运人

实际承运人拥有船舶、飞机、火车、车队、管道和集装箱等运输工具，有固定的航线、稳定的航班和较强的硬件设备。国际货运代理人在揽货成功后，可借助实际承运人的运输资源进行货物运输。

▶ **2. 国际间港口码头和国际间航线**

国际货运代理人需要借助在远洋、近海、内河、航空、铁路、公路等各种运输方式下的港口、码头、货运站、堆场、机场、火车站、汽运站等站场，以及深入全球各大洲的国际间航线，满足货主的个性化需求。

▶ **3. 全面布局的互联网信息网络**

国际间贸易在时间跨度和空间位移上存在巨大的协调难度，国际货运代理人在协助其解决相关问题时，可以做到几个方面：

（1）通过移动互联，将国内外公司、驻外办事机构、海外代理之间的信息通过电子数据交换技术及时交换；

（2）通过专业的物流信息平台实现网上货盘信息发布、整拼运价查询、网上订舱、货物跟踪、展会信息发布等一系列"互联网＋"服务；

（3）通过内部局域网操作网络与外部信息网络的有机结合，使公司实现对客户的零距离服务。

▶ **4. 庞大的海内外代理的社会网络体系**

世界各国均对货物有所限制，海关对货物的监管规定也各不相同，只有当地的企业有条件掌握具体的情况，从而确保货物运输的顺利完成。所以，国际货运代理人必须通过建立庞大而健全的海内外网络市场代理体系来打造开展国际货运业务的基础，从而提升货运代理服务的水平。

思考：国际货运代理的狭义解释与广义解释分别是什么？

二、国际货运代理的权利与义务

（一）国际货运代理的权利

国际货运代理企业的主要业务是接受货主的委托，代理客户完成国际贸易中的货物运输任务，货主是委托方，货运代理是代理人。根据我国《合同法》的有关规定，国际货运代理企业主要有以下权利：

（1）为客户提供货物运输代理服务获取报酬，即货运代理有权要求货主支付代理佣金，作为提供代理服务的报酬。

（2）接受委托人支付的因货物的运送、报关、投保、报关、办理汇票的承兑和其他服务所发生的一切费用，即货运代理有权要求货主支付由于办理代理工作而产生的有关费用。关于这方面费用，一般的做法是由货主事先支付给货运代理一笔费用，代理结束后再由货运代理向货主多退少补。

（3）接受委托人支付的因货运代理不能控制的原因，致使合同无法履行而产生的其他费用。如果客户拒付，国际货运代理人对货物享有留置权，有权以某种适当的方式将货物出售，以此来补偿所应收取的费用。

（4）接受承运人支付的订舱佣金，作为或代替船公司揽货的报酬。

（5）按照客户的授权，可以委托第三人完成相关代理事宜。

（6）接受委托事务时，由于货主或承运人的原因，致使货运代理受到损失，可以向货主或承运人要求赔偿损失。例如，货运代理根据货主要求向船公司订妥舱位，但后来由于货主备货不足,造成空舱损失,货运代理有权要求货主应予以补偿。

(二)国际货运代理的义务

国际货运代理的义务是指国际货运代理在接受委托后,对自己的代理事宜应当从事或不应当从事的行为,以及在从事货运代理业务中与第三人的行为或不应当从事行为。国际货运代理企业一经与货主(委托人)签署合同或委托书,就必须根据合同或委托书的相关条款为委托人办理委托事宜,并对在办理相关事宜中的行为负责。

归纳起来,国际货运代理的义务分为两类:对委托人的义务和对委托事务相对人的义务。

▶ 1. 对委托人的义务

国际货运代理企业在从事国际货物运输代理业务的过程中,对委托人的义务主要表现在以下方面:

(1)按照客户的指示处理委托事务的义务;
(2)亲自处理委托人委托事务的义务;
(3)向委托人如实报告委托事务进展情况和结果的义务;
(4)向委托人移交相关财物的义务;
(5)就委托办理的事宜为委托人保密的义务,例如,货主需要近期大量舱位、货主可接受的运价底线等,货运代理有义务对外进行保密,以免造成对货主不利的影响;
(6)由于自己的原因,致使委托业务不能按期完成或使委托人的生命财产遭受损失,进行赔偿的义务。

▶ 2. 对委托事务相对人的义务

国际货运代理企业从事国际货物运输代理业务,在办理委托人委托的事务过程中,必然与外贸管理部门、海关、商检、外汇管理等国家管理部门和承运人、银行、保险等企业发生业务往来,国际货运代理企业在办理相关业务中还必须对其办理事务的相关人负责。其义务主要体现在以下方面:

(1)如实、按期向有关的国家行政管理部门申报的义务;
(2)如实向承运人报告货物情况的义务;
(3)缴纳税费,支付相关费用的义务;
(4)由于货主或货运代理本身的原因,致使相关人的人身或财产损失的赔偿义务。

▶ 3. 责任的免除

货运代理公司可以在标志交易条件中或者双方的货运代理合同中约定以下免责条款:

(1)客户(货主)的疏忽或过失所致;
(2)客户(货主)或其代理人在搬运、装卸、仓储和其他处理中所致;
(3)货物的自然特性或潜在缺陷所致,如由于破损、渗漏、自燃、腐烂、锈蚀、发酵、蒸发或由于对冷、热、潮湿环境的特别敏感性;
(4)货物的包装不牢固,缺乏或不当包装所致;
(5)货物的标志或地址的错误或不清楚、不完整所致;
(6)货物的内容申报不清楚或不完整所致;
(7)在向客户(货主)征询业务或处理意见时,客户(货主)未能及时给予指示、无明确指示或指示不当所致;

(8) 不可抗力所致，如战争、罢工、海啸、飓风等灾害造成的货物灭失。

需要说明的是，尽管有上述免责条款约定，货运代理企业仍必须对因自己的过失或疏忽所造成的货物灭失、短少和损坏负责。

三、国际货运代理的业务范围

从国际货运代理人的基本性质看，货运代理主要是接受委托方的委托，就有关货物运输、转运、仓储、装卸等事宜进行相关操作。一方面，货运代理与货物托运人订立运输合同，同时又与运输部门签订合同；另一方面，对货物托运人来说，货运代理又是货物的承运人。相当部分的货运代理人掌握各种运输工具和储存货物的库场，在经营其业务时办理包括海陆空在内的货物运输。国际货运代理所从事的业务主要有以下方面。

（一）为发货人服务

货运代理代替发货人承担不同货物运输中的任何一项手续：

(1) 以最快最省的运输方式，安排合适的货物包装，选择货物的运输路线。
(2) 向客户建议仓储与分拨。
(3) 选择的可靠、效率高的承运人，并负责签订运输合同。
(4) 安排货物的计重和计量。
(5) 办理货物保险。
(6) 货物的拼装。
(7) 装运前或在目的地分拨货物之前把货物存仓。
(8) 安排货物到港口的运输，办理海关和有关单证的手续，并把货物交给承运人。
(9) 代表托运人/进口商承付运费、关税税收。
(10) 办理有关货物运输的任何外汇交易。
(11) 从承运人那里取得各种签署的提单，并把他们交给发货人。
(12) 通过与承运人关于货运代理在国外的代理联系，监督货物运输进程，并使托运人知道货物去向。

（二）为海关服务

当货运代理作为海关代理办理有关进出口商品的海关手续时，它不仅代表它的客户，而且代表海关当局。事实上，在许多国家，货运代理得到了这些当局的许可，办理海关手续，并对海关负责，负责审核单证中申报货物确切的金额、数量、品名，以使政府在这些方面不受损失。

（三）为承运人服务

货运代理向承运人及时订舱，议定对发货人、承运人都公平合理的费用，安排适当时间交货，以及以发货人的名义解决承运人的运费账目等问题。

（四）为航空公司服务

在空运业上，货运代理充当航空公司的代理，利用航空公司的货运手段为货主服务，并由航空公司付给佣金。同时，作为一个货运代理，它通过提供适于空运的服务方式，继续为发货人或收货人服务。

（五）为班轮公司服务

货运代理与班轮公司的关系随业务的不同而不同。近几年来，由货运代理提供的拼箱服务，即拼箱货的集运服务已建立了它们与班轮公司及其他承运人（如铁路）之间的较为密切的联系。但是一些国家却拒绝给货运代理支付佣金，所以货运代理在世界范围内争取对佣金的要求。

（六）提供拼箱服务

随着国际贸易中集装运输的增长，货运代理引进集运和拼箱的服务，并担负委托人的作用。集运和拼箱，即把一个出运地若干发货人发往另一个目的地的若干收货人的小件货物集中起来，作为一个整件运输的货物发往目的地的货运代理，并通过它把单票货物交给各个收货人。货运代理签发提单，即分提单或其他类似收据交给每票货的发货人，货运代理目的港的代理凭初始提单将货物交给收货人。拼箱的收、发货人不直接与承运人联系，对承运人来说，货运代理是发货人，而货运代理在目的地的代理是收货人。因此，承运人给货运代理签发的是全程提单或货运单。如果发货人或收货人有特殊要求的话，货运代理也可以在出运地和目的地从事提货和交付的服务，提供门到门的服务。

（七）多式联运服务

集装箱化对货运代理的一个更深远的影响是使它介入了多式联运。多式联运中，货运代理充当了主要承运人，并承担了组织一个单一合同下通过多种运输方式进行门到门的货物运输。它可以以当事人的身份，与其他承运人或其他服务提供者分别谈判并签约。但是，这些分拨合同不会影响多式联运合同的执行，也就是说，不会影响发货人的义务和在多式联运过程中，货运代理对货损及灭失所承担的责任。

四、货运代理与第三方物流

所谓物流，是指物品从供应地向接收地的实体流动过程，是根据实际需要，将运输、储存、装卸、搬运、包装、流通加工、配送、信息处理等基本功能有机结合。现代物流是以满足顾客的需求为目标，把制造、运输、销售等市场情况统一起来考虑的一种战略措施，追求的是降低成本、提高效率与服务水平进而增强企业竞争力。随着社会大生产的扩大和专业化分工的深化，专业化的第三方物流应运而生。

第三方物流（third party logistics，TPL，又称3PL）是20世纪80年代中期由欧美提出的。在1988年美国物流管理委员会的一项顾客服务调查中，首次提到"第三方服务提供者"一词。目前对于第三方物流的解释很多，国外尚没有一个统一的定义，在我国2001年公布的国标《物流术语》中，将第三方物流定义为"供方与需方以外的物流企业提供物流服务的业务模式"。第三方物流经营人认定的所谓第三方物流是相对第一方，即买卖合同中的卖方、运输中的发货人，或第二方即买卖合同中的买方、运输中的收货人而言。他是根据第一方、第二方的委托提供所需要的服务的。因此，在物流业中，除第一方、第二方以外的物流经营人均可称为第三方。

那么，第三方物流与国际货运代理的区别有哪些呢？第三方物流经营人与国际货运代理人、无船承运人的关系：现行的国际货运代理业主要从事货物运输、进出口单证制作、代客户进出口报关、报检等业务，但一旦成为第三方物流经营人后，其业务范围有进一步的扩展，如货物的零星加工、包装、货物装拆箱，货物标签，货物配送，货物分拨等。此外，第三方物流经营人大多在通过软件服务的同时提供硬件服务，即可对客户提供运输工具、装卸机械、仓储设施，并有效地利用自己所有的设备或设施，从中获取更大的附加价值或附加效益。然而，国际货运代理人即使从事第三方物流，或成为第三方物流经营人，但其地位仍受到定义限制。可以说，国际货运代理人和无船承运人在一定程度上是第三方物流经营人的成因基础。从目前第三方物流经营人的"出身"看，大多是国际货运代理人、仓储经营人、运输经营人，它们在经营传统业务的同时进入物流业，并逐步为客户提供部分或全部的物流服务。

五、货运代理与船东、船代、报关行

对于中小型进出口企业而言，在外贸运输过程中直接接触的是货运代理，它有别于船代：货运代理是对"货"而言的第三方主体，货运代理可以代表货主处理有关的报关、报检、签单、改单、集货和货物跟踪等工作；船代是指对"船"而言却又并非船公司和货主的第三方主体。船公司又称为船东，是指自己拥有船舶的企业。一般来说，船东专注于船舶业务，而把船舱的销售订舱权承包给船代。

对于船舶而言，货运代理的主要工作是订舱，船代却可以代表船公司处理有关订舱、报关、车运、签单、改单和放箱等工作。从舱位的生产销售过程来看，"船公司—船代—货运代理"三者的关系类似于"生产厂商—批发商—零售商"的关系。

在业务范围上，国际货运代理与船代、无船承运人、航空销售代理人、多式联运经营人、专业报关行等其他中间人存在一定程度上的身份重叠和业务交叉。货运代理可以自己报关，也可以委托报关行报关，只要报关人员有报关资格就行。

六、一级货运代理与二级货运代理

国际货运代理（一级），是指具有直接向船公司或航空公司订舱的国际货运代理公司。这些货运代理公司往往与船公司或航空公司直接签约，与承运人有直接的合作关系。

根据不同的区分标准，国际货运代理（一级）与国际货运代理（二级）有所不同。

（一）分类标准一：是否拥有商务部出具的国际货运代理资格证书

如果有商务部出具的国际货运代理资格证书，就是国际货运代理（一级），也称为商务部国际货运代理（一级）；如果没有，但又在工商局注册了，就是国际货运代理（二级）；如果既没有商务部的国际货运代理资格证书，又没有在工商局注册，就是三级甚至四级货运代理，也就是所谓的皮包货运代理公司。

（二）分类标准二：是否具备本地国际货运公共订舱权

如果具备本地国际货运公共订舱权，就是国际货运代理（一级），也叫本地一代；如果没有，就是国际货运代理（二级），也叫本地二代。

除了以上两个区分标准，还有一些其他区别，例如，国际货运代理（一级）有美元发票，国际货运代理（二级）没有美元发票。又如，国际货运代理（一级）可以直接向船公司订舱，但是由于有的船公司指定少数几个一级货运代理作为订舱口，别的货运代理（即使是一级）也只能向这些指定的一级货运代理订舱。同理，国际货运代理（一级）可以直接向航空公司订舱,但是有的航空公司采用的是总代理制(general sales agent,GSA),别的货运代理(即使是一级)也只能向这个指定的 GSA 订舱。

所以,并不能笼统地说一级好二级不好,或者一级明显超过二级。既然二级存在,有其存在的理由。有直接订舱资格的国际货运代理(一级)并不一定能拿到好价格和服务,有的二级从一些一级拿到的价格反而比一些一级直接从船公司或航空公司拿到的价格更好。而且,通常来说,二级的服务可能比较好。货运代理挂靠很常见,挂靠不等于不好,也不等于没有实力。

练习

1. 根据我国商务部的有关规定,中国国际货运代理企业业务备案工作由(　　)承担。
   A. 中国国际货运代理协会　　　　B. 工商行政部门
   C. 交通部　　　　　　　　　　　D. 商务部
2. 传统的国际货运代理实际是(　　)。
   A. 代理人　　B. 无船承运人　　C. 仓储经营人　　D. 多式联运经营人
3. 根据我国现行的国际货运代理行业管理规定,国际货运代理企业不得从事的业务有(　　)。
   A. 接受发货人委托从事货运服务
   B. 接受其他货运代理人转托运的货物
   C. 允许其他单位个人以该企业或其营业部的名义从事国际货运代理业务
   D. 以宣传自己服务优势的竞争手段从事经营活动
4. 在实际业务中,国际货运代理可以以(　　)与货主签订货运服务合同。
   A. 纯代理人身份　　　　　　　　B. 纯当事人身份
   C. 混合身份(代理人+当事人)　　D. 以上都不对
5. 判断以下说法是否正确。
   (1) 我国国际货运代理实行登记许可制度。(　　)
   (2) 我国国际货运代理可以以自己名义开展业务。(　　)
   (3) FIATA 是政府间国际货运代理行业管理组织。(　　)

任务二　了解货运代理企业发展的内外部环境

一、国际货运代理企业的外部环境

(一)世界国际货运代理业的现状

20 世纪 50 年代以来,随着世界各国经济贸易往来的日益频繁、跨国经济活动的增加,以及世界经济一体化进程的加快,国际货运代理行业在世界范围内迅速发展,国际货运代理人队伍不断壮大,并已成为促进国际经济贸易发展、繁荣运输经济、满足货物运输服务需求的一支重要力量。经过几十年的发展,世界各国已有国际货运代理公司 40 000 多个,从业人员达 800 万～1 000 万人。在经济比较发达的西欧主要国家，平均每个国家都有 300～500 家的国际货运代理公司。其中，德国有 4 500 多家，法国也有 2 000 多家。在美洲，仅 20 世纪 90 年代的美国，就有货运代理公司 6 000 多家。在亚洲，日本拥有国际货运代理公司 400 多家，新加坡拥有国际货运代理公司 300 多家，韩国、印度分别拥有 200 多家。我国香港地区拥有国际货运代理公司 1 000 多家，台湾地区拥有近 260 家。目前，世界上 80%左右的空运货物、70%以上的集装箱运输货物，以及 75%的杂货运输业务，都控制在国际货运代理人手中。

货运代理行业的发展并不平衡。总体来讲，发达国家的国际货运代理行业发展水平较高，制度比较完备，国际货运代理公司多数规模较大，网络比较健全，人员素质较高，业务比较发达，控制了世界国际货运代理服务市场。发展中国家的国际货运代理行业发展比较缓慢，制度不够完备，国际货运代理公司多数规模较小，服务网点较少，人员缺乏培训，以本国业务为主，市场竞争能力较差。

(二) 我国国际货运代理业的现状

我国货运代理行业起步较晚，历史较短，但是由于国家重视、政策鼓励，发展十分迅速。截至 2014 年年底，在商务部门备案的货运代理企业有 32 407 家(不含分公司)，货运代理从业人员约有 250 万左右。其中，作为中国货运代理协会成员、从事国际货运代理业务的企业已超过 6 000 家。同时据海关统计，2015 年我国货物贸易进出口运输总量同比 2014 年增长 1.4%，其中出口增加 3.3%，进口增长 0.2%。在外贸主要运输方式中，2015 年，全国港口完成外贸货物吞吐量 36.64 亿吨，同比增长 2.0%，外贸集装箱吞吐量 1.47 亿 TEU，同比增长 3%；民航国际航线完成货邮吞吐量 491.40 万吨，同比增长 4.4%(不含中国香港地区、澳门地区和台湾地区 89.8 万吨)。在国际铁路运输中，中欧、中亚班列开行 815 列(西行 550 列，东行 265 列)同比增长 165‰，呈现迅猛发展势头。

在改革开放的长期进程中，东部地区发展潜力和水平大大领先中西部地区，为国际货代业提供同步发展的强大支持。"一带一路"建设是举国之策，中西部地区借力向西开放，缩减东部差距的有利时机，并采取一切可能的措施加快开放开发，渝新欧、成新欧、郑新欧、西新欧班列为载体，快捷便利的大通道带动中西部地区经济结构、布局与国际市场对接，在做大贸易的同时也支持国际货代业的发展。但总体来看，我国国际货代物流企业与发达国家的成熟企业相比，存在着规模较小、服务功能分散、经营模式相对落后、专业服务能力较弱等问题。

(三) 我国货运代理企业的发展方向

伴随着我国对外贸易的高速发展，我国国际货运代理业的发展方兴未艾，已成为一个初具规模的新兴服务产业。但从整体上讲，我国国际货运代理业的现状可概括为经营规模小、资产规模小，服务功能少、专业人才少，竞争力弱、融资能力弱，服务质量参差不齐、缺乏网络或网络分散，经营秩序不规范。随着经济全球化带来的挑战及加入世贸组织后货运市场的进一步开放，我国的国际货运代理业必将分化重组。在这种大背景下，思考我国国际货运代理企业的发展方向就显得十分必要。目前，我国货运代理企业的发展方向定位为规模化、专业化、网络化、物流化。

(四) 货运代理企业设立与经营的条件

按照《中华人民共和国国际货物运输代理业管理规定》，根据行业特点，设立国际货运代理企业应具备以下条件：

（1）具有从事国际货运代理业务的业务人员；

（2）有固定的营业场所，自有房屋、场地须提供产权证明，租赁房屋、场地须提供租赁契约；

（3）有必要的营业设施，包括一定数量的电话、传真、计算机、短途运输工具、装卸设备、包装设备等；

（4）有稳定的进出口货源市场，指在本地区进出口货物运量较大，货运代理行业具备进一步发展的条件和潜力，并且申报企业可以揽收到足够的货源。

（5）注册资本最低限额应当符合法定要求（见表1-1）。

表1-1　国际货运代理企业注册资本最低限额　　　　　　　　　　单位：万元

经营范围	最低注册资本金	每设立一个分支机构
海上国际货运代理	500	50
航空国际货运代理	300	
陆路国际货运代理	200	
两项及以上的综合业务	按最高一档	

（五）主管部门和行业组织

目前，我国对国际货运代理行业的管理实行以商务部门为主，其他相关管理部门参与，行业协会自律的管理体制。其中，商务部为主管部门，行业组织包括国际货运代理协会联合会（FIATA）、中国国际货运代理协会（CIFA）和各地货运代理协会三级管理。

思考：重庆地区的国际货运代理企业受到哪些外部环境的影响？

二、国际货运代理企业的内部运行机制

（一）货运代理企业的盈利机制

货运代理企业经营的产品是运输代理的服务。在实际操作中，货运代理企业以较低的成本将货运代理服务采购回来，然后以稍高的价格销售出去，从中赚取差价，可分为如下三步。

▶ 1. 第一步，货运代理服务采购

货运代理企业的市场部工作人员向能提供相应具体服务的各个主体采购各项服务，争取以较低的价格预定成功。货运代理资源主体如表1-2所示。

表1-2　货运代理资源主体

主体	所拥有的资源	主体	所拥有的资源
船东（船公司）	船舶、舱位	港口	码头
无船承运人	订舱权	车站	火车等
航空公司	飞机、舱位	堆场	场站
机场	配载权	车队	汽车等
海内外代理公司	海内外代理	仓储企业	仓库
报关行	报关资格	检验检疫站	检验检疫权

2. 第二步，货运代理服务销售

货运代理企业的业务员以较高的价格把之前所预定的各项服务销售给货主，即揽到货物，亦称揽货。

3. 第三步，货运代理合同签订成功，从而赚取差价

业务部完成揽货后，交由操作部进行业务操作，并按高价格收取货主的费用，按低价格支付给船东、车队、码头等各个主体，从而赚取差价。

思考：某物流公司承接某进出口贸易公司的10个集装箱的家具，运往北非索马里的霍比亚港口，由收货人自行到港口提货。货运代理公司研究后建议走该公司的北非航线，由防城港码头启运，在中国香港中转，走马士基的船，陆地运输部分由防港物流的车队承接，货物在防城港的九号集装箱堆场和码头装运，集港后第9天装船。

假定货运代理公司的市场部事先已经与船东等各方签订协议价格，如图1-1所示。

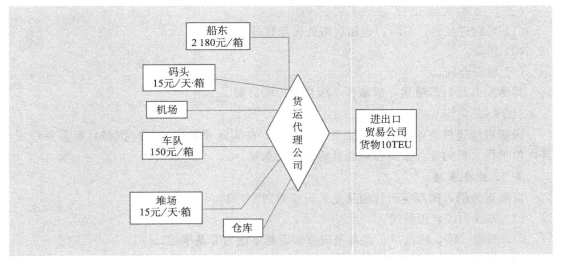

图1-1 货运代理公司协议价格

提示：在实际操作中，不能忽略货运代理公司基本的利润率要求。此外，本题所给信息已做适当简化，如码头的免堆期、驳船费、装卸费、报关报检费、集装箱其他杂费等。

(二)货运代理企业业务部门设置

在各国际货运代理企业内部，部门设置各有不同，但总结起来，一般按市场部、业务部、操作部和财务部来设置，有些企业根据运输方式的不同来进行设置。

1. 市场部

货运代理企业的市场部就是采购部门，主要负责企业各项服务的采购管理，即市场开拓和管理。货运代理企业依靠市场部来构建较低的服务成本体系。

2. 业务部

货运代理企业的业务部就是揽货部门，主要负责把各项服务销售给货主。如果货运代理企业不能揽到大量的货源，不能拥有自己的客户资源，一切都无从谈起。

3. 操作部

货运代理企业的操作部就是为客户提供各项直接服务的部门。业务部成功揽货之后，操作部就开始行动起来，可分解为单证、航线、海外与地面，以及客户服务等岗位，按照业务流程进行代理运输服务的各项工作。

4. 财务部

货运代理企业的财务部主要向货主收取应收账款，快速反馈必要信息给客户，做好全程跟踪，实现客户最大满意度。另外，财务部还负责支付各种应付账单，确认所属操作客户的业务凭证的应收应付款项，根据付款通知，及时、准确地开具银行票据与客户结算。

总体来说，各部门各司其职又竭诚合作，相互沟通、相互协同，圆满完成货运代理服务。

（三）货运代理企业内部工作流程

（1）采购订舱权、车队、仓储、海外代理权等。

（2）揽货。

（3）履行合同。

具体细节此处不赘述，后面各个项目会一一讲解。

（四）职业岗位要求

国际货运代理企业是连接收发货人的桥梁，在实际业务中，各岗位都具有重要作用，各岗位工作人员的业务素质和职业素养也备受重视。

1. 业务素质

以航运为例，国际货运代理从业人员应做到"六知"。

（1）知线。线，指航线。

（2）知港。港，指港口，尤其是应该知道基本港与非基本港。

（3）知船。船，指船舶情况。

（4）知货。货，指货物特性及运输要求。

（5）知价。价，指市场运价。

（6）知规程。规程，指操作流程与法律法规。

2. 职业素养

国际货运代理从业人员应具备以下职业素养：

（1）遵规守纪，严格遵守公司各项制度规范及国内外规则与惯例；

（2）细致耐心，认真对待每一票货物，每一张单证，尽职尽责做好本职工作；

（3）热心诚挚，持续为客户提供专业优质的服务；

（4）快捷高效，及时、准确、有效地传递船货信息；

（5）团结互助，胸怀宽容博爱的团队共建精神。

三、我国国际货运代理企业的成立背景与经营特点

（一）以中外运为背景的国际货运代理企业

中外运，即中国外运，全称中国对外贸易运输(集团)总公司，是目前为止我国最大的

货运代理企业。新中国成立以后，我国全面实行对外贸易管制，为适应外贸垄断体制，国家又规定，所有的进出口货物都要通过中国对外贸易运输总公司统一组织办理托运。这种垄断局面一直持续到1984年，也就是说，在此期间，中国的国际货运代理业务基本上由中外运独家经营，中国仅此一家货运代理。在这样的背景下，中外运发展为中国规模最大，实力最雄厚、最权威的一家货运代理企业就不足为奇了。

目前，中外运的经营特点是"一业为主，多种经营"，即以外贸运输为主业，多种经营，是指中外运除货运外，还承办货运代理、船代、航空快件、集装箱租赁、信息咨询等多种业务，货运代理业务只是其经营内容之一。中外运的货运代理业务经营范围十分广泛，涵盖海、陆、空、多式联运、报关、报检、仓储、中转、分拨等。

拓展阅读

伴随着长期的业务发展，中外运设立的分支机构、全资子公司、控股公司、合资企业遍布国内外各大港口城市，并同世界150多个国家和地区的400多家货运代理、船代、租船经纪人、船公司建立业务往来，其代理网络遍布国内外，形成了强大的货运代理经营优势。我国的不少货运代理企业是以中外运为背景发展起来的，例如，中国外运福建集团公司(即福建外运)是中外运在福建省设立的子公司，下属20个全资子公司，5个合资公司，包括福建外运福州汽车运输有限公司、福建外运集装箱公司、福建外运天健航空货运有限公司、中国外运福建有限公司厦门分公司、福建中外运船务代理有限公厦门分公司、泉州分公司等。

（二）以航运公司、航空公司、铁路部门(实际承运人)为背景的国际货运代理企业

此类货运代理企业中，具有代表性的有中远国际货运有限公司，天津海运集团控股的天海、天新、天富等货运代理公司，上海海运集团所属的上海海兴国际货运有限公司，中国民航客货运输销售代理公司，中国铁路总公司等。这类企业的特点是与承运人关系密切，在相关运输方式上竞争力较强，具体体现在以下方面：

（1）在运价方面有竞争力；

（2）有很强的运输条件优势，体现在舱位安排、方便货主、捕捉与反馈航运信息等方面均有优势。

（三）以外贸专业公司、工贸公司为背景组建的国际货运代理企业

这类企业如中粮、五矿、中纺、中土畜等系统所属的国际货运有限公司，其前身一般是各总公司履行发货、订舱、仓储、报关等职能的储运部、报运部，其特点如下：

（1）在货源、审核信用证、缮制货运单证和向银行办理议付结汇等方面较其他具有明显优势；

（2）规模都较小，服务功能欠完善，缺乏网络化的经营条件。

（四）以仓储企业为背景的国际货运代理企业

这类公司原本是以办理仓储业务见长的仓储企业，基于增加利润来源、更好地为货主服务的目的，经审核批准取得了国际货运代理的资格，天津渤海石油运输公司、上海国际展览运输有限公司、北京华协国际珍品货运服务公司等。其经营特点是：凭借仓储优势及该方面的丰富经验，揽取货源，深得货主信任，特别在承办特种货物方面独有专长，但规模较小、服务单一。

（五）外商投资类型的国际货运代理企业

1992年以后，我国政府也允许外商以合资、合作的形式在我国经营国际货运代理业，于是，国外一些船公司、货运代理行、实业公司纷纷进入我国货运代理市场，与国内大型外贸、运输公司联手创办合资企业。入世后，我国政府遵守承诺，进一步开放货运代理市场，自2005年12月11日起，允许设立外商独资国际货运代理企业。

四、我国国际货运代理业的发展趋势分析

我国国际货运代理行业的大门既已打开，在接受世界范围挑战的同时，也带来了前所未有的机遇。挑战与机遇并存，国际货运代理企业将何去何从？

（一）公司间的并购成为企业提升竞争力的重要手段

从世界范围来看，国际货运代理企业大规模并购日趋普遍，代表性案例有两个。

(1) 美国国内最大的重件货空运货运代理eagle公司在达拉斯宣布收购已有102年历史的美国老牌货运代理circle公司的并购行动已全部完成。新的公司在全世界将拥有400多个办事处的庞大网络和8 000名员工，年营业额将超过15亿美元。通过此次并购，eagle由国内承运人一跃成为世界上领先的国际货运企业。

(2) 英国的ocean集团和exel公司，前者是世界空运货运代理排名在前10位的英国空运(msas)的母公司，后者是欧洲领先的综合物流服务公司，合并后的新公司在全世界拥有1 400多个办事处，年营业额将高达50亿美元以上。

（二）货运代理企业正在向第三方物流企业发展

随着全球经济一体化的发展，跨国公司在全世界范围内的交易活动日益频繁，运输的需求由原来的港到港运输发展到门到门；运输方式由原来的海、空、陆等发展到多种运输方式综合应用。实际上，诸如danzasaei、panalpina、msas、k&n等业界领先货运代理公司都正在或已经完成了向物流公司的转变，还有越来越多的公司也着手公司业务的转型，以适应客户的多层次需求。

货运代理企业转型为第三方物流具有"近水楼台"之利：

(1) 拥有先天的基础设施和网络优势，这种优势很难在短时间内以较少的投入实现；

(2) 业务以组织、安排运输为其特长，对货物流通和各个环节比较熟悉，具有较强的控制和驾驭能力，通过对货物流通链的整体设计与管理，可以最大限度地降低货物流通成本与时间；

(3) 人员素质和管理水平较高，服务具有竞争力，在租船订舱、通关揽货、集港联运等方面实力强劲。

（三）信息技术被广泛应用在业务的各个领域

过去，通过国际货运代理公司的官网查询运单动态还是十分时髦的，如今，凭借高速发展的数据库和互联网技术，几乎所有规模较大的货运代理公司都提供了网上追踪的功能，有的甚至提供了网上打印提单、网上订舱、网上支付运费，网上库存管理、网上供应链管理等增值服务。因此，国际货运代理服务的竞争已成为信息服务的竞争。

（四）"知识型货运代理"将成为国际货运代理业发展新趋势

目前，国际货运代理企业除了提供一般的海陆空运输服务外，还要根据客户的行业特

点、成本目标、生产流程、供应链网络等信息提供一体化的物流解决方案。国际货运代理业务已发展到精益化生产、供应链管理、业务流程再造、企业资源计划等内容，对于员工的知识层次、知识广度、信息技术应用水平有了更高的要求。因此，国际货运代理的核心业务将逐渐转变为高附加值的咨询服务，而低附加值的物理操作将外包给其他企业，"知识型货运代理"将成为国际货运代理企业未来发展的趋势。

拓展阅读

国际货运代理协会联合会(FIATA)
——国际货运代理的国际组织

国际货运代理协会联合会是世界国际货运代理的行业组织，其法文名称为 Federation International des Associations de transit Aires etassimiles，英文名称为 International Federation of Freight Forwarders Associations，其法文缩写是 FIATA，简称"菲亚塔"，被用作该组织的标识。FIATA 由 16 个国家的货运代理协会组成，于 1926 年 5 月 31 日在奥地利维也纳成立，总部设在瑞士苏黎世，是一个非营利性的组织。

1. FIATA 的宗旨

FIATA 的宗旨是保障和提高国际货运代理在全球的利益。

2. FIATA 的巨大影响力

FIATA 是一个在世界范围内运输领域中最大的非政府组织，具有广泛的国际影响，在联合国经济与社会理事会、联合国贸易与发展大会、联合国欧洲经济委员会及亚太经济社会委员会中均扮演了咨询顾问的角色。同时，也被许多政府组织、权威机构和非政府的国际组织，如国际商会、国际航空运输协会、国际铁路联合会、国际公路运输联合会、世界海关组织等一致确认为国际货运代理业的代表。

3. FIATA 的瞩目成就

FIATA 所取得的最令人瞩目的成就有以下三项。

(1) 国际货运代理标准交易条款范本。标准交易条款通常是为了事先明确委托人与货运代理人双方的权利义务关系制定的，作为委托人与货运代理人的契约附件，具有约束双方当事人的法律效力。FIATA 国际货运代理标准交易条款范本，是国际货运代理人与客户之间订立的合同的标准条款，是 FIATA 于 1996 年 10 月制定的，并向至今尚无标准交易条款的各国国际货运代理人推荐，供其在制定本国的标准交易条款时作为准则参考。标准交易条件对全球货运代理的业务规范化和风险防范起到了巨大的推动作用。

(2) FIATA 国际货运代理业示范法。尽管国际货运代理行业超越国界，具有极强的国际性，国际社会一直为统一国际货运代理业而努力，但目前世界上具有法律强制力的专门的国际公约尚未制定，各国国际货运代理的法律制度差异较大，无法调和。为统一货运代理法律，FIATA 起草了《国际货运代理示范法》，供各国立法时参考。该法在世界范围正逐渐获广泛认同，并对各国的立法有重大影响。

(3) FIATA 单证。FIATA 制定的八套标准格式单证，更为各国货运代理所广泛使用，并在国际上享有良好的声誉，对国际货运代理业的健康发展起了良好的促进作用。

FIATA 制定的八套标准格式单证包括：①FIATA 运送指示；②FIA-TA 货运代理运输凭证；③FIATA 货运代理收货凭证；④FIATA 托运人危险品运输证明；⑤FIATA 仓库收据；⑥FIATA 可转让联运提单；⑦FIATA 不可转让联运单；⑧FIATA 发货人联运重量证明。此外，FIATA 还培训了数万名学员，取得了举世瞩目的成就。FIATA 推荐的国际货运代理标准交易条件范本及 FIATA 国际货运代理业示范法及制定的各种单证为保护全球货代理行业的利益、促进行业的发展和规范做出了杰出贡献。

4. FIATA 的会员情况

FIATA 的会员分为以下几类：

（1）一般会员。通常只有代表某个国家全部货运代理的行业组织方能申请成为 FIATA 的一般会员。如果某个国家尚未建立货运代理协会，也可以破例允许在该国家独立注册的唯一国际货运代理公司具有一般会员的地位。例如，在中国国际货运代理协会成立以前，中国对外贸易运输总公司曾于 1985 年以一般会员身份加入了 FIATA。

（2）团体会员。代表某些国家货运代理行业的国际性组织、代表与 FIATA 相同或相似利益的国际性货运代理集团、其会员在货运代理行业的某一领域比较专业的国际性协会，可以申请成为 FIATA 的团体会员。

（3）联系会员。货运代理企业或与货运代理行业密切相关的法人实体，经其所在国家或地区的一般会员书面同意，可以申请成为 FIATA 的联系会员。

（4）名誉会员。对 FIATA 或货运代理行业做出特殊贡献的人，可以成为 FIATA 的名誉会员。

FIATA 的成员主要是来自世界各国的国际货运代理协会，拥有来自 86 个国家和地区的 97 个一般会员，遍布于 150 个国家和地区的 2 700 多家联系会员，大约 40 000 家货运代理企业，800 万～1 000 万从业人员。其中，亚洲地区有 30 个国家和地区的货运代理协会是 FIATA 的一般会员。

5. 我国参加 FIATA 的情况

我国对外贸易运输总公司作为一般会员的身份，于 1985 年加入该组织。2000 年 9 月中国国际货运代理协会成立，次年作为一般会员加入 FIATA。我国台湾地区和香港地区各有一个区域性一般会员，台湾地区以"中国台北"的名称在 FIATA 登记注册。所以，目前中国在 FIATA 共拥有四个一般会员。另外，还拥有联系会员 170 多个，其中大陆有 20 多个，香港地区有 105 个，台湾地区有 48 个。

项目测评

▶ 1. 项目导入研讨

在项目导入中，面对公司面试官直接、尖锐的提问，你能整理出应对的思路吗？

▶ 2. 网络自我学习

登录主要的货运代理论坛和货运代理平台，了解货运代理方面的最新知识，分享网站上的信息资源。

▶ 3. 模拟货运代理角色体验

登录国际货运代理实训软件，选择市场部、业务部、操作部、财务部等部门的相关岗位，体验该岗位的主要工作内容和素质要求。

▶ 4. 筹建模拟货运代理公司

（1）分组，每组 4～6 个人。

（2）拟定公司名称、业务性质、经营范围、公司理念、组织机构、岗位职责和企业目标等，最后以公司章程的形式确定下来。

（3）讨论对外宣传的公司简介、品牌的宣传策划方案，并在班级内实施简要宣传。

（4）每组选一名宣传委员，将小组筹建的货运代理公司以PPT的形式在班级内进行演讲宣传，广而告之。

项目二 国际货运代理服务的采购

教学目标

★知识目标

1. 了解全球主要承运人,并能在承运人官网进行相关信息查询。
2. 了解全球货运航线和港口。
3. 掌握班轮运费的计费标准和计费结构,了解其他货运代理服务的费用构成。

★能力目标

1. 能寻找和开发实际承运人,建立好合作关系,取得优势价格。
2. 能根据货物情况、航线情况制定最佳航运线路。
3. 能够根据国际上主要承运商的基本情况和我国主要的承运商资源,向实际承运商索取产品报价,并获得有竞争力的价格,与船东建立联系。
4. 掌握我国货运进出口的重点航线和港口,并能查询班轮相应船期。
5. 能够计算海运运费,制作运价对比表,指导业务科业务员根据各船公司航线和运价情况进行揽货。
6. 能够负责一个船公司的日常维护及运价申请工作。

★素质目标

1. 较强的分析与预测能力。
2. 良好的表达能力。
3. 丰富的产品、线路、港口等知识储备。

项目导入

从现在起,你是重庆直通物流有限公司国际货运代理部的实习生,被分配到服务采购科学习业务,带你的师傅是采购科的王科长。王科长对你做出了如下要求:

(1) 了解国际上主要的实际承运商,并掌握其各自优势航线;
(2) 了解世界主要海运航线,并能够在地图上指出来;
(3) 掌握主要海运航线上的重点港口;

（4）整理出目前公司待开发航线上的重点船公司情况，并制作运价对比表，指导业务员根据各船公司的优势航线进行揽货；

（5）了解海运配套业务的费用情况。

项目实施

任务一 全球主要承运人查询

一、全球主要海运承运商

海运给全世界带来了90％的全球交易物资，海上有十万艘工作船只，但如果问普通人关于海运及其承载的交易量的问题，你只会看到一张茫然的脸。"微软"这个名字家喻户晓，"马士基"这个名字却鲜有人知，虽然马士基只是很多海运公司中的一个，但其创造的收入却和微软几乎持平。全球主要海运承运商如表2-1所示。

表2-1 全球主要海运承运商一览表

船公司全称	船公司简称	英文全称	英文简称
马士基海陆有限公司	马士基海陆		MAERSK-SEALAND
铁行渣华船务有限公司	铁行渣华		P&O NEDLLOYD
长荣海运股份有限公司	长荣海运		EVERGREEN
韩进海运有限公司	韩进海运	Hanjin Shipping Ltd.	HANJIN
德国胜利航运公司	德国胜利		SENATOR
地中海航运公司	地中海航运	Mediterranean Shipping Company	MSC
美国总统轮船私人有限公司	美国总统	AMERICAN PRESIDENT LINES	APL
中国远洋集装箱运输有限公司	中远集运	COSCO Group	COSCO
日本邮船有限公司	日本邮船	Nippon Yusen Kaisha Line Ltd.	NYK
法国达飞轮船公司	达飞轮船	Compagnie Maritime Daffertemet	CMA
商船三井有限公司	商船三井	Mitsui O. S. K. Lines Ltd.	MOL
意大利邮船公司	意大利邮船	Lloyd Triesttino	LT
川崎汽船株式会社	川崎汽船	Kawasaki Kisen Kaisha ltd.	K'LINE
以星轮船船务有限公司	以星轮船	ZIM Israel Navigation Co., ltd.	ZIM
东方海外货柜航运有限公司	东方海外	Orient Overseas Container Line	OOCL

续表

船公司全称	船公司简称	英文全称	英文简称
赫伯罗特船务有限公司	赫伯罗特	HAPAG-LLOYD CONTAINER LINE	HPL
阳明海运股份有限公司	阳明海运		YANGMING
中海集装箱运输有限公司	中海	China Shipping Co., Ltd.	CSCL
现代商船有限公司	现代商船	HYUNDAI Merchant Marine Ltd.	HYUNDAI(HMM)
汉堡南美航运公司	汉堡南美		HAMBURG-SUD
智利航运有限公司	智利航运	Compagnia Sudamericana de Vapores	CSAV
万海航运股份有限公司	万海航运	WAN HAI LINES Co., Ltd.	WANHAI
中外运(集团)总公司	中外运	SINOTRANS CONTAINER LINES Co., Ltd.	SNL
澳大利亚国家航运公司	澳国航运	Austrilian National Line	ANL
太平船务有限公司	太平船务	Pacific International Lines(HK) Ltd.	PIL
烟台海运有限公司	烟台海运	Shandong Yan tai International Marine Shipping Container Co., Shanghai Office	SYML
波罗的海航运公司	波罗的海	Baltic Orient Line	BOL
中波轮船股份公司	中波	Chinese-Polish Joint Stock Shipping Co.	CHP
南美邮船公司	南美邮船		CLA
邦拿美船务有限公司	邦拿美	Bonami Line	BONA
联丰船务有限公司	联丰船务		LIFEN
沙特阿拉伯国家航运公司	沙特国航	National Shipping Co. of Saudi Arabia	NSCSA
南美智利国家航运公司	智利航运	Compagnia Sudamericana de Vapores	CSAV
中日国际轮渡有限公司	中日轮渡		CHINJIF
天敬海运有限公司	天敬海运	CHUN KYUNG Shipping Co., Ltd.	CK
京汉海运有限公司	京汉海运		CO-HEUNG
朝阳商船有限公司	朝阳商船		CHOYANG
达贸国际轮船公司	达贸国际		DELIMAS
埃及国际轮船公司	埃及船务		EIL
远东轮船公司	远东轮船		FESCO

续表

船公司全称	船公司简称	英文全称	英文简称
金发船务有限公司	金发船务	GOFOR	GFNG
浩洲船务公司	浩洲船务		HCSC
香港航运有限公司	香港海运	Hong Kong Maritime	HKMSH
香港明华船务有限公司	香港明华		HKMW
上海海隆轮船有限公司	海隆轮船		HNT
金华航运有限公司	金华航运		JH
七星轮船有限公司	七星轮船		SSCL
上海育海航运公司	育海航运		SYH
上海中福轮船公司	中福轮船		SZFSC
墨西哥航运有限公司	墨西哥航运	Transportacion Maritime Mexicana Sociedad Anoniam	TMM
上海天海货运有限公司	天海货运		TMSC
东航船务有限公司	东航船务	TOHO Line Shipping Ltd.	TOHO
立荣海运股份有限公司	立荣海运	Uniglory Line	UNIGLORY
环球船务有限公司	环球船务	UNI-WORLD SHIPPING Ltd.	UNIWD
马来西亚国际航运有限公司	马来西亚航运		MISC
民生神原海运有限公司	民生神原		MSKM
萨姆达拉船务有限公司	萨姆达拉	SAMUDERA SHIPPING LINE Ltd	SAMUDERA
瑞克麦斯轮船公司	瑞克麦斯	Rickmers Line	RICKMERS
南非国家轮船有限公司	南非轮船		SAF
长锦有限公司	长锦公司	South African Marine Co. Ltd.	SINKO
上海市锦江航运有限公司	锦江船代	SHANGHAI JINJIANG SHIPPING Co., Ltd.	JINJIANG
阿拉伯联合国家轮船公司	阿拉伯轮船	United Arab Shipping Co.	UASC
高丽海运株式会社	高丽海运	KOREA MARINE TRANSPORT Co., Ltd.	KMTC
北欧亚航运有限公司	北欧亚航运	NORASIA	NOR

练习：查询相关信息，制作承运商档案表（见表2-2）。

表2-2　承运商档案表

公司概况	公司名称：
	公司地址：　　　　　　　　　联系电话：
	法人代表：　　　　　　　　　成立时间：
	公司性质：　□船东　　　　□代理
	注册资本：_____万元
	税务登记证号码：
	工商营业执照号码：
	办公场所面积：____m² 　　　公司人数：____人
	办公场所所有权属于：□自有　□租赁
	仓库总面积：____m²（共____个仓库）
	仓库情况：
	经营范围：　　　　　　　　　　　□其他
负责人资料	负责人姓名：　　　□男　□女　　　　职务：
	身份证号：
	出生年月：____年____月
	户口所在地：
	移动电话：　　　　　　　固定电话：
	E-mail：　　　　　　　　传真号码：
	学历水平：□初中及以下 □高中 □大专 □本科 □硕士 □博士
	社会关系背景：
经营情况	合作商（前三家营业额）：____占比____%；____占比____%；____占比____%
	合作的船东：　　　　　最低保证集装箱资源：_____柜/周
	公司自有拖车：____辆；
	固定合作拖车公司：_____车辆：____辆
	优势航线：
	可分别提供14天始发港和目的港免费堆存及用箱期：□是　□否
	以下为曾与该公司合作过的承运商填写
	服务基地：_____；
	2014年线路：_____；年运输量：____万吨；年运输额：____万元
	2015年线路：_____；年运输量：____万吨；年运输额：____万元
	2016年线路：_____；年运输量：____万吨；年运输额：____万元

填写日期：

二、集装箱班轮公司

▶ 1. 集装箱班轮公司运力排名（见表2-3）

表2-3　全球100大集装箱班轮公司动力排名（2016年6月6日）

排　名	公　　司	箱　　数	艘　　数
1	马士基海陆	3 136 692	621
2	地中海航运	2 736 929	494
3	达飞轮船	1 789 293	445
4	中国远洋海运	1 574 698	291
5	长荣海运	938 598	185
6	赫伯罗特	931 934	171
7	汉堡南美	646 178	127
8	韩进海运	618 065	101
9	东方海外	601 565	106
10	阳明海运	575 095	104
11	美国总统轮船	549 429	89
12	商船三井	541 342	88
13	阿拉伯轮船	526 153	55
14	日本邮船	489 077	96
15	现代商船	400 257	56
16	川崎汽船	390 895	69
17	以星轮船	361 321	81
18	太平船务	348 920	136
19	万海航运	229 503	93
20	新加坡 X-Press Feeders	147 987	97
21	高丽海运	111 703	58
22	伊斯兰国家航运	97 871	45
23	海丰国际	90 145	72
24	德翔航运	73 185	39
25	阿尔卡斯	72 107	46
26	西马泰克航运公司	56 336	19
27	宏翔海运	54 215	30
28	泉州安盛船务	53 895	43
29	席勒雅思航运	50 481	32

续表

排 名	公 司	箱 数	艘 数
30	中谷海运	45 764	41
31	格里马迪海运	43 505	42
32	长锦商船	43 296	40
33	美森船务	42 923	26
34	太谷船务	41 322	30
35	尤尼菲特	41 086	40
36	兴亚船务	40 608	34
37	阿联酋航运	404 95	9
38	萨姆达拉船务	39 008	40
39	中外运	36 616	30
40	迈拉特斯航运	34 772	53
41	喜宝海运	32 896	24
42	尼罗河航运	31 476	13
43	萨拉姆太平洋	31 236	43
44	麦西纳航运	27 432	12
45	印尼航运	27 243	46
46	南星航运	25 699	29
47	宁波远洋	23 963	35
48	印度船公司	22 947	6
49	克罗里海运公司	19 366	18
50	马克思航运	19 278	11
51	热带航运	18 826	24
52	Stream Line	18 722	46
53	多利海运班轮	18 062	15
54	罗格伊物流	16 679	7
55	德玛斯航运	16 337	26
56	远海航运	15 623	11
57	维斯特伍德	15 461	7
58	Chun Kyung	15 372	17
59	土耳其航运	15 260	9
60	俄罗斯远东航运	14 646	17
61	德国非洲班轮	12 643	5
62	马福莱特航运	12 335	8
63	上海锦江航运	12 290	12

续表

排　名	公　　　司	箱　　数	艘　　数
64	马来 MTT 公司	11 596	9
65	巴沙夏威夷班轮	11 570	6
66	孟虎航运	11 138	8
67	广西鸿翔船务	10 984	23
68	上海海华轮船	10 793	16
69	国王海运	10 490	12
70	皮尔港口公司	10 489	12
71	芬兰 OY 集装箱航运	10 388	12
72	卡塔尔航运	10 274	10
73	大白船队	9 981	9
74	独立集装箱航运	9 860	4
75	梅菲尔航运	9 555	6
76	大连信风海运	9 326	4
77	加勒比支线	9 309	10
78	博查德航运	9 262	10
79	运达航运	8 902	4
80	博路达航运	8 712	11
81	山姆斯奇	8413	12
82	太仓集装箱海运	8 311	9
83	冰岛轮船航运	8 024	12
84	船务代理	7 880	4
85	海洋货物运输公司	7 379	19
86	菲律宾泛亚运输公司	7 173	16
87	CPT 航运	7 167	10
88	天津海运	6 644	4
89	大同大通	6 266	6
90	马拉瓜圭	6 244	4
91	共同海运	6 137	6
92	神原汽船	5 910	7
93	越南国际航运公司	5 847	9
94	塔罗斯航运	5 700	4
95	萨哈林航运	5 552	11
96	泛亚航运	5 196	6
97	阿布扎比国家航运	5 000	4

续表

排名	公司	箱数	艘数
98	Continental Shipping Line	4 883	4
99	海运上将航运	4 739	7
100	新洋船务	4 654	13

▶ 2. 部分集装箱班轮公司拥有船舶数量排名（见图2-1）

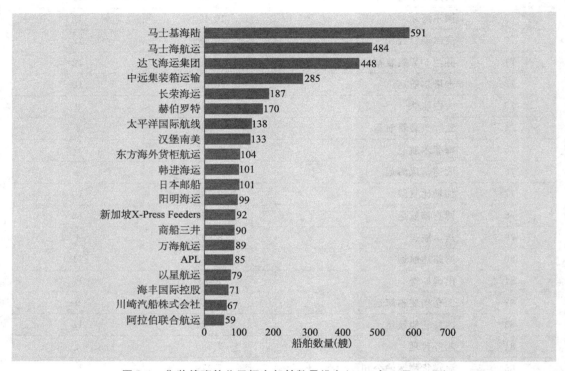

图2-1　集装箱班轮公司拥有船舶数量排名（2016年3月22日）

▶ 3. 世界主要船公司网站

在互联网迅速发展的当下，公司官网成为重要的宣传平台，表2-4中列出了主要的船公司官网，以便查询。

表2-4　世界主要船公司网站

船公司	官网	船公司	官网
澳大利亚航运	WWW.ANL.COM.AU	商船三井	WWW.MOL.CO.JP
美国总统轮船	WWW.APL.COM	地中海航运	WWW.MSCGVA.CH
智利国航	WWW.CCNI.CL	南美海运	WWW.NAMSUNG.CO.KR/KOR/
中国海运	WWW.CNSHIPPING.COM	沙特国航	WWW.NSCSA.COM
南美邮船	WWW.MARUBA.COM.AR	日本邮船	WWW.NYKLINE.COM
法国达飞	WWW.CMA-CGM.COM	东方海外	WWW.OOCL.COM

续表

船公司	官网	船公司	官网
正利航运	WWW.CNCLINE.COM.TW	泛洲海运	WWW.PANCON.CO.KR
中国远洋	WWW.COSCO.COM	泛洋海运	WWW.PANOCEAN.COM
智利南美邮船	WWW.CSAV.COM	铁行渣华	WWW.PONL.COM
东南亚海运	WWW.DNAL.COM	太平船务	WWW.PILSHIP.COM
长荣海运	WWW.EVERGREEN.COM.TW	宏海箱运	WWW.RCLGROUP.COM
远东轮船	WWW.FESCO.COM	南非航运	WWW.SAFMARINE.COM
汉堡南美	WWW.HAMBURGSUD.COM	萨姆达拉	WWW.SAMUDERA.COM
韩进海运	WWW.HANJIN.COM	印度国航	WWW.SHIPINDIA.COM
赫伯罗特	WWW.HAPAG-LLOYD.COM	胜利航运	WWW.SENATORLINES.COM
兴亚海运	WWW.HEUNG-A.CO.KR	长锦商船	WWW.SINOKOR.CO.KR
现代商船	WWW.HMM21.COM	中外运	WWW.SINOTRANS.COM
伊朗伊斯兰航运	WWW.IRISL.NET	山东海丰	WWW.SITC.COM.CN
川崎汽船	WWW.KLINE.CO.JP	墨西哥轮船	WWW.TMMLINES.COM
高丽海运	WWW.KMTC.CO.KR	阿拉伯联合航运	WWW.UASC.COM.KW
意邮	WWW.LLOYDTRIESTINO.IT	万海航运	WWW.WANHAI.COM
莱克斯轮船	WWW.LYKESLINES.COM	阳明海运	WWW.YML.COM.TW
马士基海陆	WWW.MAERSKSEALAND.COM	以星轮船	WWW.ZIM.CO.IL
马来西亚航运	WWW.MISC-BHD.COM		

任务二　班轮航线查询

一、查询世界海运的主要航线

（一）太平洋航线

▶ 1. 远东—北美西海岸航线

该航线包括从中国、朝鲜、日本、俄罗斯远东海港到加拿大、美国、墨西哥等北美西海岸各港的贸易运输线。从我国的沿海各港出发，偏南的经大隅海峡出东海；偏北的经对马海峡穿日本海后，或经清津海峡进入太平洋，或经宗谷海峡，穿过鄂霍茨克海进入北太平洋，如图2-2所示。

▶ 2. 远东—加勒比、北美东海岸航线

该航线常经夏威夷群岛南北至巴拿马运河后到达。从我国北方沿海港口出发的船只多经大隅海峡或经琉球庵美大岛出东海，如图2-3所示。

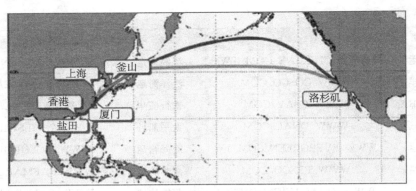

图 2-2 远东—北美西海岸航线图

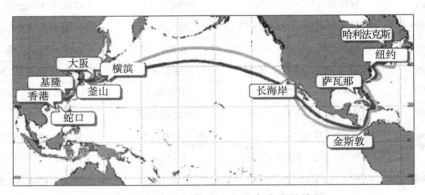

图 2-3 远东—加勒比、北美东海岸航线图

▶ 3. 远东—南美西海岸航线

从我国北方沿海各港出发的船只多经琉球庵美大岛、硫黄列岛、威克岛、夏威夷群岛之南的莱恩群岛穿越赤道进入南太平洋，至南美西海岸各港，如图 2-4 所示。

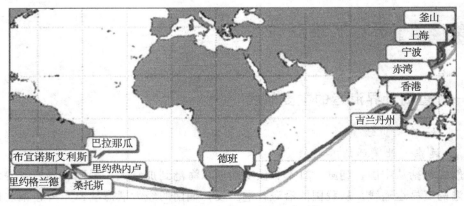

图 2-4 远东—南美西海岸航线图

▶ 4. 远东—东南亚航线

该航线是中国、朝鲜、日本货船去东南亚各港，以及经马六甲海峡去印度洋、大西洋沿岸各港的主要航线，如图 2-5 所示。东海、台湾海峡、巴士海峡、南海是该航线船只的必经之路，航线繁忙。

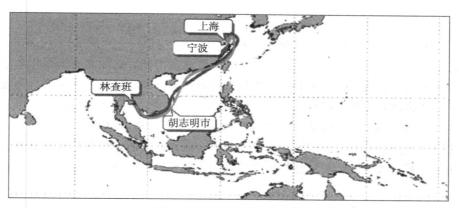

图 2-5　远东—东南亚航线图

▶ 5. 远东—澳大利亚、新西兰航线

远东—澳大利亚东南海岸分两条航线，如图 2-6 和图 2-7 所示。中国北方沿海港口到澳大利亚东海岸和新西兰港口的船只，须走琉球久米岛、加罗林群岛的雅浦岛进入所罗门海、珊瑚湖；中澳之间的集装箱船须在我国香港加载或转船后经南海、苏拉威西海、班达海、阿拉弗拉海，后经托雷斯海峡进入珊瑚海。中国、日本到澳大利亚西海岸航线，到菲律宾的居民都洛海峡、望加锡海峡以及龙目海峡进入印度洋。

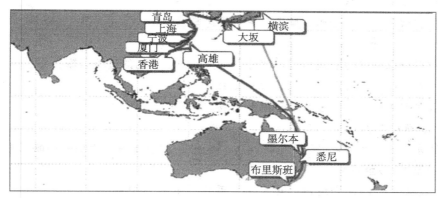

图 2-6　远东—澳大利亚、新西兰航线之一

图 2-7　远东—澳大利亚、新西兰航线之二

（二）西北欧航线

▶ 1. 西北欧、北美东海岸—加勒比航线

西北欧—加勒比航线多半出英吉利海峡后横渡北大西洋。它同北美东海岸各港出发的船舶一起，一般都经莫纳、向风海峡进入加勒比海。除去加勒比海沿岸各港外，还可经巴拿马运河到达美洲太平洋岸港口。

▶ 2. 西北欧、北美东海岸—地中海，苏伊士运河—亚太航线

西北欧、北美东海岸—地中海、苏伊士运河—亚太航线属世界最繁忙的航段，它是北美、西北欧与亚太海湾地区间贸易往来的捷径。该航线一般途经亚速尔，马德拉群岛上的航站。

▶ 3. 西北欧、地中海—南美东海岸航线

该航线一般经西非大西洋岛屿、加纳利佛得角群岛上的航站。

▶ 4. 西北欧，北美东海—好望角、远东航线

该航线一般是巨型油轮的航线。佛得角群岛、加拿利群岛是过往船只停靠的主要航站。

▶ 5. 南美东海—好望角—远东航线

该航线是一条以运输石油、矿石为主的运输线，处于西风漂流海域，风浪较大，一般西航偏北行，东航偏南行。

练习： 在地图上找到西北欧航线，并手绘这些航线。

（三）印度洋航线

印度洋航线以石油运输线为主，此外有不少是大宗货物的过境运输。

▶ 1. 波斯湾—好望角—西欧、北美航线

该航线主要由超级油轮经营，是世界上最主要的海上石油运输线。

▶ 2. 波斯湾—东南亚—日本航线

该航线东经马六甲海峡（20万吨载重以下船舶可行）或龙目、望加锡海峡（20万吨载重以上超级油轮可行）至日本。

▶ 3. 波斯湾—苏伊士运河—地中海—西欧、北美运输线

该航线目前可通行30万吨级的超级油轮。

除了以上三条油运线之外，印度洋其他航线还有远东—东南亚—东非航线，远东—东南亚、地中海—西北欧航线，远东—东南亚—好望角—西非、南美航线，澳新—地中海—西北欧航线，印度洋北部地区—欧洲航线。

练习： 试着手绘印度洋航线。

（四）世界海运集装箱航线

目前，世界海运集装箱航线主要有远东—北美航线，北美—欧洲、地中海航线，欧洲、地中海—远东航线，远东—澳大利亚航线，澳洲、新西兰—北美航线，以及欧洲、地中海—西非、南非航线。图2-8所示为集装箱海运船舶。

图 2-8　集装箱海运船舶

二、世界海运的主要港口

世界海运的主要港口如表 2-5 所示。

表 2-5　世界海运的主要港口

国　别	港口英文名称	港口中文名称	国　别	港口英文名称	港口中文名称
A			澳大利亚	Brisbane	布里斯班
阿尔巴尼亚	Durresi	都拉斯	澳大利亚	Darwin	达尔文
阿尔巴尼亚	Valona	法罗拉	澳大利亚	Melbourne	墨尔本
阿尔及利亚	Algiers	阿尔及尔	澳大利亚	Freemantle	弗里曼特尔
阿尔及利亚	Annaba	安纳巴	澳大利亚	Geelong	吉朗
阿尔及利亚	Oran	奥兰	澳大利亚	Sydney	悉尼
阿根廷	Bahia Blanka	布兰卡港	B		
阿根廷	Buenos Aires	布宜诺斯艾利斯	巴基斯坦	Karachi	卡拉奇
阿根廷	La Plata	拉普拉塔	巴林	Manama	麦纳麦
阿根廷	Mar del Plata	马德普拉塔	巴拿马	Colon	科隆
阿联酋	Abu Dhabi	阿布扎比	巴拿马	Panama City	巴拿马城
阿联酋	Dubai	迪拜	保加利亚	Bourgas	布尔加斯
阿曼	Muscat	马斯喀特	保加利亚	Varna	瓦尔纳
埃及	Alexandria	亚历山大	贝宁	Cotonou	科托努
埃塞俄比亚	Massawa	马萨瓦	比利时	Antwerp	安特卫普
爱尔兰	Cork	科克	秘鲁	Callao	卡亚俄
爱尔兰	Dublin	都柏林	秘鲁	Chimbote	钦博特
安哥拉	Luanda	罗安达	波兰	Gdansk	格但斯克
澳大利亚	Adelaide	阿德莱德	波兰	Gdynia	格丁尼亚

续表

国　　别	港口英文名称	港口中文名称	国　　别	港口英文名称	港口中文名称
波兰	Szczecin	什切青	法国	Le Havre	勒阿佛尔
伯利兹	Belize	伯利兹	法国	Marseilles	马赛
伯利兹	Belmopan	贝尔莫潘	法国	Nantes	南特
C			法国	Toulon	土伦港
朝鲜	Chongjin	清津	菲律宾	Cebu	宿务
朝鲜	Hungnam	兴南	菲律宾	Iloilo	伊洛伊洛
朝鲜	Mokpo	木浦	菲律宾	Manila	马尼拉
朝鲜	Nampo	南浦	斐济	Suva	苏瓦
朝鲜	Wonsan	元山	芬兰	Helsinki	赫尔辛基
赤道几内亚	Malabo	马拉博	芬兰	Oulu	奥卢
赤道几内亚	Bata	巴塔	芬兰	Turku	图尔库
D			芬兰	Vaasa	瓦萨
丹麦	Aalborg	奥尔堡	佛得角	Plaia	普拉亚
丹麦	Aasrhus	奥胡斯	G		
丹麦	Copenhagen	哥本哈根	冈比亚	Banjul	班珠尔
丹麦	Fredericia	腓特烈西亚	刚果	Pointe Noire	黑角
德国	Bremen	不来梅	格陵兰	Godthab	戈特霍布
德国	Bremerhaven	不来梅港	哥伦比亚	Barranquilla	巴兰基亚
德国	Hamburg	汉堡	哥伦比亚	Buenaventura	布埃纳文图拉
德国	Kiel	基尔	哥伦比亚	Cartagena	卡赫纳
德国	Lubeck	卢贝克	哥斯达黎加	Limon	利蒙
德国	Wismar	维斯马	古巴	Havana	哈瓦那
多哥	Lome	洛美	古巴	Matanzas	马但萨斯
E			关岛	Agana	阿加尼亚
厄瓜多尔	Guayaquil	瓜亚基尔	圭亚那	Georgetown	乔治敦
俄罗斯	Arkhangelsk	阿尔汉格尔斯克	H		
俄罗斯	Leningrad	圣彼得堡	海地	Port-au-prince	太子港
俄罗斯	Murrmansk	摩尔曼斯克	荷兰	Amsterdam	阿姆斯特丹
俄罗斯	Nakhodka	纳霍德卡	J		
俄罗斯	Vladivostok	符拉迪沃斯托克	吉布提	Djibouti	吉布提
F			几内亚	Conakry	科纳克里
法国	Bordeaux	波尔多	几内亚	Bissau	比绍
法国	Brest	布雷斯特	加纳	Accra	阿克拉
法国	La Rouchelle	拉罗歇尔	加纳	Tema	特马

续表

国 别	港口英文名称	港口中文名称	国 别	港口英文名称	港口中文名称
加拿大	Halifax	哈里法克斯	美国	Baltimore	巴尔的摩
加拿大	Montreal	蒙特利尔	美国	Boston	波士顿
加拿大	Toronto	多伦多	美国	Charleston	查尔斯顿
加拿大	Vancouver	温哥华	美国	Chicago	芝加哥
加蓬	Libreville	利伯维尔	美国	Honolulu	火奴鲁鲁
柬埔寨	Kampong saon	磅逊	美国	Houston	休斯敦
K			美国	Long Beach	长滩
喀麦隆	Douala	杜阿拉	美国	Los Angeles	洛杉矶
卡塔尔	Doha	多哈	美国	Miami	迈阿密
科特迪瓦	Abidjan	阿比让	美国	Mobile	莫比尔
科威特	Kuwait	科威特	美国	New Heaven	纽黑文
肯尼亚	Malindi	马林迪	美国	New Orleans	新奥尔良
肯尼亚	Mombasa	蒙巴萨	美国	New York	纽约
L			美国	Norfolk	诺福克
黎巴嫩	Beirut	贝鲁特	美国	Oakland	奥克兰
黎巴嫩	Tripoli	的黎波里	美国	Philadelphia	费拉德尔菲亚
利比里亚	Monrovia	蒙罗维	孟加拉国	Chittagong	吉大港
利比亚	Benghazi	班加西	孟加拉国	Dacca	达卡
罗马尼亚	Constantza	康斯坦萨	缅甸	Bassein	勃生
M			缅甸	Moulmein	毛淡棉
马达加斯加	Majunga	马任加	民主也门	Aden	亚丁
马达加斯加	Toamasina	图阿以西纳	民主也门	Molalla,Al	穆卡拉
马达加斯加	Tamatave	塔马塔夫	摩洛哥	Casablanca	卡萨布兰卡
马达加斯加	Toleary	图莱亚尔	摩洛哥	Dar El-Beida	达尔贝达
马尔代夫	Male	马累	摩洛哥	Tangier	丹吉尔
马耳他	Malta	马耳他	莫桑比克	Deira	贝拉
马耳他	Valletta	瓦莱塔	莫桑比克	Maputo	马普托
马来西亚	Georgetown	乔治市	墨西哥	Acapulco	阿卡普尔科
马来西亚	Kuala Lumpur	吉隆坡	墨西哥	Mazatlan	马萨特
马来西亚	Kuching	古晋	墨西哥	Veracruz	韦腊克鲁斯
马来西亚	Malacca	马六甲	墨西哥	Guaymas	瓜伊马斯
马来西亚	Penang	槟城	墨西哥	Tampico	坦皮科
毛里塔尼亚	Nouakchott	努瓦克肖特	N		
美国	Tampa	坦帕	纳米比亚	Walvis Bay	沃尔维斯湾

续表

国　　别	港口英文名称	港口中文名称	国　　别	港口英文名称	港口中文名称
南非	Cape Town	开普敦	塞浦路斯	Limassol	利马索尔
南非	East London	东伦敦	塞浦路斯	Nicosia	尼科西亚
南斯拉夫	Bar	巴尔	塞舌尔	Victoria	维多利亚
南斯拉夫	Ploce	普洛切	沙特阿拉伯	Jidda	吉达
尼加拉瓜	Corinto	科林托	斯里兰卡	Colombo	科伦坡
尼日利亚	Apapa	阿帕帕	斯里兰卡	Trincomalee	亭可马里
尼日利亚	Lagos	拉各斯	苏里南	Paramaribo	帕拉马里博
挪威	Oslo	奥斯陆	索马里	Berbera	柏培拉
挪威	Aalesund	奥勒松	索马里	Mogadisho	摩加迪沙
挪威	Bergen	卑尔根	索马里	Kismayu	基斯马尤
挪威	Fredrikstad	腓特烈斯塔	T		
P			泰国	Bangkok	曼谷
葡萄牙	Lisboa	里斯本	坦桑尼亚	Dar-es-Salaam	达累斯萨拉姆
R			坦桑尼亚	Tanga	坦噶
日本	Chiba	千叶	坦桑尼亚	Zanzibar	桑给巴尔
日本	Hiroshima	广岛	土耳其	Istanbul	伊斯坦布尔
日本	Hakodate	函馆	土耳其	Izmir	伊兹密尔
日本	Nagoya	名古屋	土耳其	Mersin	梅尔辛
日本	Nicosia	新潟	突尼斯	Bizerta	比塞大
日本	Tokyo	东京	突尼斯	Tunis	突尼斯
日本	Kagoshima	鹿儿岛	W		
日本	Kobe	神户	瓦努阿图	Vila	维拉港
日本	Nagasaki	长崎	委内瑞拉	Caracas	加拉加斯
日本	Naha	那霸	委内瑞拉	Cumana	库马纳
日本	Osaka	大阪	委内瑞拉	La Guaina	拉瓜伊拉
日本	Yokohama	横滨	委内瑞拉	Maracaibo	马拉开波
瑞典	Goteborg	哥德堡	文莱	Bandar Seri Begawan	斯里巴加湾市
瑞典	Malmo	马尔默			
瑞典	Halmstad	哈尔姆斯塔德	乌克兰	Odessa	敖德萨
瑞典	Berne	伯尔尼	乌拉圭	Montevideo	蒙特维的亚
S			X		
萨尔瓦多	Acajutla	阿卡胡特拉	西班牙	Barcelona	巴萨罗那
塞拉利昂	Free Town	弗里敦	西班牙	Bilbao	毕尔巴鄂
塞内加尔	Dakar	达喀尔	西班牙	Gibraltar	直布罗陀

续表

国　　别	港口英文名称	港口中文名称	国　　别	港口英文名称	港口中文名称
西班牙	Gijon	希洪	印度	Calcutta	加尔各答
西班牙	La Conuna	拉科鲁尼亚	印度	Kakinada	卡基纳达
西班牙	Malaga	马拉加	印尼	Banjarmaisn	马辰
希腊	Athens	雅典	印尼	Belawan	勿拉湾
希腊	Piraeus	比雷埃夫斯	印尼	Cheribon	井里文
西萨摩亚	Apia	阿皮亚	印尼	Djakarta	雅加达
新喀里多尼亚	Noumea	努美阿	印尼	Makasa	望加锡
新西兰	Wellington	惠灵顿	印尼	Menado	万鸦老
新西兰	Aukland	奥克兰	印尼	Palembang	巨港
新西兰	Christ Church	克赖斯特彻奇	印尼	Tanjung Priok	丹戎不碌
新西兰	Dunedin	达尼丁	英国	Avenmouth	阿芬默斯
新西兰	Lyttelton	利特尔顿	英国	Birkenhead	伯肯赫德
叙利亚	Katakia	拉塔基亚	英国	Hull	赫尔
叙利亚	Tatus	塔尔图斯	英国	London	伦敦
Y			英国	Plymouth	普列茅斯
牙买加	Kingston	金斯顿	英国	Belfast	贝尔法斯特
意大利	Ancona	安科纳	英国	Bristol	布里斯托尔
意大利	Cagliari	卡利亚里	英国	Cardiff	加的夫
意大利	Crotone	克努托内	英国	Dunkirk	敦刻尔克
意大利	Genoa	热那亚	英国	Glasgow	格拉斯哥
意大利	La Spezia	拉斯佩齐亚	英国	Liverpool	利物浦
意大利	Leghorn	莱戈恩	英国	Milford	米尔福德港
意大利	Messina	墨西拿	约旦	Aqaba	亚喀巴
意大利	Naples	那不勒斯	越南	Da Nang	岘港
意大利	Taranto	塔兰托	越南	Hanoi	河内
意大利	Trieste	的里雅斯特	越南	Hai-Phong	海防
意大利	Venice	威尼斯	越南	Hongay	鸿基
伊拉克	Basrah	巴士拉	Z		
伊朗	Abadan	阿巴丹	扎伊尔	Boma	博马
伊朗	Bandar Abbas	阿巴斯港	扎伊尔	Matadi	马塔迪
伊朗	Bandar Khomeini	霍梅尼港	智利	Arica	阿里卡
以色列	Haifa	海法	智利	Antofagasta	安托法加斯塔
以色列	Tel Aviv	特拉维夫	智利	Iquique	伊基克
印度	Bombay	孟买	智利	Valparaiso	瓦尔帕莱索

续表

国 别	港口英文名称	港口中文名称	国 别	港口英文名称	港口中文名称
中国	Beihai	北海	中国	Gaoxiong	高雄
中国	Fuzhou	福州	中国	Guangzhou	广州
中国	shanghai	上海	中国	Hongkong	香港
中国	Yantai	烟台	中国	Jilong	基隆
中国	qingdao	青岛	中国	Lianyungang	连云港
中国	Macao	澳门	中国	Taibei	台北
中国	Ningpo	宁波	中国	Tianjin	天津
中国	Wenzhou	温州	中国	Xiamen	厦门
中国	zhuhai	珠海	中国	Zhanjiang	湛江
中国	Dalian	大连			

（一）各大洲重点港口（见表2-6）

表2-6 各大洲重点港口

大 洲	国家与地区	港 口	大 洲	国家与地区	港 口
亚洲	俄罗斯	海参崴	亚洲	越南	胡志明市
	日本	横滨		新加坡	新加坡
		神户		印度尼西亚	雅加达
		东京		马来西亚	柔佛
		名古屋		文莱	文莱
		大阪		泰国	曼谷
		广岛		印度	孟买
	韩国	釜山			加尔各答
	中国	大连		斯里兰卡	科伦坡
		连云港		也门	亚丁
		福州	欧洲	荷兰	鹿特丹
		广州			阿姆斯特丹
		海口		比利时	安特卫普
		上海		希腊	雅典
		香港		西班牙	巴塞罗那
		珠海		德国	汉堡
		北海		土耳其	伊斯坦堡
		花莲港		英国	利物浦
		高雄港			伦敦
	越南	海防			曼彻斯特

续表

大洲	国家与地区	港口	大洲	国家与地区	港口
欧洲	葡萄牙	里斯本	北美洲	美国	纽约
	法国	马赛			费城
	瑞典	斯德哥尔摩			旧金山
非洲	埃及	亚历山大			洛杉矶
		苏伊士港			温哥华
	南非	开普敦		加拿大	温哥华
北美洲	美国	亚特兰大	南美洲	阿根廷	布宜诺斯艾利斯
		波士顿		委内瑞拉	马拉开波
		芝加哥		巴西	里约热内卢
		底特律	大洋洲	澳大利亚	悉尼
		休斯敦			墨尔本

(二) 各航线重点港口

▶ 1. 中东线

Dubai(迪拜)、Bander Abbas(阿巴斯)、Bushehr(布什尔)、Damman(达曼)、Khorram Shahr(霍拉姆沙赫尔)、Kuwait(科威特)、Riyadh(利雅得)、Umm Qasr(乌姆盖斯尔)。

▶ 2. 红海线

Aden(亚丁)、Aqaba(亚喀巴)、Hodeidah(贺台达)、Jeddah(吉大)、Port Sudan(苏丹港)、Sokhna(索克哈那)。

▶ 3. 印巴线

Calcutta(加尔各答)、Chennai(Madras)[辰奈(马德拉斯)]Icd Faridabad(新德里 F)、Icd Tuglakabad(新德里 T)、Icd Patparganj(新德里 P 港)、Mumbai(Bombay)(孟买)、Nhava Sheva(那瓦希瓦)、Chittagong(吉大港)、Colombo(科伦坡)、Dhaka(达卡)、Karachi(卡拉奇)。

▶ 4. 非洲线

东非:Dar Es Salaam(达累斯萨拉姆)、Matadi(马塔迪)、Mombasa(蒙巴萨)。

南非:Cape Town(开普敦)、Durban(德班)、Johannesbur(约翰内斯堡)。

西非:Abidjan(阿比让)、Cotonou(科托怒)、Lagos(拉各斯、分为 Tincan 和 Apapa)、Lome(洛美)、Tema(特马)、Douala(杜阿拉)、Dakar(达喀尔)、Luanda(卢安达)。

北非:Casablanca(卡萨布兰卡)、Tunis(突尼斯)、Algire(阿尔及尔)、Oran(奥兰)。

▶ 5. 美加线

美西:Los Angeles(洛杉矶)、Long Beach(长滩)、Oakland(奥克兰)。

美东:Miami(Port Everglades)(迈阿密)、Savannah(萨瓦那)、New York(纽约)、Charleston(查尔斯顿)、Norfolk(诺福克)、Houston(休斯敦)、Baltimore(巴尔的摩)、New Orleans(新奥尔良)、Philadelphia(费城)。

加拿大:Vancouver(温哥华)、Toronto(多伦多)、Montreal(蒙特利尔)。

▶ 6. 中南美

墨西哥：Manzanillo(曼萨尼约—墨西哥)、Lazaro Cardenas(拉萨罗—卡德纳斯)、Enaenada(恩塞纳达)。

加勒比：Puerto Cabello(卡贝略港)、Maraicaibo(马拉开波)、La Guaira(拉瓜伊拉)、Cartagena(卡塔赫纳)、Barranquilla(巴兰基利亚)、San Juan(圣胡安(USA))、Caucedo(卡西多)、Port Of Spain(西班牙港)、Port Au Prince(太子港)、Puerto Cortes(科尔特斯港)、Kingston(金斯顿)、Colon Free Zone(科隆自由贸易区)、Panama City(巴拿马城)、Manzanillo(曼萨尼约—巴拿马)。

中美：Puerto Quetzal(圣何赛)、Acajutla(阿卡胡特拉)、Puerto Caldera(卡尔德拉港)。

南美西：Buenaventura(布埃纳文图拉)、Guayaquil(瓜亚基尔)、Callao(卡亚俄)、Iquique(伊基克)、San Antonio(圣安东尼奥)、Valparaiso(瓦尔帕莱索)、Arica(阿里卡)。

南美东：Buenos Aires(布宜诺斯艾利斯)、Montervideo(蒙得维的亚)、Aauncion(亚松森)、Santos(桑托斯)、Rio Grande(里奥格兰德)、Paranagua(巴拉那瓜)、Rio De Janeiro(里约热内卢)、Itajai(伊塔雅伊)、Vitoria(维多利亚)。

▶ 7. 东南亚、近洋、澳新线

东南亚：Bangkok(曼谷)、Belawan(乌拉湾)、Hochiminh(胡志明市)、Phnom Penh(金边)、Hai—Phong(海防)、Jakarta(雅加达)、Laem Chabang(林查班)、Lat Krabang(拉塔班)、Manila(S)(马尼拉南)、Manila(N)(马尼拉北)、Yangon(仰光)、Pasir Guang巴西古当、Penang(槟城)、Port Kelang(巴生，有西北两港)、Semarang(三宝垄)、Surabaya(泗水)、Singapore(新加坡)、Cebu(宿务)、Kuching(古晋)。

近洋线包括以下国家和地区的港口：

- 日本：Kobe(神户)、Osaka(大阪)、Nogoya(名古屋)、Yokohama(横滨)、Tokyo(东京)。
- 韩国：Busan(釜山)、Inchon(仁川)。
- 中国台湾：Keelung(基隆)、Kaosiung(高雄)、TaiChung(台中)。
- 中国香港：Hong Kong(香港)。

澳新：Briabane(布里斯班)、Melbourne(墨尔本)、Sydney(悉尼)、Auckland(奥克兰)。

▶ 8. 欧地线、亚德里亚海线和黑海线

欧洲基本港及常见内陆点：Antwerp(安特卫普)、Le Havre(勒阿弗尔)、Hamburg(汉堡)、Bremenhaven(不莱梅哈芬)、Rotterdam(鹿特丹)、Amaterdam(阿姆斯特丹)、Felixstowe(费利克斯托)、South Ampton(南安普敦)、London(伦敦)、Lisbon(里斯本)、Leixoes(雷克索斯)、Praha(布拉格)、St. Petersburg(圣彼得堡)、Kotka(科特卡)、Helsinki(赫尔辛基)、Goteborg(哥德堡)、Stockholm(斯德哥尔摩)、Gdynia(格丁尼亚)、Gdansk(格但斯克)、Klaipgeda(克拉佩达)、Budapest(布达佩斯)、Madrid(马德里)、Bilbao(毕尔巴赫)、Bremen(不莱梅)、Bolin(柏林)、Stuttgart(斯图加特)、Riga(里加)、Copenhagen(哥本哈根)、Dublin(都柏林)、Cork(科克)。

地中海东：Limassol(利马索尔)、Beirut(贝鲁特)、Lattakia(拉塔基亚)、Gemlik(盖

姆利克)、Istanbul(伊斯坦布尔)、Izmir(伊兹密尔)、Mersin(梅尔辛)、Piraeus(比雷埃夫斯)、Damietta(达米埃塔)、Port Said(塞得港)。

地中海西：Fos(福斯)、Genova(热那亚)、Naples(那不勒斯)、La Spezia(拉斯佩齐亚)、Barcelona(巴塞罗那)、Valencia(瓦伦西亚)、Lisben(里斯本)、Durres(都拉斯)。

亚德里亚海线：Rijeka(里耶卡)、Korer(科佩尔)、Taranto(塔兰托)、Livorno(里沃那)、Ancona(安科纳)、Venice(威尼斯)、Malta(马耳他)、Ashdod(阿什杜德)、Haifa(海法)

黑海：Varna(瓦尔纳)、Constantza(康斯坦萨)、Novorossijsk(诺沃罗西斯克)、Illychevsk(伊利乔夫斯克)、Odessa(奥德赛)。

俄罗斯远东：Vladivostok(海参崴、又名符拉迪沃斯托克)、Vostochny(东方港)。

拓展阅读

2015年，世界十大港口中，中国各个港口大部分都实现了增长，其中环渤海地区、青岛港、天津港和大连港的集装箱运输需求虽然增长，但是在稳中逐渐放缓。长江三角洲地区，上海港和宁波舟山港集装箱运输需求增长速度相对较快；珠江三角洲地区，深圳港和广州港始终处于低速增长状态，香港港出现了负增长。

中国港口吞吐量增长速度已经陆续领先全球的其他国家的港口了。无论是在2015年世界十大港口排名中还是2016年在世界十大港口排名中，都有7个是来自中国的。2016年世界十大港口排名如下。

1. 世界十大港口之上海港

上海港(见图2-9)地处长江东西运输通道与海上南北运输通道的交汇点，是中国沿海的主要枢纽港，2016年以3 653万标箱吞吐量高居全球海港吞吐量榜首。

图2-9 上海港

2. 世界十大港口之新加坡港

新加坡港(见图2-10)位于新加坡南部沿海，西临马六甲海峡，是亚太地区最大的转口港。此港扼太平洋及印度洋之间的航运要道，战略地位十分重要。13世纪开始便是国际贸易港口，也是该国的政治、经济、文化和交通中心。

图 2-10　新加坡港

3. 世界十大港口之深圳港

深圳港（见图 2-11）位于珠江三角洲南部，毗邻香港地区。有东西两港，经香港地区暗士顿水道可达国内沿海及世界各港口。

图 2-11　深圳港

4. 世界十大港口之舟山港

舟山港（见图 2-12）是以水水中转为主要功能的深水良港，国际上与日本、韩国、新加坡、马来西亚、美国、俄罗斯及中东地区均有贸易往来。

5. 世界十大港口之香港港

香港港（见图 2-13）是中国天然良港，远东的航运中心。香港港口是全球最繁忙和最高效率的国际集装箱港口之一，也是全球供应链上的主要枢纽港。目前有 80 多条国际班轮

图 2-12　舟山港

每周提供约 500 班集装箱班轮服务，连接香港地区至世界 500 多个目的地。

图 2-13　香港港

6. 世界十大港口之釜山港

釜山港（见图 2-14）位于韩国东南沿海，是韩国最大、世界第六的集装箱港口，它是韩国海陆空交通的枢纽，又是金融和商业中心，吞吐量曾居世界第五。

7. 世界十大港口之广州港

广州港（见图 2-15）是中国第四大港口，曾居世界第五大港，从 3 世纪 30 年代开始成为海上丝绸之路的主港口，唐宋时期成为中国第一大港，明清两朝是中国唯一对外开放的贸易大港，是世界史上唯一一个 2000 多年仍长盛不衰的国际大港。

8. 世界十大港口之青岛港

青岛港（见图 2-16）位于山东半岛的胶州湾内，始建于 1892 年，已有 124 年历史，是

图 2-14 釜山港

图 2-15 广州港

我国第二个外贸亿吨吞吐大港,是太平洋西海岸重要的国际贸易口岸和海上运输枢纽。

9. 世界十大港口之迪拜港

迪拜港(见图 2-17)位于阿联酋东北沿海,濒临波斯湾南侧。又名拉希德港,是阿联酋最大的港口。它地处欧亚非三大洲的交汇点,是中东地区最大的自由贸易港,尤以转口贸易而著称,是海湾地区的修船中心,拥有名列前茅的百万吨级的干船坞。

10. 世界十大港口之天津港

天津港(见图 2-18)位于天津海河入海口,处于京津冀城市群和环渤海经济圈的交汇点上,是中国北方最大的综合性和重要的对外贸易口岸,该港是在淤泥质浅滩上挖海建港、

图 2-16　青岛港

图 2-17　迪拜港

吹填造陆建成的世界航道等级最高的人工深水港。

图 2-18　天津港

世界十大港口中,有 7 个位于中国,这表明中国已经和世界融为一体,而港口恰恰就是中国和全球进行有机链接的节点。

（三）各船公司在各航线上的优劣势对比（见表2-7）

表2-7　各船公司在各航线上的优劣势对比

运价及速度 线路	动价较低	运价中等、速度较快	运价较高、速度快
欧地线	MSC、CSCL、PIL、ZIM、WANHAI、MISC	NORASIA、COSCO、SENATOR	HANJIN、CMA、HMM、MAERSK、MOSK
美加线	MSC、NCL	EVERGREEN、HAPA-GLLOYD、APL、ZIM	HMM、YML、HANJIN
红海线	MSC、EVERGREEN	PIL	COSCO、APL
澳新线	OOCL、SYMS、TASMAN、MISC	CSCL、HAM-SUD	MAERSK、MSC、COSCO、PIL
近洋线	SYMS、SINOTRANS、CO-HEUNG	KMTC、CSCL、SITC	SINOKOR、DONGYOUNG
南美西	EVERGREEN、HAPAGLLOYD	CSAV、CSCL、APL、MSC	MAERSK、HAM-SUD、NYK
墨西哥	CSCL、MSC	CSAV	MAERSK、HAM-SUD
非洲线	MSC、ESL（东非）	SAFMARINE、PIL	DELMAS、MAERSK
中东线	MSC、CSCL、TSLINE、ESL	HMM、ZIM、OOCL、RCL、NCL	COSCO、WANHAI、APL、NYK、YML、PIL
印巴线	MSC、NCL、ESL、SCI	RCL、HMM、COSCO	MAERSK、PIL
东南亚	ESL、ZIM、NORASIA	RCL、OOCL、COSCO、HMM、APL、NAL	CSCL、NYK、WAN-HAI
南美东	EVERGREEN	CSCL、MARUBA、PIL、CSAV	HAM-SUD、MAERSK、NY
加勒比海	EVERGREEN、CSCL、CSAV	ZIM、COSCO	MAERSK、NYK、MOSK

任务三　班轮运费查询与计算

一、拼箱运费计算

随着经济的全球化，越来越多的企业开始推行国际化战略，国际物流以迅猛的势头发展起来。国际海洋货物运输是国际物流运输中最主要的运输方式，目前，世界主要海运航线上的班轮运输，除少数货载仍使用杂货班轮运输外，班轮运输已基本发展为集装箱班轮运输。集装箱货物有两种装箱方式：整箱货和拼箱货。

与整箱货相比，拼箱货增加了物流成本，易产生物流服务问题，通关手续更复杂，花费的时间更长。拼箱有很多缺点，但在国际物流运输中却很常用。下面简要说明拼箱的计费方法。

(一) 计费结构

班轮运输费用＝基本运费＋附加费

基本运费＝基本费率(运价)×计费重量(运费吨)

基本费率，指每运费吨货物收取的基本运费，有等级费率、货种费率、从价费率、特殊费率和均一费率之分。

运费吨，重量吨和尺码吨的统称。运费吨是重量吨和尺码吨的统称。重量吨是按毛重计算，以每公吨、每长吨或每短吨为计算运费的单位，用"W"表示。尺码吨是按体积计算，以每立方米或40立方英尺为1尺码吨，用"M"表示。这里的"吨"只是一个计费标志，这个计费吨有时是质量单位，有时是体积单位，而不是特指质量单位。基准计费吨为：1质量吨＝1立方米质量和体积哪个大按哪个计费：若货物1质量吨不足1立方米，按1质量吨计费；若货物1立方米不足1质量吨，按1立方米计费。1立方米和1质量吨都叫1计费吨。

(二) 附加费

船公司为了保持在一定时期内基本费率的稳定，且能正确反映出各港各种货物的航运成本，在基本费率之外，又规定了各种附加费用。

(1) 燃油附加费(bunker surcharge or bunker adjustment factor，BAF)：在燃油价格突然上涨时加收。

(2) 货币贬值附加费(devaluation surcharge or currency adjustment factor，CAF)：在货币贬值时，船方为实际收入不致减少，按基本运价的一定百分比加收的附加费。

(3) 转船附加费(transhipment surchaege)：凡运往非基本港的货物，需转船运往目的港，船方收取的附加费，其中包括转船费和二程运费。

(4) 直航附加费(direct additional)：当运往非基本港的货物达到一定的货量，船公司可安排直航该港而不转船时所加收的附加费。

(5) 超重附加费(heavy lift additional)、超长附加费(long length additional)和超大附加费(surcharge of bulky cargo)：当一件货物的毛重、长度或体积超过或达到运价规定的数值时加收的附加费。

(6) 港口附加费(port additional or port suecharge)：有些港口由于设备条件差、装卸效率低或者其他原因，船公司加收的附加费。

(7) 港口拥挤附加费(port congestion surcharge)：有些港口由于拥挤，船舶停泊时间增加而加收的附加费。

(8) 选港附加费(optional surcharge)：货方托运时尚不能确定具体卸港，要求在预先提出的两个或两个以上港口中选择一港卸货，船方加收的附加费。

(9) 变更卸货港附加费(alternational of destination charge)：货主要求改变货物原来规定的卸货，在有关当局(如海关)准许，船方又同意的情况下所加收的附加费。

(10) 绕航附加费(deviation surcharge)：由于正常航道受阻不能通行，船舶必须绕道才能将货物运至目的港时，船方所加收的附加费。

拓展阅读

部分国家或地区附加费征收统计如表 2-8 所示。

表 2-8　部分国家或地区附加费征收统计

国家或地区	附加费全称	简　称	中文名称	预/到付
日本	Bunker Adjustment Factor	BAF	燃油调节附加费	日本到付（可申请预付）
	Yen Appreciation Surcharge	YAS	日元升值附加费	日本到付（可申请预付）
	Container Yard Chage	CY CHARGE	日本集装箱码头服务费	日本预付（只在日本到付情况下收取）
	Emergency Bunker Surcharge	EBS	紧急燃油附加费	日本到付（可申请预付）
	General Bunk Floating	GBF	燃油浮动调整附加费	日本到付（可预付）
	Peak Season Surcharger	PSS	旺季附加费	—
韩国	Emergency Bunker Surcharge	EBS	紧急燃油附加费	都可
	Fuel Adjustment Factor	FAF	燃油价调整附加费	都可
	Currency Adjustment Factor	CAF	币值附加费	都可
	Peak Season Surcharger	PSS	旺季附加费	
东南亚航线	Container Inbalance Charge	CIC	集装箱不平衡附加费	都可
	Emergency Bunker Surcharge	EBS	紧急燃油附加费	都可
	Indonesia Additional/Premium Surcharges	IAP（印度尼西亚）	印度尼西亚港口附加费	—
	Port Congestion Surcharge	PCS	港口拥挤附加费	
	War Surcharge	WARS	战争附加费	
	Peak Season Surcharger	PSS	旺季附加费	—
印巴航线	Fuel Adjustment Factor	FAF	燃油价调整附加费	都可
	Emergency Bunker Surcharge	EBS	紧急燃油附加费	都可
	Port Congestion Surcharge	PCS	港口拥挤附加费	
红海航线	Fuel Adjustment Factor	FAF	燃油价调整附加费	都可
	Suza Canal Fee	STS	苏伊士运河附加费	—
	Emergency Risk Surcharge	ADEN(ERS)	亚丁湾护航费	—
澳新航线	Emergency Bunker Surcharge	EBS(澳洲)	紧急燃油附加费	都可
欧洲航线	Entry Summary Declaration	ENS	入境摘要报关单	预付
	Bunker Adjustment Factor	BAF	燃油附加费	—
	Currency Adjustment Factor	CAF	货币贬值附加费	—

续表

国家或地区	附加费全称	简　称	中文名称	预/到付
欧洲航线	Peak Season Surcharger	PSS	旺季附加费	—
	War Surcharge	WARS	战争附加费	—
	Port Congestion Surcharge	PCS(以色列)	港口拥挤附加费	—
非洲航线	Fuel Adjustment Factor	FAF	燃油价调整附加费	都可
	Emergency Bunker Additional	EBA(中南美)	紧急燃油附加费	—
	Bunker Adjustment Factor	BAF(西非)	燃油附加费	—
	Currency Adjustment Factor	CAF(西非)	货币贬值附加费	—
南美—加勒比海—墨西哥航线	Port Congestion Surcharges	PCS(南美西岸)	港口拥挤附加费	—
	Emergency Bunker Additional	EBA(中南美)	紧急燃油附加费	—
	Atlantic &Gulfcoast	AG(墨西哥)	全水路运输费率	—
	Panama Canal Surcharge	PTF(中南美)	巴拿马运河附加费	—
美加航线	America Manifest System	AMS	反恐信息费	预付
	Importer Security Filing	ISF	美国的进口安全申报系统	预付
	Atlantic &Gulfcoast	AG(美东)	全水路运输费率	—
	Reversed Interior Point Intermodal	RIPI(美东)	美东内陆转运费	—
	Alameda Corridor Charge	ACC(美西)	绿色信道费	—
	Intermodal Administration Charge	ICA(美西)	联运管理费(转美国内陆点所特有的费用)	—
	Interior Point Intermodal	IPI(美西)	内陆转运费	—
	War Surcharge	WRS	战争附加费	—
	Advance Commercial Information System Use In Canada	ACI(加拿大)	加拿大海关申报费、加拿大使用之系统	—
	Destinational Delivery Charge	DDC	目的地交货费、到达港提货费	—
	Equipment Repositioning Additional	ERA	空箱调运费(转美国内陆点所特有的费用)	—
	Peak Season Surcharger	PSS	旺季附加费	—
	Port Congestion Surcharge	PCS(中美)	港口拥挤附加费	—
	Panama Canal Surcharge	PTF	巴拿马运河附加费	—

(三)计费标准

(1)按货物重量计算,以 W 表示,如1公吨(1 000千克)、1长吨(1 016千克)或1短吨(907.2千克)为一个计算单位,也称重量吨。

(2)按货物尺码或体积计算,以 M 表示,如1立方米(约合35.314 7立方英尺)或40立方英尺为一个计算单位,也称尺码吨或容积吨。

(3) 按货物重量或尺码，选择其中收取运费较高者计算运费，以 W/M 表示。

(4) 按货物 FOB 价收取一定的百分比作为运费，称从价运费，用 ADVALOREM 或 ad. val. 表示。

(5) 按货物重量或尺码或价值，选择其中一种收费较高者计算运费，用 W/M or ad. val. 表示。

(6) 按货物重量或尺码选择其高者，再加上从价运费计算，用 W/M plus ad. val. 表示。

(7) 按每件为一单位计收，如活牲畜和活动物，按每头(per head)计收；车辆有时按每辆(per unit)计收；起码运费按每提单(per B/L)计收。

(8) 临时议定的价格，即由承、托运双方临时议定的价格收取运费，一般多用于低价货物。

我国港口拼箱货常用计费标准如下：

实际重量＝过磅后货物得到的物理重量

重量体积＝过磅后货物得到的物理重量/1 000(或 1∶500)

货物体积＝货物的长(m)×宽(m)×高(m)×货物总件数

计费重量(运费吨)为体积重量和重量体积相比，取其大者为计算运输费用吨。注意：不足 1 立方米按 1 立方米计费，大于 1 立方米取整计费。

例如，2016 年，深圳海运拼箱基本费用的构成：

海运费＝USD×CBM＋特殊要求的费用、报关费为 RMB320/票、文件费为 RMB200/票、拖车费根据实际情况而定。

拓展阅读

拼箱中的海运费分重货和轻货吗？

拼箱海运费有重货和轻货。区分的标准：分别以体积及重量计价，哪个价高，就按哪个标准收费，如果最终是按体积计价，就是轻货；如果最终是按重量计价，就是重货。

例如，某批货为 2 吨/3 立方米，拼箱运价为 USD100/立方米或 USD120/吨，以体积计价为 USD300，以重量计价为 USD240，则最终运费按体积计价为 USD300，即该批货为轻货。

如果某批货为 2 吨/2.2 立方米，拼箱运价为 USD100/立方米或 USD120/吨，以体积计价为 USD220，以重量计价为 USD240，则最终运费按重量计价为 USD240，即该批货为重货。

(四) 运费计费步骤

(1) 选择相关的运价本；

(2) 根据货物名称，在货物分级表中查到运费计算标准和等级；

(3) 在等级费率表的基本费率部分找到相应的航线、启运港和目的港，按等级查到基本运价。

(4) 从附加费部分查出所有应收(付)的附加费项目和数额(或百分比)及货币种类；

(5) 根据基本运价和附加费算出实际运价，即运费＝运价×运费吨。

思考： 某企业出口小五金一批，总毛重为5.65公吨，总体积为10.65立方米。由连云港装中国远洋运输公司轮船，经香港转船至热那亚港。经查阅，柴油机属于10级货，计算标准为W/M，从连云港至香港的费率为每运费吨18美元，香港中转费每运费吨为12美元，从香港至地中海航线费率为90美元，苏丹港港口拥挤附加费费率为基本运费的10%。试计算该企业应付船公司运费多少？

二、整箱运费计算

在整箱货运输中，大多数公司均已采用以箱为单位的计费方式，实行包箱费率。包箱费率是船公司根据自身情况，以不同类型的集装箱为计费单位确定整箱货的不同航线包干费。整箱包箱费率通常包括集装箱海上运输费用及装卸港口码头装卸费用。

（一）集装箱的包箱费率

集装箱的包箱费率有三种规定方法。

▶ 1. FAK 包箱费率（freight for all kinds）

FAK 包箱费率即不分货物种类，不分等级，也不计货量，只规定统一的每个集装箱收取的费率，如表2-9所示。

表2-9 中国—新加坡航线集装箱费率　　　　　　　　　单位：美元

港口	货类	CFS/CFS	CY/CY	
		per F/T	20英尺 FCL	40英尺 FCL
大连	杂货	78.5	1 250.0	2 310.0
新港	杂货	70.0	1 150.0	2 035.0
上海	杂货	70.0	1 150.0	1 750.0

▶ 2. FCS 包箱费率（freight for class）

FCS 包箱费率即按不同货物等级制定的包箱费率。货物等级为1~20级，但级差较小，如表2-10所示。一般低价货费率高于传统运输费率，高价货则低于传统费率；同一等级货物，实重货运价高于体积货运价。

表2-10 中国—澳大利亚航线集装箱 FCS 包箱费率（基本港：墨尔本、悉尼等）

单位：美元

等级	计算标准	20英尺(CY/CY)	40英尺(CY/CY)	LCL (per F/T)
1~7	W/M	1 700	3 230	95
8~13	W/M	1 800	3 420	100
14~20	W/M	1 900	3 510	105

▶ 3. FCB 包箱费率（freight for class & basis）

FCB 包箱费率即按不同货物等级或货物类别以及计算标准制定的费率，同一级费率因计算标准不同，费率也不同，如表2-11所示。例如，8~10级，CY/CY 交接方式，20英尺集装箱货物如按重量计费为1 500美元，如按尺码计费则为1 450美元。

表 2-11　中国—地中海航线集装箱 FCB 包箱费率(基本港：阿尔及尔、热那亚、马赛等)

单位：美元

等　级	LCL Per W	LCL Per M	FCL 20 英尺(CY/CY)	FCL 40 英尺(CY/CY)
1～7	131.0	100.0	2 250.0	4 200.0
8～13	133.0	102.0	2 330.0	4 412.0
14～20	136.0	110.0	2 450.0	4 640.0

(二) 最低运输费用

最低运输费用分为三种情况。

(1) 规定最低运费等级，如中远公司规定以 7 级货为最低收费等级，低于 7 级货均按 7 级收费；

(2) 规定最低运费吨，如远东航运公司规定，20 英尺箱最低运费吨实重货为 17.5 吨，尺码货为 21.5 立方米，W/M 为 21.5 运费吨。

(3) 规定最低箱载利用率，一般集装箱最低利用率为箱内容积的 60%。

(三) 最高运输费用

最高运输费用分为两种情况。

(1) 规定最高计费吨，如在货物体积超过集装箱通常载货容积时，仍按标准体积收费。若按等级包箱费率计费，而箱内等级不同时，则可免较低货物等级的运费。一般是按箱内容积的 85% 计算。

(2) 规定最高计费等级。不高于该货物等级的货物，均以规定的最高计费等级收费。

(四) 整箱货余箱运费

为了争取更多货源，许多船公司都对较大数量的货物给予优惠。例如，远东航运公会规定，同时托运 3 个集装箱时，第 3 个箱子的最低计费吨可以适当缩减，这就是整箱货余箱运费。当然，当货主托运箱量达到一定数量时，最后一箱按实际装箱体积收费。

思考： 用集装箱装运一批木箱包装的货物从青岛运往国外某港口，木箱尺寸为 1 m×1 m×1 m，共有 40 立方米，总重为 35 吨，整箱运输。可以用的箱型为 ISO 标箱中的 1AA 或者 1CC，查运价本得：USD1000/TEU，USD1800/FEU。

请问：

(1) 国际货运代理人为节省成本，应该如何选用集装箱？

(2) 应支付多少运费？

任务四　货运代理其他服务查询与采购

国际货运代理公司除了为客户提供国际海运的代理服务外，还应当为客户提供综合的全方位物流服务，如代理内陆拖车、代理报关报检、代理码头服务等。在实际工作中，一些实力雄厚的综合性国际货运代理公司拥有拖车、现代化仓库，具备报关报检资质等。同时，自身不具备实体拖车、报关资质和相关仓储设施设备的货运代理公司就会通过咨询、开发，从而找到合作的供应商或者是将该服务外包。

一、内陆拖车服务

拖车公司,就外贸来讲,是指在集装箱公司租箱以后,要把这些箱拉到工厂去装货,需要去找一家公司拖这些箱子,这个公司就是拖车行。拖车行一般可以提供全封闭、半封闭、高栏车、白卡,以及各种大吨位拖挂车和超宽长车的运输服务。

国际货运代理公司应根据本公司的需要寻找、开发、维护3～5家相对固定的拖车供应商,与其签订中长期合作协议。国际货运代理公司在接受客户的内陆拖车委托后,会将客户的拖车合同外包给其合作的拖车供应商,根据客户的需要下达拖车计划。如果在执行拖车服务的过程中,拖车行的原因导致拖车任务不能如期完成,在任何情况下,拖车司机都有义务及时向委托人报告。如果在执行拖车服务的过程中,由于货运代理公司的原因导致拖车滞留、压夜,拖车行有权向委托人收取相应额外费用。

思考:订舱专员根据订舱委托书向船公司定妥了舱位。你打电话给车队,要他们派车去集装箱堆场取一个20英尺和两个40英尺空柜,然后运到客户工厂,待客户装箱完毕,车队将重柜拉回堆场。假设遇到以下两种情况,应如何处理?

(1)内陆途中耽误,货柜到达时间太晚,次日才能完成还箱,产生了大量押车费和人员留宿费。

(2)装箱中出现货物太多,订舱货柜体积不够装载,临时加调货柜或者置换货柜装箱,产生额外费用。

二、报关报检服务

国际货运代理企业如果不具备报关报检资质,可以采取外包的形式,寻找报关报检服务商,并与其签订中长期代理协议。报关报检费率因地区不同而有所差异,总体来说,相对稳定。

三、码头仓储服务

有仓储功能的码头、堆场或仓库可以为客户提供相关业务,如码头拆装箱、仓储或接货业务等。码头仓储费率相对固定,如表2-12和表2-13所示,可以采用外包形式。

表2-12 某码头仓库出口收费标准

费用名称	20英尺	40英尺
堆存费	3元/天	6元/天
	免费堆存3天,第4天开始收费	
搬移费	49.5元/次	74.3元/次
	前10天免费,后每5天收一次搬移费	
开箱查验费	实际搬移次数	实际搬移次数
查验拆箱费	12.4元/计费吨	12.4元/计费吨
场内装箱费	12.4元/计费吨	12.4元/计费吨
冷藏箱预冷费	200元/天(按8折计费为160元/天)	280元/天(按8折计费为224元/天)

续表

费用名称	20英尺	40英尺
冷藏箱制冷费	120元/天（按8折计费为96元/天）	160元/天（按8折计费为128元/天）
港务费	20元/箱	40元/箱
港建费	64元/箱	96元/箱
提箱费	70元/箱	75元/箱
理货费	37.5元＋30元/箱（交通费）	70元＋30元/箱（交通费）
卸车费	5元/吨/立方米	5元/吨/立方米
仓储费	免7天，第八天起算每天0.6元/计费吨，超出1个月收取翻堆费5元/立方米/月	
捣箱费	12.40元/计费吨×2次＋4次搬移	

注：拆装箱费、货物进仓卸车费按计费吨择大计收，需动用叉车的货物按每车货物加收50元叉车费。

表2-13 某码头仓库进口收费标准

费用名称	20英尺	40英尺
堆存费	4.5元/天	9元/天
搬移费	49.5元/次	74.3元/次
	前10天免费，后每5天收一次搬移费	
开箱查验费	20元（开箱费）＋实际搬移次数	20元（开箱费）＋实际搬移次数
查验拆箱费	12.4元/计费吨	12.4元/计费吨
场内拆箱费	12.4元/计费吨	12.4元/计费吨
冷藏箱预冷费	200元/天（按8折计费为160元/天）	280元/天（按8折计费为224元/天）
冷藏箱制冷费	120元/天（按8折计费为96元/天）	160元/天（按8折计费为128元/天）
港务费	40元/箱	80元/箱
港建费	64元/箱	96元/箱
提箱费	70元/箱	75元/箱
装车费	5元/吨/立方米	5元/吨/立方米
拼箱费	计收整票提单基本费用之后入仓，再按分票提货收拼箱包干费（90元/2.5个计费吨内，150元/2.6～5.5个计费吨内，200元/5.6个计费吨以上）	
仓储费	0.60元/立方米/天，超出1个月收取翻堆费5元/立方米/月	

拓展阅读

青岛中欧集装箱航运景气指数发布

继中韩、中日、东北亚、"一带一路"航运指数之后，青岛航运指数再添新成员——青岛中欧集装箱航运景气指数，作为青岛航运指数的重要组成部分，中欧航运指数依托青岛在中欧贸易中的地位,反映中欧贸易晴雨表的航运指数。这一指数的推出进一步完善了青岛航运指数,是青岛港航服务业发展的一大突破,有助于改善青岛地区港航发展环境,助推航运产业转型升级,推动青岛建设国际航运中心城市。

青岛中欧集装箱航运景气指数从 11 家运营青岛到欧洲方向航线的船公司中,选取了 6 家企业作为样本,采集了自 2016 年 1—11 月的运价数据,通过拟定数据模型,计算出 2016 年 1—11 月青岛欧洲航线集装箱的运价波动、航线景气程度的指数波动曲线。这 5 家企业的运价及份额基本代表了欧洲航线的层级,其比重为平均分配,运价信息以 5 家样本企业提供形式为主。目前,欧洲方向共收集了六条航线的数据。

就目前的数据来看,总体而言,欧洲集装箱航运景气指数波动较大,但还是上涨的走势,如图 2-19 所示。2016 年 1 月,欧洲集装箱航运景气指数高开低走,走势一路下跌,从 1.55 点一路下跌至 3 月中旬,达到全年的最低点 0.34 点;之后小幅反弹,上涨两周后又继续下跌三周,之后一周内上涨 0.77 点,上涨幅度明显,但紧接着又有连续的小幅下跌三周;截至 2016 年 11 月,欧洲航运景气指数基本都保持着大幅上涨一周后小幅下跌几周进行调整的走势,但总体来看还是上升状态,最高值为 7 月的 2.01 点。

根据 2016 年以来青岛航运指数总体趋势看,东北亚集装箱航运景气指数总体走势,由青岛—日本航线和青岛—韩国航线组成,前半年为下跌趋势,后半年开始缓慢爬升,如图 2-20 所示。2016 年 10 月之前韩国航线走势相当平稳,每周变化幅度基本小于 0.05 点,指数一直维持在 0.46~0.55 点,直至 10 月开始,才有明显的涨幅,最高值为 0.77 点。而日本航线波动较大,低开高走,在 1 月底到达峰值为 1.96 点,这也为全年的最高值,之后指数一路下跌,虽然期间有小幅上涨,但依然阻挡不了下跌势头,到 6 月的第一周到达最低点 0.50 点,之后指数开始调整性上涨,并在 10 月初达到 1.57 点,但只维持了两周,之后又有所下跌。

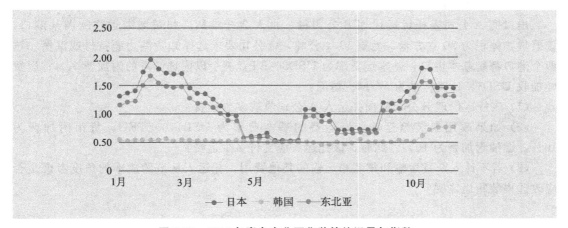

图 2-19　2016 年青岛东北亚集装箱航运景气指数

从青岛市商务局的统计数据来看,2016 年前 11 个月青岛外贸进出口情况为:出口总额为 2 505.49 亿元,进口总额为 1 361.75 亿元,进出口总额为 3 867.24 亿元,由负转正实现增长 0.1%。这是青岛外贸自 2015 年下半年持续下滑以来,首次实现增长。

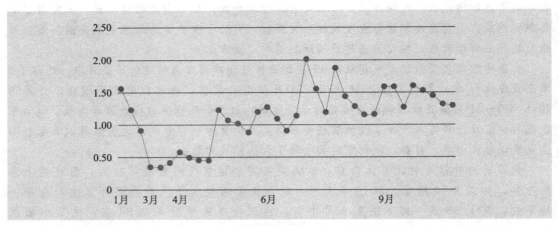

图 2-20　2016 年欧洲集装箱航运景气指数

有关专家表示，2017 年是贸易和航运复苏元年，出口将好于 2016 年，判断明年全球贸易和航运可能会迎来一轮修复周期。

项目测评

▶ 1. 项目导入研讨

项目导入中王科长对你提出的五点要求，现在能做到吗？

▶ 2. 网络自我学习

通过网络、书籍等查找当下国际航运市场上 TOP20 的船公司基本信息，并制作表格。

▶ 3. 模拟货运代理服务采购

以项目一中模拟组建的国际货运代理公司为框架，模拟货运代理服务采购这一环节。

▶ 4. 运费计算

出口商 A 公司委托货运代理 B 公司将一批人造纤维从广州黄埔港运往欧洲某港口，该票货物体积为 20 立方米、毛重 17.4 公吨，Q 公司要求选择卸货港为鹿特丹或汉堡，这两个港口都是基本港口，基本运费率为 USD80/FT，三个以内选卸港的附加费率为每运费吨加收 USD3，计费标准为 W/M。请问：

（1）该货运代理 B 公司应向托运人 A 公司收取多少运费？

（2）如果改用集装箱运输，海运费的基本费率为 USD1100/TEU，货币附加费为 10%，燃油附加费为 10%。此时，该托运人应支付多少运费？

（3）若不计入杂货运输和集装箱运输的其他费用，托运人从节约成本的角度考虑是否应改选集装箱运输呢？

项目三
国际货运代理服务的销售

教学目标

★知识目标
1. 掌握揽货的特点与方式，货物信息搜集渠道，掌握货运代理合同的磋商与签订操作技巧。
2. 学习寻找、开发客户，掌握按不同货运代理服务要求与货主进行业务磋商的技巧。
3. 了解集装箱、标记和租赁方式等基本知识。

★能力目标
1. 能寻找、开发货主，揽到货源。
2. 能起草货运代理合同，并根据货主需求为其制订货运代理方案。
3. 能根据货物情况计算集装箱数量。
4. 掌握揽货基础知识，熟知揽货程序和方法，并且具备揽货员特定的条件。
5. 能够在揽货过程中分析判断客户诉求，如货物、货量、起始港、目的港、运期、航线、船东、价格、集装箱等。
6. 能够草拟国际货运代理协议书。

★素质目标
1. 较强的沟通能力。
2. 良好的语言表达能力。
3. 吃苦耐劳的精神。

项目导入

情景一：三个月后，重庆直通物流有限公司国际货运代理部实行轮岗，你从采购货运代理服务的采购科转到业务科，向需要运输及相关业务的客户销售本部门的服务。业务科李科长安排你从打电话开始做起。

打电话怎么讲呢？去客户那里聊些什么呢？经分析，你总结如下思路：

打电话的目的是从大量客户里筛选出有意向的客户，所以要讲效率：第一句，找进出口负责人；第二句，介绍自己，我是什么货运代理公司，有什么优势；第三句，不好意思，打搅您了，再见！

如果客户有意向，那么就约见，不要在电话里谈，虽然省时省力省钱，但效果不好，亲自登门拜访才是正道。

拜访客户谈些什么呢？于公，要了解对方从事什么行业？出口量是多少？经常走哪些船公司，哪些航线？哪些目的港？以往有没有遇到什么问题？怎么解决？于私，可以了解对方是哪里人？住哪里？买房子没？结婚了没？等等。

总之，新手要考虑的并不多，每天实实在在的找资源、打电话、拜访客户，注意总结一些技巧，日积月累，坚持下来就是成功者。

情景二：就在你一筹莫展时，李科长推荐了一个不错的物流交易和服务平台，你登录该交易平台后惊喜地发现有不少的货盘，最新发布的货盘信息是普通货主货盘，如图 3-1 所示。该批普货从青岛发往伊基克(智利)，货主要求询价 3 个 40 尺高柜……对于这样一个客户，李科长让你负责跟进此项业务。那么，你接下来会怎么做呢？

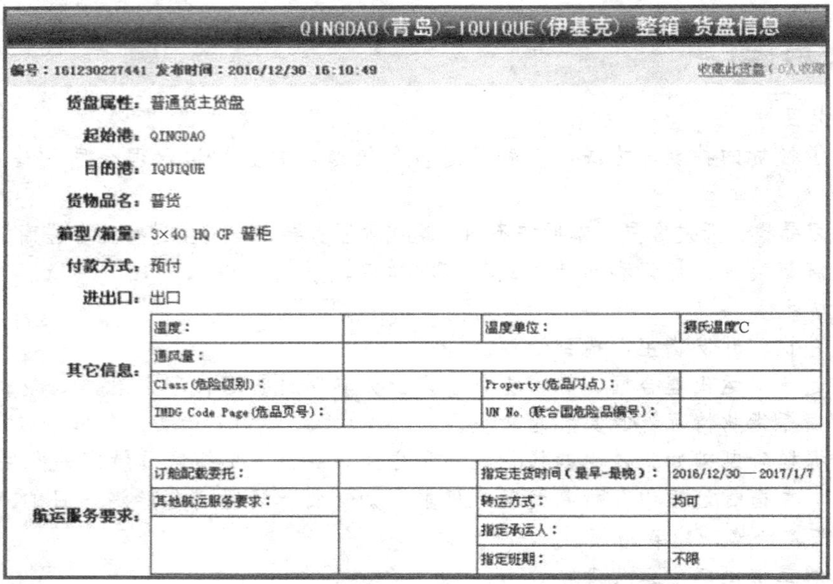
QINGDAO(青岛)-IQUIQUE(伊基克) 整箱 货盘信息

编号：161230227441 发布时间：2016/12/30 16:10:49　　收藏此货盘(0人收藏

货盘属性：普通货主货盘

起始港：QINGDAO

目的港：IQUIQUE

货物品名：普货

箱型/箱量：3×40 HQ GP 普柜

付款方式：预付

进出口：出口

其它信息：

温度：		温度单位：	摄氏温度℃
通风量：			
Class(危险级别)：		Property(危品闪点)：	
IMDG Code Page(危品页号)：		UN No.(联合国危险品编号)：	

航运服务要求：

订舱配载委托：		指定走货时间(最早-最晚)：	2016/12/30—2017/1/7
其他航运服务要求：		转运方式：	均可
		指定承运人：	
		指定班期：	不限

图 3-1　货盘信息

项目实施

任务一　揽货及揽货策略认知

一、揽货概述

揽货是指从事国际货运代理业务的公司在船东市场取得运输代理服务资质后，为了获得最好的经营效益而从货主那里争取物流的承运权，也就是货运代理服务的销售。

揽货有狭义和广义之分。狭义的揽货是指货运代理公司的揽货员到货主单位进行业务联系，承接进出口货物运输工作。广义的揽货是指货运代理公司所做的各种宣传，包括广告宣传、发送船期表、电话咨询、网站发布、信息咨询、自媒体信息发布等，如图3-2所示。

(a)广告宣传揽货信息　　　　　　　(b)网站发布揽货信息

(c)自媒体信息发布

图3-2　广义的揽货渠道

揽货的实际成绩如何，直接影响到货运代理公司的经营效益并关系着经营的成败。揽货之前，首先，货运代理公司要为自己所代理的班轮航线，船舶挂靠的港口及其到、发时间制定船期表并分送给已经建立起业务关系的原有客户，并在有关的第三方物流平台发布，使客户了解公司代理的主要航线及船期情况，以便联系安排货运，争得货源；其次，还要在航线两端和挂靠港口及其腹地的货物集中地设置自己的分支机构、营业所或委托代理机构进行揽货的具体工作。

二、揽货的主体

揽货的主体是货运代理企业的揽货人员，虽然各个企业的揽货人员因企业经营规模和经营现状而有所不同，但其任务基本是相同的。

（1）与企业现有客户保持联系，力求通过客户拓展自己的销售网络。
（2）积极寻找和发现新客户。
（3）根据企业的运价政策揽取更多的货物，力争完成既定的销售目标。
（4）及时反馈营销信息给航运公司、陆上运输部门及转运港有关的揽货人员。
（5）进行市场调研，收集客户和竞争对手（其他承运人）的信息情报。
（6）制订销售计划，定期访问客户。
（7）向客户提供各种服务，如咨询服务，解决技术难题，协调客户与货运代理、码头、海关、商检等的关系，向客户提供船期和货物运转信息等。

拓展阅读

小沈是一家货运代理企业的销售人员，大学毕业进入货运代理行业一直找不到门路，几个月下来都没任何成绩，来自公司和自身的压力让他有点沮丧。一天晚上，小沈回到家后仔细想了一下所在公司的特点，他发现自己这几个月所做的就是打电话、报价，对公司特色的服务却不是很了解，而自己公司在木材进口这方面的能力在当地港口是数一数二的。之后，他花了整整一个月的时间去熟悉公司木材进口上的种种问题和流程，虚心向老业务员请教这方面的问题。一个月以后，他跑去当地做木材进口的一个交易市场，守在门口看到进去的集装箱就拦下来，装作门卫检查货单并记录下来，然后按照收货人的信息，一家家登门拜访。很多收货人都对小沈的专业知识非常认可，这样不出一个月，小沈就开始出单，而且操作起来得心应手。半年下来，小沈的业务量已经超过很多公司的老业务员了。

分析：这个案例就是针对性营销的典型案例，结合公司的特色，专门钻研货运代理中的木材进口业务，用自己的专业和操作能力开发并维护客户。每家货运代理都有自己的特点，销售需要结合自身特点去寻找一条合适的发展之路，执着、认真地去做，收获就会随之而来。

三、揽货的特征

招揽货源具有推销商品的一般特征，具体而言主要包括两个方面。

▶ 1. 揽货需要与客户直接接触

揽货人员通过与客户联系、接触洽谈，可以及时了解客户对运输服务的要求，及时调整营销策略，尽量满足客户的要求。因此，揽货的方式一般都比较灵活。

▶ 2. 揽货需要与客户建立长期业务关系

揽货是运输活动的重要环节，揽货人员能否及时揽到充足的货物，直接影响到货运代理公司经营的顺利进行，甚至关系到货运代理企业经营的成败。因此，与广大客户建立长期业务关系，力求稳定货源，保持货运量和市场份额，是每一个货运代理企业的共同目标。

四、揽货的方式

（一）人员揽货

人员揽货是国际货运代理企业最常见的一种揽货方式，其程序和操作事项如下。

1. 寻找潜在客户

寻找潜在客户是揽货过程的开始,也是决定揽货成败的关键所在。通常,水运企业的客户有三类:一是现行客户,指现在正在支持本企业、使用本企业运输服务的客户,其支持本企业的货量应不少于其总货量的10%;二是未来客户,指那些现在尚未使用本企业的运输服务,将来有可能选择本企业服务的客户;三是潜在客户,指那些尚未使用本企业运输服务,正在与其他水运企业合作的客户,这类客户往往具有一定的货量。成功地发掘潜在客户是企业拓展销售范围、增加揽货量、提高企业市场占有率的重要途径之一。通常,水运企业销售人员可以通过以下几种方法寻找潜在客户。

(1) 资料查询法,即通过查询各种信息资料源以获取潜在客户的信息。通常可以查阅电话簿、工商管理广告、企业广告和公告、企业名录、货主协会简报、其他水运企业的托单、理货舱单等。通过查询,可以了解潜在客户的名称地址、邮政编码、经营范围、电话传真及业务联系人等信息,从而可以对客户进行电话、传真联系和跟踪。利用资料查询法寻找潜在客户可以避免揽货工作的盲目性,节省寻找客户的时间和费用。

(2) 客户引荐法,即通过现有客户的介绍或推荐来寻找潜在客户。这种方法在西方营销学中被称为无限连锁介绍法,具有很大的影响力。由于世界经济一体化,世界贸易亦向全球化方向发展,同一地区的贸易商彼此十分熟悉,往往既是竞争者又是合作者,不同地区甚至不同国家的贸易亦具有千丝万缕的业务联系。因此,通过现有客户的引荐,往往可以成功地发掘大量潜在的客户。这种方法往往要求水运企业的销售人员具有较高的职业道德,在现行客户中具有良好的声誉,与现有客户有着密切联系和友好关系,否则,这种方法就很难付诸实施。

(3) 抛砖引玉法,即企业通过广告、电视和展示会的形式来宣传本企业的服务,以吸引潜在客户的注意并与本企业主动联系。例如,企业可以有选择地在各种航务周刊、航务公报、报纸以及航运交易所定期公布本水运信息;在当地电视上做专题报道介绍本企业的服务;派销售人员参加商品交易会并向客户散发宣传资料等。这些方法都可以不同程度地吸引客户的注意力,加深客户对本企业的印象和了解,从而起到发掘潜在客户的目的。同时还能提高企业的知名度,提高销售人员的影响力和说服力,节省推销费用。其局限性是这种方法常常带有一定的盲目性,针对性不强。

2. 接触前的准备

发现潜在客户只是整个揽货工作的开始。在正式约见客户之前,销售人员还需要做许多准备工作,否则仓促与客户谈判,揽货效果一定不会理想。通常,接触客户前的准备工作包括以下几方面内容。

(1) 收集潜在客户资料并建立客户档案。接触客户前,应尽量多地收集有关客户的资料和信息,包括该客户的经营状况、进出口商品的种类、装货港和卸货港资料、与客户有关的收(发)货人的情况、贸易规模、贸易习惯以及其他有关客户的信息资料,在此基础上建立起客户档案。通常客户的决策者往往是决定揽货成败的关键人物,因此,水运企业销售人员应尽量了解其姓名、性格、喜好等情况,只有这样,在与其谈判时才能做到投其所好、有的放矢。

(2) 收集竞争对手的信息收集。竞争对手的信息包括两方面内容:一是了解竞争对手的服务内容和服务质量,包括对手的船期、船舶密度、转运时间、航线、货源情况等,还要尽量发现对手的缺陷和不足；二是了解竞争对手的运价水平，在航运竞争日趋激烈的今天，水运企业的航线都日趋环球化，不同企业的船期和转运时间都十分相近，运价水平往往是水运企业竞争的主要内容之一。因此，准确了解竞争对手对客户的报价情况，便于销售人员有针对性地向客户报价和承诺其他服务。

（3）制订访问计划。在约见客户之前，销售人员应事先制定访问计划，确定访问客户的时间、地点等。由于每一个销售人员负责的客户都不止一个，为使日常工作有条不紊地进行，应根据每个客户的实际情况，事先确定访问时间和访问次数。通常一个成功的销售人员一天至少应访问4个以上的客户。销售经理可根据本地区的实际情况和每位销售人员的能力大小适当调整每位销售人员访问客户的数量。

▶ 3．约见客户

国际货运代理企业销售人员与客户面谈前，一般都需要事先约见客户。约见客户可以采用电话预约和他人引荐的方法，约见的内容如下：

（1）确定约见对象，约见对象应为对方有决策权的关键人物；

（2）明确访问目的，通常开始接触客户都是向对方介绍本企业的服务，包括水运能力、船期、转运时间、运价等情况；

（3）确定访问时间，与客户面谈应以方便客户为原则，销售人员可先提出某个时间，让对方选择确认，否则在客户很忙时拜访，往往达不到访问的目的；

（4）选择访问地点，初始与客户见面，通常都是水运企业销售人员登门造访客户，当然有时约见地点也会选在本企业会议室，总之一切以客户方便、自愿为原则。

通过约见，有利于进行推销预测，制订可靠的访问计划，提高揽货的效率。

▶ 4．推销洽谈

推销洽谈是整个揽货工作的核心内容，直接关系到揽货的成败。因此，水运企业的每位销售人员都应高度重视洽谈的技巧和艺术性。由于水运企业的客户既包括各类专业进出口公司，也包括各种性质的货运代理公司，水运企业的销售人员应根据客户的具体情况做出具体分析，灵活机动地做好洽谈工作。

（1）在同客户进行面谈时，首先应让客户了解本企业的优势所在。销售人员应简明扼要地向客户介绍本企业服务信息，重点突出自身的优势以吸引客户的兴趣。其次，应尽量了解客户的信息，包括贸易商品种类、贸易量、装货港、卸货港、出货规律、运输方式、主要收货人，以及正在使用的承运人等信息。根据所掌握的信息，及时调整谈判方向和内容。

（2）尽量说服客户与本企业合作。通常要很快改变客户与现有承运人的合作关系并不是一件容易的事，初始洽谈就能达成交易的并不多见，这就要求销售人员要有足够的耐心，把握每一个面谈的机会，善于捕捉客户的真正意图与需求，在政策许可的范围内尽量满足客户的各种要求。

（3）推销洽谈的内容之一是运价水平。一般情况下，客户总是希望运价越低越好，但水运企业也有一个承受能力问题。销售人员应根据公司的费用政策和客户保证的货量大小，在允许的范围内给客户优惠水运费率。

推销成功与否，与销售人员本身的素质和谈判技巧有很大关系。通常销售人员在与客户洽谈业务时，应充满自信，态度要热情、诚恳，欢迎客户提出异议，避免与客户争吵和冒犯客户，针对客户提出的各种要求，要善于及时调整洽谈策略。同时，销售人员平时应注意谈判技巧和经验的积累。

▶ 5. 缔结合约

通过与客户的反复接触、多次洽谈，在双方意见趋于一致的情况下，销售人员应及时把握机会，争取早日与客户签订合约。合约的形式多种多样，可简可繁，视具体情况而定。合约的内容一般应包括签约双方的名称、地址、双方各自的权利和义务、装货港、卸货港、货量保证、运费水平、合同有效期限、运费支付方式，以及仲裁机构选定等。

如果客户贸易较稳定，且贸易量较大，应力争与其签订长期合同，一般一年或两年，合同期满后还应力争续签；如果客户贸易相对集中，此时应尽量与客户签订短期合同，一般为3个月或6个月。如果客户暂时不愿与本企业签约，可以先行给客户运费确认，待时机成熟后，再争取签订长期合同。销售人员在与客户缔结合约时，应本着互惠互利的原则，并适当留有余地。要适时诱导客户主动提出签约要求，让客户获得缔结合约的成就感，这样便于与客户维护良好的合作关系，最终从该客户处揽取更多的货物。

▶ 6. 售后服务

揽货的售后服务，指从接受客户订舱开始，直至货物目的港卸货交付收货人为止，所有与货物运输有关服务的总称。由此可见，售后服务既是揽货工作的最后一环，也是货运代理企业履行合约，为客户提供运输服务产品的最重要的内容之一。

通常，与客户缔结合约只是表明客户与本企业合作的开始，客户对本企业运输服务是否满意还要看售后服务质量的高低。售后服务质量的高低，直接影响到客户与本企业的未来合作，直接关系到客户对本企业的支持程度。因此，销售人员应与客户保持密切联系，协调好客户与航运公司、海关、商检乃至车队等部门的关系，使货物在每一个运输环节的操作都能有条不紊地运行。此外，销售人员应随时跟踪货物动态，货物到达目的港之前还应及时通知收货人提前办理有关清关、提货和中转手续，使收货人能及时、顺利地提取货物。只有货物能安全、迅速、及时地交付给收货人，客户才有兴趣和信心继续与本企业合作。同时，收货人的满意，又会进一步坚定客户支持本企业的信心。只有这样，销售人员才能从客户处揽取更多的货物。国际货运代理企业在制定揽货策略时，应尤其注意提高售后服务水平。

人员揽货可以跟客户直接接触、面对面交流，对有效客户信息与需求能做出快速反应，有利于跟客户交流感情、增进友谊，便于建立长期稳定的合作关系。

(二) 广告宣传

国际货运代理企业可以通过网络、手机、报纸、杂志、电视、广播、传单、户外广告等传递企业服务和产品信息，让更多的客户和公众了解该企业和企业产品。任何货运代理企业要想使本企业的产品及服务在市场与顾客心目中占据一定的位置，必须通过一定内容的广告宣传去影响市场与顾客。

广告宣传不仅对国际货运代理企业有利，而且对目标对象也有好处，它可使用户和消费者得到有用的信息，特别是在揽货员到达前或到达不了的地方，更能帮助有需求者获取信息，如图3-3所示。

(三) 促销活动

国际货运代理企业为了促进某项服务的销售而进行的降价特价、赠送礼品、优惠折

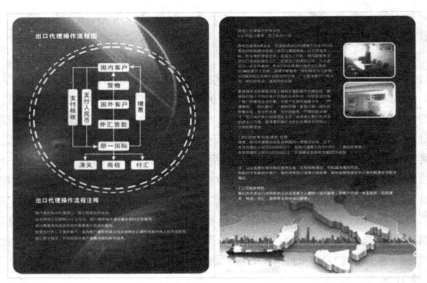

图 3-3　某国际货运代理企业广告宣传册

扣、路线折扣等活动，能在短期内达到促进销售，提升业绩，增加收益。

要使促销取得成功，活动必须具有刺激力，能刺激目标对象参与，如图 3-4 所示。刺激程度越高，促进销售的反应越大，但这种刺激也存在边际效应。因此，必须根据促销实践进行分析和总结，并结合客观市场环境确定适当的刺激程度和相应的费用投入。

海运特价专区　空运特价专区　青岛特价专区

› 往期特价

4月份特价来袭，你准备好了嘛?　　2016年04月08日　星期五

深圳—清奈	20GP:450 40GP:550 40HQ:– 45HQ:–	详情
深圳—阿比让	20GP:600 40GP:575 40HQ:– 45HQ:–	详情
深圳—特马	20GP:600 40GP:575 40HQ:– 45HQ:–	详情
深圳—阿帕帕	20GP:600 40GP:575 40HQ:– 45HQ:–	详情
深圳—挺坎	20GP:600 40GP:575 40HQ:– 45HQ:–	详情
广州—开普敦	20GP:300 40GP:450 40HQ:– 45HQ:–	详情

图 3-4　货运代理企业的促销活动

（四）企业公关

国际货运代理企业在运营过程中，应有意识、有计划地与社会公众进行信息双向交流及行为互动，以增进社会公众的理解、信任和支持，达到企业与社会协调发展的目的。追求美誉、塑造良好的企业形象，才能使企业获得良好的生存和发展环境。企业追求永续发展，公众对企业的认识与评价也是在长期中逐渐形成的，企业公共关系活动必须着眼于长远效果，急功近利只会适得其反。

国际货运代理企业可以通过公益活动、救灾捐款、软文宣传、微博、微信公众号等形式来塑造公共形象。

五、揽货的组织结构

揽货的组织结构大致可分为以下四种类型。

（一）地区型揽货

地区型揽货又称区域性揽货，是指分公司的营销经理将本公司所辖区域划分为几块，每一个销售人员分管一个地区，负责与该地区的所有客户联系并向其揽取货物。

通常这种结构适用于客户较集中的情况，其优点如下：

(1) 销售人员责任明确，对所辖地区销售业绩的好坏负有直接责任；
(2) 有利于销售人员与当地的客户建立固定联系，提高揽货效率；
(3) 由于每个销售人员所辖客户相对集中，可以适当节省差旅费用。

（二）货主型结构

货主型结构即按货主类型分配销售人员。通常货运代理企业的货主分为两类：直接客户与间接客户。直接客户是指各类专业进出口公司、三资企业及有进出口权的各类企业；间接客户是指各级货运代理公司、无进出口权的工厂和产品供应商。

这种结构的优点是：销售人员可以更加熟悉和了解自己的客户，掌握自己客户的出货规律和运输需求；其缺点是往往每个销售人员所负责的客户较分散、差旅费用较高等。

（三）航线型结构

航线型结构即根据国际货运企业所经营的产品航线分配销售人员，如按照美洲航线、欧洲航线、地中海航线、亚洲航线等来分配专职销售人员，每一个销售人员或几个销售人员主要负责对指定航线的揽货任务。

这种揽货结构要求每一个销售人员都必须十分熟悉本航线和本航线客户等情况，有利于向客户提供更完善的服务。优点在于销售指标明确，利于考核每一个销售人员的业绩水平。

（四）货种型结构

货种型结构是指按照被运货物种类分配销售人员的揽货结构。通常货运代理企业所承运的货物是多种多样的，包括散货、件杂货、集装箱货、干货、冷藏货和冻货等。不同的货物，其来源不同，操作方式和程序也不同。尤其是特种货物，其操作方法和程序与普通货物相比各有不同的特点和要求，而且这类货物的客户往往比较固定。因此，企业可以按照所承运货物的种类来分配销售人员的任务。

这种揽货结构的优点在于销售人员可以向客户提供技术咨询，便于向客户提供全面、优质服务；其不足之处是在同一市场或同一客户里可能会同时出现本企业的几个销售人员，揽货费用相对较高。

六、揽货人员的必备条件

（一）心理素质要好

揽货员要面对的问题很多，包括无情的回绝、自尊受打击、信心危机等，如果心理承受力不够强的话，不仅业务方面，甚至揽货员的私人生活方面，都会受到影响。

良好的心理素质是经过不断磨炼得来的，业界有一个"1%原则"，即在揽到1%客户的货物之前被99%的客户拒绝是不可避免的。在不断的失败中却仍然自信坚强，在失败中不断地吸取经验，百折不挠地向目标逼近。客户很少自动找上门来，在竞争如此激烈的环境下，大部分客户靠揽货员主动出击得来，开发客户过程中会经常被拒绝，一次、两次、三次甚至无数次，不能灰心、不能胆怯，要大胆地介绍公司的业务范围和公司的服务优势。

揽到货后也不是万事大吉，后续工作还会遇到很多的问题：出货厂家的问题、操作的问题、承运人的问题、货场的问题、拖车欠缺的问题、拖车不够准时的问题、报关没报好的问题等。揽货员要冷静面对，受到委屈要及时调整好自己的心情，绝对不能把情绪带给下一个客户。每个客户每天的问题都不一样，揽货员要学会应变，国际运输往往时间长、距离远，只要其中一个环节出错，客户就很紧张，生怕误了交货期，会时刻打电话责备，揽货员是首当其冲的，处理好这些问题才能让客户放心。

（二）要爱岗敬业，具备良好的服务意识

揽货员应具备的敬业精神可归纳为五心：信心、耐心、恒心、诚心、爱心。揽货员个人的素质就代表了公司的素质，国际货运代理行业属于服务行业，揽货员服务态度要好，一切以客户为中心，全心全意为客户服务。

(1)揽货员要时刻充满信心，对自己有信心，对所属公司的服务产品有信心，给予客户正面的印象，在衣着、精神状态和言行举止方面都要体现出来。

(2)揽货员在工作中虽然能判断出某些客人只是来询价而无意提供货源，但还是要耐心地回答他们的问题，解答他们的疑问。如果客户是来投诉和发脾气的，要控制自己的情绪等对方发泄完，如果是自己的责任要保证改进，如果是其他同事的责任也要有礼貌转达客户的批评或转接给负责的同事。

(3)持之以恒地关心你的客户。如果想获得一个客户，需要不断和潜在客户联络。有的公司要求揽货员每个月都要联络大客户，即使没有合同，相互交流也有助于今后的合作。对于已经移交给操作或客服的老客户也要经常去关心，对客户货物的跟踪要有始有终。

(4)和对方真诚地交流，让客户知道公司服务的限度，说明你的困难，不足的地方要如何努力才能做到，不要承诺做不到的事情。尊重客户的要求，但不是满足他所有的要求。

(5)揽货员要凭着一颗爱心热情对待客户，为客户分担困难和忧愁，然后才可能揽到业务。对潜在的业务伙伴，揽货员要热情和认真地追踪。这里的追踪是要保持不断的联系和不断的交流，不用刻意追求接单与否，而是先交朋友。优质贴心的服务、刻苦勤勉的揽货员容易得到客户的认可。

（三）善于沟通，判断准确

揽货员要善于研究客户心理、学习社会心理学，同时要具有能说会道的口才，掌握与人沟通的技巧。要成为出色的揽货员，也要注意自己的形象，保持仪容端庄，穿着要搭配合理，给人舒服的感觉。

收集的货源资料告诉揽货员要开发的客户很多，是否每个都是准客户呢？当然不是，只是其中小小的一部分才是真正会合作的，所以要学会取舍。揽货员的时间有限，要学会去筛选，把较多的时间花在有可能合作的客户身上。

注意观察客户的肢体语言，如客户倾身听你讲，或突然向你要一个较低的价格，表示他在考虑与你合作。此时不要错失良机,也不要操之过急,你可以说"我们约个时间喝茶"或"这个价我同经理商量后我们再约"。如果客户忙于其他事没有停下来的迹象或他双腿抖动显得有点不耐烦,就可先告辞了。

(四)树立专业人士的形象

揽货员对本企业所提供的国际货运代理服务范围、质量、过程、后勤服务等必须熟悉,本企业的历史、规模、组织、人事、财务及营业政策等也必须熟悉,以便解答客户可能询问的问题。

每个揽货员必须努力装备自己并掌握必要的相关专业知识,如国际货运代理知识、国际贸易知识、货运代理英语知识、国际贸易地理知识等,以应对各方面的需要,为企业带来更多的商机及提高企业的效益。例如,可以帮助客户理解单证、解释单据,甚至帮助客户做单据,因为并不是所有的外贸人员都了解单证,他们能卖出产品给外国客户,但未必了解外贸必需的单据。

七、揽货注意事项

(一)充分了解合作伙伴和目的国货运法律

国际货运代理企业离不开承运人、仓库、堆场、货运站、码头、机场、车站、保险公司、报关行、拖车行、控箱公司等关系企业的协作,对以上各关系企业的操作程序要了然于胸,同时对目的国货运法律也要熟悉,以应对客户的各种问题。

例如,美国国内道路限重很严格,各州之间的法律规定均有不同(15~17吨),故对五金、瓷砖、石制品等重量货的揽收要特别小心。通常小柜不可超出17吨,以免遭每次2000~3000美元的交通罚款。

对合作伙伴的适时价格也要充分了解,以便向客户报出正确的价格。例如,各码头的费用,如客户要外拖又要加上拖车行的拖车费,普通车与转关车的价格也不一样;船公司的海运费和航空公司的空运费也是在随时波动着。海运方面要掌握发货港到各大洲及客户常用港口的运杂费,各主要船公司的船期;空运方面要掌握发货空港到各大洲及客户常用空港的运杂费,各主要航空公司的航班时刻;陆运方面要掌握各大城市的公里数和拖箱费及港口装箱费;对于所有的运输方式,报关费、报检费、文件费、修箱、洗箱、租箱、仓租等都必须有所了解。国际货运代理企业的揽货员应常备一份各种运杂费清单。

(二)建立服务优势,掌握报价技巧,协助商务人员签约

国际货运代理企业要善于建立小范围垄断,例如,有的公司中南美线和欧地线价格优惠,有的是马来西亚航线优惠。国际货运代理企业在优势产品方面拥有较多的同行客户,从而降低揽货成本和操作成本。每个揽货员要了解本公司优势产品的价格结构及特点,并及时向合作伙伴索取适时报价,学会用优先权或优惠价来吸引新客户和稳定老客户,灵活应用揽货佣金。

▶ 1. 运价优势

路线价格的差距取决于揽货量和客户关系。国际货运代理企业同承运人的合作协议往往规定揽货量与运价的对应关系,国际货运代理企业以此获取优惠运价。还有一种情形,因为承运人给熟客优惠,所以许多货运代理常常会夸口:"我和某某大船公司的业务员是朋友,所以拿到好价格。"随着国际货运代理行业竞争的加剧,单靠承运人的运价承诺已经

不能满足客户要求,许多国际货运代理企业谋求以优化运输组合来取得某线路的运价优势,在中转点、货运站、拖车等所有的环节上争取最好的价格。

▶ 2. 时间优势

除了价格优势外,时间优势也是货运代理企业的核心竞争力。

▶ 3. 服务质量优势

服务质量优势对于有特殊服务要求的货物(危险品、贵重货物、活动植物等)尤其重要,对某类货物运输处理的优势可以赢得客户。国际货运代理服务质量可以体现在如由于过往有较多的化工品或危险品货量,使公司处理这些货物得心应手、效率高,客户也放心。

▶ 4. 地区优势

国际货运代理企业往往在创业所在地或公司总部所在地有良好的客户关系网络和业务网络,使从这些地区发出的货物处理效率高、费用低,从而拥有地区优势。

(三)资料收集及时齐全,准确传递给操作员

要了解客户的全部关键要求,对常规的服务要求一定要问清楚,如是否代理报关、报检、保险、拖车、仓储等;要及时收集齐全货运代理单证,特别要注意报关、报检中的监管证件是否提前准备好了,同时要认真核实单证资料的准确性,以免造成改单的额外费用;向操作员传递客户的有关资料。

(四)建立客户档案,协助客服人员做好客户关系管理

建立客户档案并非仅是客户服务人员的事,甚至在一些中小型企业不设客户服务部,而是由业务部本身来管理客户关系。客户历史档案有助于揽货员在第一时间内对客户的要求作出响应,以最快、最好的服务满足客户。

(五)做好业务报告,协助财务人员保证运杂费回款

国际货运代理企业通常要求业务部定期做业务报告给公司管理层,让公司管理决策人及时了解客户的动向和指导开拓市场。业务报告中包含了业务量和应收服务款项的统计,清楚、正确地列出每一票业务所有服务项目及费用和客户支付情况,分列出已付账款(开了发票给客户)和应收账款。客户当月应收账款由单证员同相关单位(特别注意境外合作国际货运代理实务单位)开来的发票及订舱单核对。单证员做好清单后,交由主管并通知相关揽货员及其客户本月应收金额的具体情况。在操作将要完成时,揽货员要通知财务部开发票、核对发票,协助财务部及时收回服务款。

任务二 集装箱基础认知

一、认知集装箱

集装箱是指具有一定强度、刚度和规格专供周转使用的大型装货容器。使用集装箱转运货物,可直接在发货人的仓库装货,运到收货人的仓库卸货,中途更换车、船时,无须

将货物从箱内取出换装。因此，集装箱是一种伟大的发明。

集装箱最大的成功在于其产品的标准化以及由此建立的一整套运输体系。能够让一个载重几十吨的庞然大物实现标准化，并且以此为基础逐步实现全球范围内的船舶、港口、航线、公路、中转站、桥梁、隧道、多式联运相配套的物流系统，这的确堪称人类有史以来创造的伟大奇迹之一。

按照国际标准化组织(ISO)第104技术委员会的规定，集装箱应具备下列条件：

(1) 能长期反复使用，具有足够的强度；
(2) 途中转运不用移动箱内货物，就可以直接换装；
(3) 可以进行快速装卸，并可从一种运输工具直接方便地换装到另一种运输工具；
(4) 便于货物的装满和卸空；
(5) 具有1立方米(即35.32立方英尺)或以上的容积。

满足上述5个条件的大型装货容器才能称为集装箱。

二、集装箱计算单位

集装箱计算单位(twenty equivalent unit，TEU)又称20英尺换算单位，是计算集装箱箱数的换算单位，也称国际标准箱单位，通常用来表示船舶装载集装箱的能力，也是集装箱和港口吞吐量的重要统计、换算单位。

各国大部分集装箱运输都采用20英尺和40英尺长的两种集装箱。为使集装箱箱数计算统一化，把20英尺集装箱作为一个计算单位，40尺集装箱作为两个计算单位，以利统一计算集装箱的营运量。

在统计集装箱数量时有的一个术语——自然箱，也称实物箱。自然箱是不进行换算的实物箱，即无论是40英尺集装箱、30英尺集装箱、20英尺集装箱或10英尺集装箱，均作为一个集装箱统计。

三、集装箱分类

集装箱种类很多，分类方法多种多样，主要分类方法如下。

(一) 按所装货物种类划分

按所装货物种类划分，集装箱可分为干货集装箱、散货集装箱、液体集装箱、冷藏集装箱，以及一些特种专用集装箱，如汽车集装箱、牧畜集装箱、兽皮集装箱等，如图3-5所示。

干货集装箱是最普通的集装箱，主要用于运输一般杂货，适合各种不需要调节温度的货物使用的集装箱，一般称通用集装箱；散货集装箱是用以装载粉末、颗粒状货物等各种散装的货物的集装箱；液货集装箱是用以装载液体货物的集装箱；冷藏集装箱是一种附有冷冻机设备，并在内壁敷设热传导率较低的材料，用以装载冷冻、保温、保鲜货物的集装箱；汽车集装箱是一种专门设计用来装运汽车，并可分为两层装货的集装箱；牲畜集装箱是一种专门设计用来装运活牲畜的集装箱，有通风设施，带有喂料和除粪装置；兽皮集装箱是一种专门设计用来装运生皮等带汁渗漏性质的货物，有双层底，可存储渗漏出来的液体的集装箱。

(a)20英尺干货集装箱

(b)40英尺冷藏集装箱

(c)汽车集装箱

图 3-5　各种集装箱

（二）按制造材料划分

制造材料是指集装箱主体部件（侧壁、端壁、箱顶等）材料，按制造材料划分，集装箱可分成三种：有钢制装箱、铝合金集装箱、玻璃钢集装箱，此外还有木集装箱、不锈钢集装箱等。

钢制集装箱用钢材造成，优点是强度大、结构牢、焊接性高、水密性好、价格低廉；缺点是重量大、防腐性差。

铝合金集装箱用铝合金材料造成，优点是重量轻、外表美观、防腐蚀、弹性好、加工方便以及加工费、修理费低，使用年限长；缺点是造价高、焊接性能差。

玻璃钢集装箱用玻璃钢材料造成，优点是强度大、刚性好、内容积大、隔热、防腐、耐化学性好、易清扫、修理简便；缺点是重量大、易老化、拧螺栓处强度降低。

（三）按用途划分

按用途划分，集装箱可分为冷冻集装箱（reefer container，RF），挂衣集装箱（dress hanger container），开顶集装箱（open top container，OT）、框架集装箱（flat rack container，FR）、罐式集装箱（tank container，TK）、冷藏集装箱、平台集装箱（platform container）、通风集装箱（ventilated container）和保温集装箱（insulated container）。

开顶集装箱用于装载玻璃板、钢制品、机械等重货，可以使用起重机从顶部装卸，开顶箱顶部可开启或无固定箱面的集装箱。

框架集装箱是以箱底面和四周金属框架构成的集装箱，适用于长大、超重、轻泡货物。

罐装集装箱是由箱底面和罐体及四周框架构成的集装箱，适用于液体货物。

平台集装箱是专供装运超限货物的集装箱,有一个强度很大的底盘,在装运大件货物时,可同时使用几个平台集装箱。

(四)按规格尺寸划分

常见的集装箱规格尺寸如表3-1所示。

表3-1 常见的集装箱规格尺寸

规　　格	长×宽×高(米)	配货毛重(吨)	体积(m³)
20英尺	5.69×2.13×2.18	17.5	24～26
40英尺	11.8×2.13×2.18	22	54
40英尺高柜	11.8×2.13×2.72	22	68
45英尺高柜	13.58×2.34×2.71	29	86
20英尺开顶柜	5.89×2.32×2.31	20	31.5
40英尺开顶柜	12.01×2.33×2.15	30.4	65
20英尺平底货柜	5.85×2.23×2.15	23	28
40英尺平底货柜	12.05×2.12×1.96	36	50

(五)按结构划分

按结构划分,集装箱可分为三类:固定式集装箱、折叠式集装箱和薄壳式集装箱。固定式集装箱还可分密闭集装箱、开顶集装箱、板架集装箱等。折叠式集装箱,指集装箱的主要部件(侧壁、端壁和箱顶)能简单地折叠或分解,再次使用时可以方便地再组合起来。薄壳式集装箱,是把所有部件组成一个钢体,其优点是重量轻,可以适应所发生的扭力而不会引起永久变形。

拓展阅读

可折叠集装箱

可折叠式集装箱(见图3-6)卸货后可收叠堆放,卡车、火车或货轮回程载运的空柜数量将因此增加三倍,使载运空集装箱的成本降低75%。

因为设计复杂,折叠式集装箱的单价自4 000美元起,几乎比一般集装箱贵上一倍。可折叠集装箱除了要能耐热、耐寒、耐海水盐蚀性外,还必须禁得起码头吊车的粗鲁对待,因为在船上会堆至十层高,所以耐重须达350吨,且须合乎全球高度自动化码头的标准作业系统。

全球数百家船公司的1万艘货轮,每年载运货柜的次数超过1亿趟。因为全球贸易失衡,亚洲出口货物多于进口,所以海上集装箱有20%是空柜,而在内陆卸货完成的空柜,也须仰赖卡车或火车运回港口。航运业者每年花费可观资源处理空柜问题,若能降低空柜运送的支出,将可提高获利率,这对航运业来说十分重要。

四、国际标准集装箱

集装箱运输的初期,集装箱的结构和规格各不相同,影响了集装箱在国际上的流通,亟须制定集装箱的国际通用标准,以利于集装箱运输的发展。集装箱标准化不仅能提高集装箱作为共同运输单元在海、陆、空运输中的通用性和互换性,而且能够提高集装箱运输

图 3-6 可折叠集装箱

的安全性和经济性,促进国际集装箱多式联运的发展。同时,集装箱的标准化还给集装箱的载运工具和装卸机械提供了选型、设计和制造的依据,从而使集装箱运输成为相互衔接配套、专业化和高效率的运输系统。集装箱标准按使用范围划分,有国际标准、国家标准、地区标准和公司标准四种。

国际标准集装箱是指根据国际标准化组织(ISO)第 104 技术委员会制定的国际标准来建造和使用的国际通用的标准集装箱。

集装箱标准化历经了一个发展过程。国际标准化组织 ISO/TC 104 技术委员会自 1961 年成立以来,对集装箱国际标准进行多次补充、增减和修改,到目前为止,国际标准集装箱共有 13 种规格,其宽度均 2 438mm,长度有四种(12 192mm、9 125mm、6 058mm、2 991mm),高度有四种(2 896mm、2 591mm、2 438mm、2 438mm)。其长度关系如图 3-7 所示。

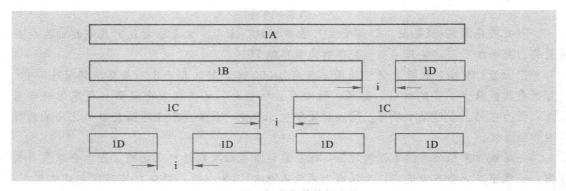

图 3-7 国际标准集装箱长度关系

1A 型 40ft(12 192mm)、1B 型 30ft(9 125mm)、1C 型 20ft(6 058mm)、1D 型 10ft(2 991mm),间距 i 为 3min(76mm)。

1A=1B+i+1D=9 125+76+2 991=12 192(mm)

1B=1D+i+1D+i+1D=3×2 991+2×76=9 125(mm)

1C=1D+i+1D=2×2 991+76=6 058(mm)

练习:请同学们分组查找集装箱种类、型号、图片并制作成 PPT,向全班同学讲解。

五、集装箱的交接

(一) 集装箱的交接地点

货物运输中的交接地点是指根据运输合同,承运人与货方交接货物、划分责任风险和费用的地点。目前,集装箱运输中货物的交接地点有门(双方约定的地点)、集装箱堆场、船边、吊钩,以及集装箱货运站。

(1) 门

门指收发货人的工厂、仓库或双方约定收、交集装箱的地点,在多式联运中经常使用。

(2) 集装箱堆场(container yard,CY)

集装箱堆场(简称场)是交接和保管空箱(empty container)和重箱(loaded container)的场所,也是集装箱换装运输工具的场所。

(3) 船边或吊钩(ship's rail or hook/tackle)

船边或吊钩(简称钩)指装货港货卸货港装卸船边或码头集装箱装卸吊具,并以此为界区分运输装卸费用的责任界限。

(4) 集装箱货运站(container freight station,CFS)

集装箱货运站(简称站),是拼箱货交接和保管的场所,也是拼箱货装箱和拆箱的场所。集装箱堆场和集装箱货运站也可以位于一处。

(二) 集装箱交接方式

集装箱运输中,整箱货和拼箱货在船货双方之间的交接方式有以下几种:

(1) 门到门:由托运人负责装载的集装箱,在其货仓或厂库交承运人验收后,负责全程运输,直到收货人的货仓或工厂仓库交箱为止。这种全程连线运输称为"门到门"运输。

(2) 门到场:由发货人货仓或工厂仓库至目的地或卸箱港的集装箱装卸区堆场。

(3) 门到站:由发货人货仓或工厂仓库至目的地或卸箱港的集装箱货运站。

(4) 场到门:由起运地或装箱港的集装箱装卸区堆场至收货人的货仓或工厂仓库。

(5) 场到场:由起运地或装箱港的集装箱装卸区堆场至目的地或卸箱港的集装箱装卸区堆场。

(6) 场到站:由起运地或装箱港的集装箱装卸区堆场至目的地或卸箱港的集装箱货运站。

(7) 站到门:由起运地或装箱港的集装箱货运站至收货人的货仓或工厂仓库。

(8) 站到场:由起运地或装箱港的集装箱货运站至目的地或卸箱港的集装箱装卸区堆场。

(9) 站到站:由起运地或装箱港的集装箱货运站至目的地或卸箱港的集装箱货运站。

(三) 集装箱货物交接方式

集装箱货物分为整箱和拼箱两种,因此在交接方式上也有所不同,大致有以下四类。

▶ 1. 整箱交,整箱接(FCL/FCL)

货主在工厂或仓库把装满货后的整箱交给承运人,收货人在目的地以同样整箱接货,换言之,承运人以整箱为单位负责交接。货物的装箱和拆箱均由货方负责。

▶ 2. 拼箱交，拆箱接(LCL/LCL)

货主将不足整箱的小票托运货物在集装箱货运站或内陆转运站交给承运人，由承运人负责拼箱和装箱运到目的地货站或内陆转运站，由承运人负责拆箱，拆箱后，收货人凭单接货。货物的装箱和拆箱均由承运人负责。

▶ 3. 整箱交，拆箱接(FCL/LCL)

货主在工厂或仓库把装满货后的整箱交给承运人，在目的地的集装箱货运站或内陆转运站由承运人负责拆箱后，各收货人凭单接货。

▶ 4. 拼箱交，整箱接(LCL/FCL)

货主将不足整箱的小票托运货物在集装箱货运站或内陆转运站交给承运人，由承运人分类调整，把同一收货人的货集中拼装成整箱，运到目的地后，承运人以整箱交，收货人以整箱接。

上述各种交接方式中，以整箱交，整箱接效果最好，也最能发挥集装箱的优越性。

六、集装箱数量的计算

确定集装箱数量的步骤如下：

▶ 1. 判断货物是重货还是轻货

如果货物的密度＞集装箱的容重，则为重货；如果货物的密度＜集装箱的容重，则为轻货。

对于集装箱来说，把集装箱的最大载货重量除以集装箱的容积，所得之商叫作箱的单位容重，如表3-2所示。要使集装箱的容积和重量都能满载，就要求货物密度等于箱的单位容重。实际上集装箱装货后，箱内的容积或多或少会产生空隙，因此集装箱内实际利用的有效容积应为集装箱容积乘上箱容利用率。通常在初步计算时，箱容利用率取80%。

表3-2 不同种类集装箱的单位容重

集装箱种类	集装箱容积		箱容积利用率为100%时的单位容重		箱容积利用率为80%时的单位容重	
	m^3	立方英尺	kg/m^3	1b/立方英尺	kg/m^3	1b/立方英尺
20英尺杂货集装箱	33.2	4 873	656.3	41.0	820.4	51.3
40英尺杂货集装箱	67.8	8 489	407.5	25.1	509.4	31.4
20英尺开顶集装箱	28.4	5 557	756.3	47.1	945.4	58.9

▶ 2. 确定集装箱数量

(1) 如果货物是重货，则所需集装箱数量＝货物总重量/装箱最大载货重量。

(2) 如果货物是轻货，则所需集装箱数量＝货物总体积/集装箱的有效容积。

思考：一批货物采用纸箱装，尺寸为60cm×40cm×20cm，每箱毛重为8.8kg，每箱净重为8.2kg，共2 100箱，用40英尺钢质集装箱(体积为12 050mm×2 343mm×2 386mm)最大载重量为27 380kg，内容积为67.4m^3。计算该批货物需要几个40英尺钢质集装箱？

任务三 货运代理合同的磋商与订立

一、货运代理合同的磋商

国际货运代理企业与客户建立业务关系后，可就货物代理运输及相关业务的具体内容与对方进行实质性谈判，即货运代理合同的磋商。本项目任务一中提及的揽货业务在一定程度上可视为磋商。

磋商的内容主要是货运代理的各种交易条件，主要涉及代理人、委托人的权利与义务、相关费用、免责条款等。

货运代理合同磋商的形式分为口头和书面。电话磋商视为口头磋商。通过双方交换信件、电报或电传进行磋商被认为是书面磋商。

二、货运代理合同的签订

国际货运代理合同一般不采用正式文本的形式，而是通过办理运输委托书、托运单、订舱单、报关单的形式来表现。签订合同时，需要注意以下相关事项：

（一）国际货运代理合同适用的法律及行政法规

主要法律：《民法通则》《合同法》《海商法》。

行政法规：《国际海运条例》。

部门规章：《国际运输代理业管理规定》《国际货物运输代理业管理规定实施细则（试行）》。

国际公约：《代理统一法公约》《代理合同统一法公约》（均未生效）。

此外，还有《运输代理人公约》《国际保付代理公约》《国际货物销售代理公约》《国际商事合同通则》等。

（二）国际货运代理合同的结构

国际货运代理合同主要结构为：基本代理合同＋补充协议、数据电文。

（三）国际货运代理合同的主要条款

(1) 合同基本信息，编号、日期等；
(2) 合同双方的法律地位；
(3) 合同双方各自的法律责任；
(4) 关于转委托条款；
(5) 关于运输代理及相关业务的费用条款。

拓展阅读

合同范本一：委托货物运输合同

合同编号：_____

委托方：_____（以下简称甲方）

承运方：_____（以下简称乙方）

鉴于甲方和乙方依法设立且合法存续，双方本着公平、平等、等价有偿和诚信原则，依据《中华人民共和国合同法》等相关法律法规的规定，就甲方委托乙方承运货物事宜签订本合同，以资共同信守：

第一条：运输费用

1. 甲乙双方建立战略商业伙伴关系，乙方给甲方最优惠的价格。

2. 如果乙方需变更价格，须提前1个月书面通知甲方。经甲方书面确认后，方可执行，否则，甲乙双方按变更前的价格结算。

3. 运输费用以甲乙双方签章确认的乙方报价单为准，该报价单作为本合同的不可分割的一部分。

第二条：甲方责任

1. 运输时间_____年_____月_____日起至_____年_____月_____日，甲方预报当月运输计划，货柜数量根据甲方所提供的数量而订，以便乙方提前调配车辆，确保运力。

2. 甲方需调用车辆前，应提前一至两天向乙方传真书面的《托运单》并注明装柜地点和时间、货物名称、箱型、重量及卸货地点，联系人及电话，落重日期等。并对所提供托运资料的真实性负责。

3. 特殊原因需临时增加拖柜量，提前24小时通知乙方，经双方协商同意后，由乙方安排拖柜来厂装货。

4. 厂方正常装柜时间为每天24小时。

5. 方按协议约定及时与乙方结清各项费用。

第三条：乙方责任

1. 需按甲方《托运单》准时安排货柜到工厂装货，如遇特殊原因不能准时到厂，需提前6小时书面通知甲方，并经甲方同意后方可延迟。否则，所产生的费用由乙方承担。

2. 乙方所提供的车辆必须是技术性能良好，证照齐全、合法、有效，并购买了交强险、商业险、物流责任险。货物启运前，乙方须向甲方提供承运车辆及驾驶员的基本资料复印件(行驶证、营运证、保险卡、驾驶证、身份证)。

3. 物运输过程中若发生意外交通事故，无论是否导致货物损坏，乙方在启动交通事故救急预案的同时，还应及时通知甲方，并随时通报事故处理情况。

4. 本协议为甲方商业机密，乙方不得向任何第三方泄露，否则，由此所产生的后果由乙方负责。

5. 乙方在运输过程中对甲方的货物造成损坏、丢失的风险责任由乙方承担，对造成经济损失的，由乙方负责。

第四条：费用及结算方式

1. 运输费用以月结方式结算，乙方需在次月5日前将上月的月结对账单传给甲方，甲方须在10天内核对完后回传给乙方确认，经双方确认无误后，提交给甲方财务部，于10个工作日内将该费用按以下约定的方式支付给乙方。

2. 乙方车辆按计划时间正常到达甲方指定工厂或仓库，如厂方无法即时装货，所产生的压夜费用为元/天，由甲方支付。

3. 乙方同意采用以下方式收款：
由甲方将款项付至乙方如下账号：＿＿＿＿＿＿＿＿＿＿＿＿＿＿＿＿＿
账户名：＿＿＿＿＿＿＿＿＿＿＿＿
开户行：＿＿＿＿＿＿＿＿＿＿＿＿＿建行支行
账号：＿＿＿＿＿＿＿＿＿＿＿＿

以上信息如有变更，乙方应书面通知（需加盖公章）。

第五条：合同的终止

1. 如因不可抗力（仅指战争四级以上地震）无法履行本合同的，本合同自动终止，甲乙双方承担各自的损失，互不追究责任。

2. 乙方在一个月内延迟到柜 10 次，六个月内累计延迟到柜 60 次，甲方有权终止本合同并追究乙方的违约责任。

3. 除上述外，甲、乙任何一方终止合同，需提前二个月以书面报告形式告知对方。

第六条：违约责任

1. 乙方需按甲方的装柜时间表安排到柜，在未经甲方同意而延迟到柜，每延迟 6 小时按该柜的运输费用 10％向甲方支付违约金。

2. 甲乙任何一方违反诚信商业、有贿赂行为的，守约方有权不再向违约方支付所有应付但未付的款项。

第七条：其他

1. 凡因执行本合同或与本合同有关的任何争议，双方友好协商解决，协商不成，则提交人民法院管辖，诉讼解决。

2. 本合同自签订之日起生效，有效期至＿＿＿＿年＿＿＿＿月＿＿＿＿日止。合同期满前两个月，双方可商议续约，协商一致，另行签订续约合同。本合同一式四份，甲乙双方各执两份，具有同等的法律效力。

甲方签章：＿＿＿＿＿＿＿＿＿＿＿＿　　乙方签章：＿＿＿＿＿＿＿＿＿＿＿＿
授权代表：＿＿＿＿＿＿＿＿＿＿＿＿　　授权代表：＿＿＿＿＿＿＿＿＿＿＿＿
签署日期：＿＿＿年＿＿＿月＿＿＿日　　签署日期：＿＿＿年＿＿＿月＿＿＿日

合同范本二：国际货运代理合同

合同编号：
委托方：　　　　　　　　　　（以下简称甲方）
法定代表人：
地址：　　　　　　　　　　邮编：
联系人：
电话：　　　　　　　　　　传真：
受托方：广州欧华国际货运有限公司（以下简称乙方）
法定代表人：
地址：　　　　　　　　　　邮编：
联系人：
电话：86-20-38012×××　　　传真：86-20-38012×××

本合同是甲乙双方本着自愿平等、公平合理的原则，经友好协商，就甲方委托乙方办理国际货物运输代理事宜，双方一致同意订立以下合同条款，以供双方共同遵照执行：

一、乙方接受甲方的委托，代为办理进出口货物的订舱、报关、报验、装箱、拆箱、转运、代垫代付海运、空运运费等相关事宜，甲方同意支付相应的海运、空运运费、包干费及乙方因办理委托事项而垫付的其他费用等。

二、甲方委托乙方办理订舱时，甲方应及时送交或者传真给乙方正确、齐全和有效的托运单据。托运单应明确标明甲方订舱单位名称、电话、传真及联系人并加盖公章或专门订舱章。托运单内容应注明货物的件数、重量、体积、目的港、装船日期、货物品名、运费和包干费金额和预付或到付及其他特别要求。

三、甲方委托乙方代理报关、报检、报验时，应提供合法、合格、正确、齐全的报关报验单证。依贸易性质不同可包括：合同、发票、商检证书、许可证、配额证、核销文件、报关单、手册、装箱单及有关批文等。

四、甲方委托乙方代为办理货物的装箱、拆箱、中转运输时，应在托运单或者相关函电中予以明示。包括代为联系仓储、装卸、转运、短驳、装拆箱及相应费用等事宜。

五、因甲方提供的文件、信息等内容不实等而导致的损失或者责任，由甲方自行承担。乙方因此而对第三方履行赔偿等责任的，甲方同意赔偿给乙方。

六、乙方应及时向甲方提供航班、船期预报以及截止接单日期等与甲方所委托业务有关的信息，乙方的前述预报不构成甲、乙双方对航班、船舶驶离港、抵港等的具体时间约定，仅作为双方办理有关订舱事宜等的参考。

七、根据业务的需要，乙方可以为甲方代垫代付空运运费、海运运费、港口费用及其他代理代办费用。前述款项及费用可采用包干费的形式进行结算，也可在包干费外另行结算。甲方同意以双方确认的金额支付，并不得以乙方是否已与第三方结算完毕作为付款的抗辩。

八、乙方应积极、谨慎、安全地办理甲方所委托的业务，若因故未能按甲方的要求办理的，应及时将有关情况通知甲方。对于因甲方的原因或货主的原因而在超过截止接单日要求加载货物的，乙方应积极配合甲方的要求，但是对于确实无法加载的，乙方不承担任何责任。

九、甲方的货物包装应适合于所委托的运输方式要求及货物的特殊属性。如果甲方的货物对运输、储存、装卸等有特殊要求的，应在委托单上注明。否则，所有的后果由甲方承担。若乙方因此遭受损失的，甲方应予赔偿。

十、甲方对委托乙方办理的事项有更改的，应及时书面通知乙方。乙方视具体情况确定是否可以变更。因变更所引起的各项费用由甲方全部承担。

十一、甲方委托乙方办理的具体事项，根据甲方的每票委托书而定，具体每项业务的费用标准和付款方式、期限，详见《报价及结算单》，《报价及结算单》作为本合同的附件，是本合同不可分割的一部分。《报价及结算单》中的内容甲、乙双方可根据情况进行变更，变更经双方书面确认后方可生效。变更生效前所发生的业务，仍按原《报价及结算单》的标准执行。若单票业务的委托书中的费用标准与《报价及结算单》不一致的，按该票委托书中的标准处理本票业务。对于《报价及结算单》和委托书中均没有约定的乙方应收费项目，双方另行协商处理。

十二、乙方须在每月____日前与甲方核对上个月账单，甲方须在每月____日前向乙方进行支付上月发生的所有款项。甲方如未按照合同的规定准时付费，每逾期一天，应向乙方支付未付部分万分之五的违约金。在甲方未按照合同约定支付乙方费用时，乙方有权滞留相应的运输单据，由此产生的所有损失和责任由甲方承担。若甲方指定第三人付款的，如第三人拒付、少付、延期付款的，甲方仍有支付义务和依约定承担违约责任。

十三、甲方未及时付费造成承运人依法留置货物的，由甲方自行承担。

十四、如货物的灭失或损坏是由于我国《海商法》第五十一条或《民用航空法》第一百二十五条所列明的原因造成的，乙方不承担任何责任。

十五、乙方在代理货物运输的过程中应尽心尽责，对于因乙方的过失而导致甲方遭受的直接损失和发生的费用由乙方承担责任，以上损失不包括货物因延迟等原因造成的经济损失。在任何情况下乙方的赔偿责任根据国际相关公约或提单背面条款为准。

十六、本合同项下发生的任何纠纷或者争议，双方首先应友好协商解决。协商不成的，任何一方均有权向乙方所在地有管辖权的人民法院提起诉讼。

十七、本合同的订立、效力、解释、履行、争议的解决均适用中华人民共和国法律。

十八、本合同经甲、乙双方签字盖章之日起生效，合同有效期为<u>一年</u>。本合同期满之日前，甲、乙双方如无异议，则合同有效期将自动延期，除非任何一方提出终止合同，并以书面方式通知另一方。

十九、经甲、乙双方协商一致，可对本合同进行修改和补充，修改及补充的内容经双方签字盖章后作为本合同的组成部分。

二十、本合同一式两份，甲、乙双方各执一份，两份具有同等法律效力。

附件：一、报价及结算单；
　　　二、双方的营业执照复印件；

甲方：	（章）	乙方：	（章）
代表：	（签字）	代表：	（签字）
年　月　日		年　月　日	

项目测评

▶ 1. 项目导入研讨

在项目导入情景一中，作为货运代理销售新人，你经过学习后能总结出哪些揽货技巧？

在项目导入情景二中，你在第三方平台上查到了货主货盘，接下来会怎么做呢？

▶ 2. 网络自我学习

登录主要的货运代理论坛和货运代理平台，学习揽货技巧、算箱方法、合同签订注意事项等，并进行归纳总结。

▶ 3. 算箱计算

有一批出运货物为纸箱包装的纱布，共300箱，体积为120 m^3，重量为20吨，当集装箱箱容利用率为80%时，在不允许与其他货物混装的情况下，需要多少个20英尺的普通杂货集装箱？

▶ 4. 模拟货运代理角色体验

基于本项目学习内容，模拟国际货运代理企业揽货员寻找、开发新客户，进行揽货、报价、磋商、签订货运代理合同等环节，根据表3-3进行测评。

表3-3　角色扮演测评表

测评项目		评价标准	分值	小组评议	教师评议
专业能力测评 80%	利用IT网络自我学习	能运用相关网站进行运价、航线、港口等相关信息查询	5		
		掌握网上询价、报价操作技巧，懂得比较各货运公司各航线相关信息	10		
	算箱实操	能熟练查表并进行正确计算	10		
	角色扮演	过程演绎清晰、动作到位，清楚各工作岗位的职责，角色扮演到位	15		
	社会实践	信息收集全面有效，分析合理	20		
	案例分析	分析合理透彻，逻辑性强	20		
方法能力测评 10%	工作目标及相关角色	理解准确、设置到位	2		
	信息源的寻找	查阅资料广泛，内容正确完整	3		
	工作内容调查	调查内容完整	3		
	信息的选取及整合	信息选取及整合准确合理	2		
社会能力测评 10%	敬业精神表现	参与讨论，积极发言、训练认真	3		
	组织协调能力表现	善于与人沟通，积极参与	3		
	团队合作的表现	各司其职、协同作战	4		
合计			100		
总评得分＝小组评议(30%)＋教师评议(70%)					

拓展阅读

货运代理高手教你做货运代理

不讲成功，却来讲失败。在销售过程中，成功往往只是少部分，而我们面对最多的却是失败。成功是能够给我们带来物质和精神上的满足，但是不可避免，这些成功都是由无数次的失败所造就的，所以我们更应该重视每一次的失败。货运代理业务员不可能十全十美，即使你再做得再完美，但是人是最不可控因素，总会因为很多原因导致最后的失败，不必灰心，因为有时残缺也是一种美。下面讲述几种比较遗憾的失败，甚至可以说是无奈的失败。

一、第一种失败——被区域所左右

各大港口所在的城市有其天然的地理优势，而周边的城市有时就会被区域所左右，只能做本城市或者周边几个城市的货物，而很难做全国的货物。虽然各大港口周边的城市货运代理其实做的港口和港口所在城市是一样的，但是由于外围的一些客户只认港口所在城市的货运代理，尽管服务和价格都是差不多的，有时甚至比客户所寻找的港口货运代理的价格和服务都更有优势，但是发货人还是不信任不在港口城市的货运代理能一样操作他们的货物。这是一种思维的定势，这种失败让人很无奈。

二、第二种失败——被价格所左右

在市场经济环境下，永远不要觉得自己拿到的一定是最低的价格，永远会存在更低的价格。做货运代理只要选择最合适的、客户能够接受的价格，保证自己有相应的利润空间，这就是最佳的营销态度。

货运代理的宗旨是服务，千万别一开口就跟别人说我的价格最好，只会让拿到比你低价格的人笑话你，撇开船公司的区别，即使同一家船公司，你是船公司的庄家，也不能保证你拿到的就是最低的价格，因为还有很多种方式可以得到比你更低的价格，只是采用的方式和计算方式的区别而已。加了绝对词，其实也是把自己逼上了绝路，这样的失败是愚昧。

三、第三种失败——被现实所左右

一个刚刚步入外贸行业的新人，天天找你问这问那，看着那份好学的精神，再忙也不忍心拒绝他的问题。随着时间一天天过去，新人手上慢慢开始有了订单。他们还是会向你询价，能够热心助人的货运代理业务员，一般都会有自己的原则，绝对不会像那种只图利益的货运代理业务员一样，用不合常理的价格和回报去欺骗自己的朋友。可是最终自认为是朋友的他们还是抵制不住现实的诱惑，选择了他自认为有价格优势，并且能得到相应回报的其他货运代理。而从业者都知道，只要伸手了就很难再选择，毕竟人的欲望是无限的。这正是我们很多人最郁闷的事情，教会了徒弟却饿死了师傅。这些人为什么没有想过：在你们需要帮助的时候，那些给你低价格的或者说给你所谓回报的货运代理业务员在哪里？难道那些无私的帮助真的比不过现实的利益吗？在销售中，这个是最让人伤心的失败。

讲了这些营销技巧和失败的经验，只要认真看，每个人应该都能从中悟出点什么。关键做货运代理销售的时候，不管是新人也好，老人也罢，最重要的是从开始就给自己一个目标，然后按照自己的计划一步步去实现。计划容易，实施却是最难的，这个也就是成功和失败的关键点。记得和一个货运代理业务员朋友聊天时，他说他进入这个行业接受简单培训之后，给自己制订这样一个计划，每天（工作日）至少打100个电话，每天至少积累5家潜在的客户（能要到聊天工具，或者聊起来比较好的），一个月按照22个工作日计算就是110个潜在客户，这样坚持三个月，差不多就是330个潜在客户。从第四个月开始约见拜访这些潜在客户，每天2~3家，一个月也有66家，持续三个月下来198个客人，名片也用去几盒了。这样六个月下来没有客户是不现实的，后期就是维护客户，再找关系去开发，做得好的时候客户会不停地帮你介绍客户，差不多一年以后就是真正收获期。他自己就是这么做的，差不多快一年了，现在手上有十几家稳定客户，而且这些客户合作都很好，并且不断帮他介绍新的客户。这样的人能不成功吗？做货运代理业务员的人数不胜数，最后成功的又有几个呢？不比别人更努力一点能走到最后吗？

项目四 国际海上货运代理操作

教学目标

★知识目标

1. 掌握租船订舱、做箱、报关报检、缮制提单等操作流程。
2. 掌握国际海上货运代理货物跟踪方法。
3. 了解国际货运代理企业所面临的风险,以及相应的防范措施。

★能力目标

1. 能租船订舱与做箱。
2. 能报关报检与缮制提单。
3. 能用常用方法跟踪海运货物。
4. 能通过相关渠道搜寻适合的船舶,并签订租船合同或订舱委托书。
5. 能够设计集装箱装箱方案,缮制集装箱装箱单。
6. 能够模拟海运进出口报关报检流程,填制报关单。
7. 能通过承运人网站对货物进行跟踪查询。
8. 能在货运代理业务过程中监控和防范风险。

★素质目标

1. 高度的细致与耐心。
2. 吃苦耐劳的精神。
3. 良好的团队合作精神。

项目导入

经过一段时间,你从业务科借调到操作科,刘科长告知你最近事情较多,需要你尽快熟悉业务,并跟踪一单货物运输的操作。你接到任务后,先向操作科的前辈请教,然后将操作流程熟悉了一遍:首先审核业务单与客户委托单要求是否一致,资料是否齐全。在订舱前,你又做了这些工作:

(1)仔细阅读委托单;

(2) 审核货物是否为危险品；

(3) 货物的重量尺码以及是否适用客户要求的柜型；

(4) 特别注意客户的特殊要求，如船证、信用证、船期、启运码头、免堆期、装载要求等；

(5) 如果是特殊物品应先向客户查询清楚货物的特性，如是否超重、食品、冷藏货或危险品等。

刘科长把其中一单任务交给你，你查阅信息如下：山西省某企业生产的一批机电设备将出口到西班牙的塞利维亚，交货期为 2017 年 1 月，运费 USD 900，全包。

▶ 1. 货物情况说明

品名：机器设备

数量：320 吨

合同价值：USD 500 000

件数：160

包装规格：1 200mm×800mm×860mm

▶ 2. 信用证要求

装货港：中国任何港口

卸货港：西班牙任何港口

最晚装运日：2016 年 11 月 15 日

贸易条款：CIF SEVULLE，SPAIN

特殊要求：商品必须经过中国出入境检验检验局的检验，要求至少 9 天的免堆期，不接受驳船提单。

▶ 3. 货主要求

须凭正本提单提货，货主自买保险。

那么，接下来，你该怎么操作呢？

项目实施

任务一 租船订舱与做箱操作

一、租船运输

(一) 相关概念

国际贸易运输中另一种重要的船舶经营方式是租船运输，又称不定期运输，它是相对于班轮运输的另一种海运方式。与班轮运输相比，租船运输没有固定的航线港口等，是一种根据国际租船市场的行情和租船人的实际需要，船舶所有人出租整船部分舱位给租船人使用，以完成特定的货物运输任务，租船人按约定的运价或租金支付运费的商业行为。

船东(或二船东)向租船人之间提供的不是运输劳务,而是船舶的使用权。船东和租船人之间所进行的租船业务是对外贸易的一种商业行为,也叫无形贸易,租船通常在租船市场上进行。在该市场上,船东、租船人、船舶经纪人交往频繁、互通情报,提供船舶和货源,进行租船活动。由于租船活动是国际性的业务活动,所以业务活动主要是通过电讯方式来完成的。

在租船市场上,租船交易通常都不是由船舶所有人和承租人亲自到场直接洽谈,而是通过租船经纪人代为办理并签约的。因为经纪人拥有广泛的业务联系渠道,能向船方提供咨询消息和向租船人提供船舶供应商情况,促使双方选择适当的洽谈对象。交易成功,经纪人就可取得一定的报酬。船舶经纪人除促成船舶租赁业务外,还代办船舶买卖、船舶代理等业务。船舶经纪人的主要作用是为委托人提供最合适、最有利的生意、提供市场行情、当事人资信及答复委托人的咨询,为当事人各方斡旋并解决困难。

船舶经纪人的佣金为运费或租金的1.25%或其倍数,且一般由出租人支付。有时还会有回扣佣金(或称洽租佣金),是出租人(船方)对签约成功的一种表示,以及为了同货主继续保持合作关系,而返还给货主的一种具有回扣性质的费用,如合同中规定 commission is 3.75%, including address commission 2.5%。

练习:2016年5月初,中粮国际重庆分公司要向荷兰某公司出口一批6 000吨袋装玉米,其积载系数为$1.7m^3$/吨,装货港为重庆寸滩港,卸货港为荷兰鹿特丹港。中粮国际要求重庆直通物流有限公司国际货运代理部代租一条合适的船舶,并与之签订一份租船合同。

到船舶信息网上找四条符合要求的船舶,记录如下信息(见表4-1)。

表4-1 符合要求的船舶信息

相关信息	船舶一	船舶二	船舶三	船舶四
船名				
船籍				
建造时间				
船级				
总长				
形宽				
登记船东				
总吨				
净吨				
载重吨				
散装舱容				
包装舱容				

(二)租船运输相关知识

▶ 1. 特点

(1)租船合同条款由船东和租方双方共同商定。

（2）一般由船东与租方通过各自或共同的租船经纪人洽谈成交租船业务。

（3）不定航线，不定船期。

（4）租金率或运费率根据租船市场行情来决定。

（5）船舶营运中有关费用的支出，取决于不同的租船方式由船东和租方分担，并在合同条款中订明。而班轮运输中船舶中的一切正常营运支出均由船方负担。

（6）租船运输适用于大宗货物运输。

（7）各种租船合同均有相应的标准合同格式。

（8）租船运输中的提单不是一个独立的文件。船方出具的提单一般为只有正面内容的简式提单。

▶ 2. 租船运输的作用

（1）租船都是通过租船市场，双方集中进行交易的场所，为开展国际贸易提供便利条件。

（2）一般均为租用整船，可以充分发挥规模经济效益，降低单位运输成本。

（3）运价属于竞争性价格，比班轮运价低。

（4）租船运输限制较少，方便了货主的需求。

（5）当贸易量增加，而又出现了一些不方便时可考虑使用租船运输。

(三) 世界主要租船市场

▶ 1. 伦敦市场

伦敦波罗的海的商业航运交易所是国际上最大的散杂货租船市场，是其他租船市场的晴雨表，有着决定性的影响力。供应船舶主要是希腊船东的船舶或受其控制的方便旗船，还有美国船东控制的方便旗船。

拓展阅读

方便旗船的由来

方便旗船就是在船舶登记开放，或者宽松的国家进行登记，从而取得该国国籍，悬挂该国国旗并在国际市场上进行营运的船舶。

早期的方便旗船可以追溯到 16 世纪，主要是为了方便国际贸易交往。例如，英国船东为了方便与处于西班牙控制下的西印度群岛交易，经常悬挂西班牙的国旗航行。

现代方便旗船出现在"一战"之前，以船东为自己的船在其他国家进行登记为标志。"二战"之后，方便旗船迅速增加，挂方便旗的船舶主要属于海运较发达的国家和地区，如美国、希腊、日本、我国香港和韩国的船东。他们将船转移到外国登记，逃避国家重税和军事征用，以便自由制定运价不受政府管制，自由处理船舶和运用外汇，自由雇用低工资的外籍船员，降低船舶标准以节省修理费用，降低运营成本以提高竞争力等。"二战"结束后，方便旗船迅速发展，截至今天，方便旗船总载重吨约占世界商船总载重吨的三分之一，对世界船运市场产生了巨大的影响。

▶ 2. 纽约市场

纽约租船市场是仅次于伦敦的第二大租船市场，没有固定场所，成交的船舶主要是油轮和干散货船，成交量约占世界总量的 25%。该市场聚集美国、加拿大、阿根廷等国家的谷物、铁矿石、煤炭、石油等大宗商品的进出口商人,以及希腊、挪威、美国等航运大国的船公司。

3. 奥斯陆、斯德哥尔摩、鹿特丹和汉堡市场

该市场以租赁特殊的、质量高的船舶为主,如冷藏船、液化石油气船、滚装滚卸船和吊装船等,以长期期租为主。

4. 东京市场

东京租船市场已成为东南亚地区重要的航运市场,主要进行短程远洋船舶的租赁业务。

5. 我国香港市场

我国香港租船市场是以船东为中心的区域性国际航运市场,也是世界上最大的拆船市场。

6. 上海市场

上海租船市场我国大陆最大的航运市场,集中了大陆的中远、中海、长航集团等大中型中国航运企业。

(四)租船的方式

1. 定程租船

定程租船简称程租,又称航次租船。以航次为基础的租船方式,船方按时把船舶驶到装货港口装货,再驶到卸货港卸货,完成合同规定的运输任务并负责船舶的经营管理以及航行中的一切开支费用,租船人则按合约支付运费。运费按每吨货物的数量来计算,定程租船被广泛采用,成为租船的基本形式。

定程租船又分为以下几种形式:

(1)单航次租船,指租赁一艘船舶只装运一个航次,船舶所有人负责提供船舶,将指定的货物由一个港口运往另一个港口,货物运到目的港卸货完毕后,租船合同即告终止。

(2)来回程租船,指租船合同规定在完成一个航次任务后,接着再装运一个回程货装,合同才结束。

(3)连续单航次租船,指在同一方向的航线上连续装运几个航次或来回连续装运几个航次。

2. 定期租船

定期租船简称期租,指以租赁期限为基础的租船方式,在租期内,租船人按约定支付租金以取得船舶的使用权,同时负责船舶的调度和经营管理。租船人是一些大的综合性企业或实力较强的贸易公司,运费以船舶的每载重吨每月若干金额计算。

定期租船是船舶所有人把船舶出租给承租人使用一定时期的租船方式,在该期限内,承运人可以利用船舶的运载能力来安排货运。租期内的船舶燃料费、港口费用以及拖轮费用等营运费用,都由租船人负担,船东只负责船舶的维修、保险、配备船员和供给船员的给养和支付其他固定费用。期租船的租金在租期内不变,支付方法一般按船舶夏季载重线时的载重吨每吨每月若干货币单位计算,每30天(或每日、每月)或每半月预付一次。

定期租船有以下特点:

(1) 期租是租用整船；
(2) 期租只规定航行区域范围；
(3) 期租选装任何合法货物；
(4) 期租租船人有船舶调度权并负责营运；
(5) 期租不存在滞期速遣条款；
(6) 期租租金按每载重吨每月计算，租金一般是预付；
(7) 期租以期租合同为依据。

▶ 3. 包运租船

包运租船又称大合同，指船舶所有人提供给租船人一定运力，在确定的港口之间，以事先约定的期限、航次周期和每航次较均等的货运量，完成运输合同规定总运量，不具体规定航运次数和船舶艘数的一种租船方式。

包运租船区别于其他租船方式的特点如下：

(1) 包运租船合同中不确定船舶的船名及国籍，仅规定船舶的船级、船龄和船舶的技术规范等，船舶所有人只需比照这些要求提供能够完成合同规定每航次货运量的运力即可，这对船舶所有人在调度和安排船舶方面是十分灵活、方便的。

(2) 包运租期的长短取决于货物的总量及船舶航次周期所需的时间。

(3) 船舶所承运的货物主要是运量特别大的干散货或液体散装货物，承租人往往是业务量大和实力强的综合性工矿企业、贸易机构、生产加工集团或大石油公司。

(4) 船舶航次中所产生的时间延误的损失风险由船舶所有人承担，而对于船舶在港装、卸货物期间所产生的延误，则通过合同中订有的"延滞条款"的办法来处理，通常是由承租人承担船舶在港的时间损失。

(5) 运费按船舶实际装运货物的数量及商定的费率计收，通常按航次结算。

从上述特点可见，包运租船在很大程度上具有"连续航次租船"的基本特点。

▶ 4. 光船租船

光船租船是一种比较特殊的租船方式，也是按一定的期限租船，但与期租不同的是船东不提供船员，光一条船交租船人使用，由租船人自行配备船员，负责船舶的经营管理和航行各项事宜。光船租船有以下特点：

(1) 在租赁期间，租船人实际上对船舶有着支配权和占有权；
(2) 光船租船方式是由船东和租船人的特殊目的而形成的；
(3) 光船租船是一种财产租赁方式，并不具有运输承揽的性质；
(4) 租船人负责雇用船员，负担船员工资和伙食等；
(5) 租船人负责船舶的调度和营运安排，并负担所有营运费用；
(6) 租金率是根据船舶装载能力和租期等因素由双方商议确定；
(7) 若光租的船舶是一艘船厂要建造的新船，那么船东和船厂的造船合同及建造规范必须事先征得租船人同意才可与船厂签约建造。
(8) 光船租船经营中的船舶保险费、船舶检验费由合同规定。

▶ 5. 光船租购

光船租购是指在光船租船合同中规定一条分期付款协议或租购协议，一旦船舶租期届满，此船就被认为已卖给租船人。

拓展阅读

新造船：造价以跌为主，订单量有所下滑

2016年12月，新船造价以跌为主，订单量有所缩水。其中，集装箱船造价下跌1.5%左右，油轮和LPG船造价下跌1%左右，LNG船造价下跌0.5%左右，散货船造价基本稳定。

据统计，VLCC油轮、苏伊士型油轮、阿芙拉型油轮、成品油轮、海岬型散货船、巴拿马型散货船、大灵便型散货船、灵便型散货船、8.2万M3型LPG船、16万M3型LNG船、13000TEU型集装箱船、2750TEU型集装箱船，本月平均订造价格分别为7 616万美元、4 916万美元、4 016万美元、2 936万美元、3 780万美元、2 205万美元、2 007万美元、1 755万美元、6 458万美元、17 753万美元、9 810万美元、2 486万美元。目前，散货船和集装箱船市场费率低迷并未得到缓解，油轮市场相对稳定的收益水平也即将过去，预计三大常规船型在订单数量或者造价上都充满不确定性，但是一些特殊船型（如客滚船和豪华邮轮）的订单近期表现尤为抢眼。2016年，全球邮轮新签订单32艘、253万GT，美国、马来西亚、英国、意大利和法国船东邮轮新签订单总吨占比分别为43.87%、22.14%、15.23%、14.21%和1.58%，邮轮订单占据全球新船订单总投资额的一半。

12月国内新造船市场订单量大幅萎缩，新接订单共计16艘，环比减少15艘。分船型统计，集装箱船、LPG船、滚装船、客滚船、水泥运输船、科考船、破冰船、风电安装船和居住平台订单数分别为2艘、1艘、4艘、2艘、2艘、2艘、1艘、1艘和1艘。据克拉克森统计，截至12月底，中、日、韩船企手持订单量分别为3000万CGT、2006万CGT、1991万CGT，这是韩国造船业在新船订单量被日本超过后，手持订单量在过去17年来首次低于日本。

二、租船合同

租船合同是船舶所有人与承租人达成的协议，规定承租人以一定的条件向船舶所有人租用一定的船舶或一定的舱位用于运输货物，并就双方的权利和义务、责任与豁免等各项以条款形式加以规定，以明确双方的经济、法律关系。租船合同分为定程租船合同和定期租船合同，简称程租约和期租约。

（一）航次租船合同

航次租船合同指租期为一个或几个连续航次的租船合同，其性质是货物运输合同。出租人虽然出租船舶，但仍保有对船舶的控制，负责配备船长和船员，并组织营运。承租人租用船舶的目的是运输货物。

▶ 1. 航次租船合同的特点

（1）合同规定除装卸费由某方负担外，船舶的全部开支由出租人负责。

（2）运费按船舶实际装载货物吨数计算，或者拟定一个包干运费。

（3）合同定有装卸期限和延滞、速遣条款。实际装卸时期超过期限，由承租人向出租人支付滞期费；装卸提前完成，则由出租人向承租人支付速遣费。

（4）关于出租人运输货物责任，大多数租船合同采用目前国际通行的《统一提单的若干法律规定的国际公约》（又称《海牙规则》或《海牙—维斯比规则》）的规定。

航次租船合同有各种标准格式，通常采用的有波罗的海和国际航运协会制定的金康

(GENCON)合同和北美粮谷租船合同等,如表 4-2 所示。

表 4-2 航次租船运输合同模板(煤炭版)

签订日期: 　年　月　日　　　　地点　　　　　　合同编号:

托运人	全　称		电　话		本合同经双方盖章后即行生效,有关双方权利、义务和责任界限有约定的按条款履行,未约定的适用于《合同法》及《国内水路货物运输规则》的有关规定。合同正本一式贰份,双方各执壹份。	
	地　址		传　真			
	银行账号					
承运人	全　称		电　话			
	地　址		传　真			
	银行账号					
船舶资料	船　名		总　吨		总舱容	
	船籍港		净　吨		舱口数	
	载货吨		总　长		满载吃水	
起运港			运价	元/吨	货　种	例:煤炭
到达港			托运量		滞期费率	
受载日期				收货人		
装卸港期限		例:48 小时/48 小时				
货物交接方式		例:港航水尺交接,船方原船原交。				
运费计算方式		例:按装港交接数计收运费。				
费用结算方式		例:合同签订当日支付定金 10 万元,船抵卸港锚地前付清全额运费。				
特约条款及违约责任	经双方协商:下列 1、2、3、4、5、6、7、8、9、10、11 条款为本合同的特约条款 1. 承运人应按约定的或习惯的或地理上的航线将货物运送到约定的到达港,并在货物装妥后发出抵卸港通知。 2. 承运人只负责装卸港各一个安全泊位的船舶港使费。若需移泊,须经承运人同意,且移泊所产生费用由托运人负责,否则承运人有权拒绝移泊,并视为托运人违约。 3. 若船舶不能在规定的受载日期内抵港受载,除不可抗力因素和滞港原因外,托运人有权解除本合同,托运人如同意继续履行本合同,则合同的受载日期为船舶实际到港日期。承运人发船时,托运人若没有提出书面异议,则视作同意继续履行。 4. 承运人不负责装卸及有关堆舱费、绑扎费、货港费、平舱费、船舶速遣费、货物代理费、作业费、水分检测费及港口建设费等其他应由托运人承担的费用。托运人应在装毕、卸空前付清装卸港港口建设费,若未及时支付,由此造成的直接或间接损失由托运人承担,并且承运人有权保留货物留置权。 5. 装卸港留港时间自船抵装卸港指泊锚地起至装卸完毕办妥交接手续止,一旦滞期永远滞期,时间以航海日志为准,因不可抗力产生的封港时间,双方各承担一半。承运人指派船舶抵装卸港锚地 24 小时前,托运人须办妥装卸货有关手续,若因装卸货手续未及时办理或贸易纠纷引起的船舶滞泊时间按滞期论处。若船抵装货港锚地 48 小时内未能装货,托运人须每天支付滞期保证金(每日 12:00 前支付),遇节假日须提前付清。若托运人未能及时支付,则视为货物落空,并且承运人有权单方撤船。 6. 托运人未按合同约定及时支付运费、滞期费及其他应付费用,对以上各款项承运人可每日加收 5‰的逾期付款违约金。 7. 托运人承诺,本航次承运的货物积载因数低于____立方米/吨。若因托运人、货物所有人或其代理人的原因造成装卸港非作业性停产而产生的费用由托运人承担,若因货物自然特性或固有缺陷而造成的货损承运人不负赔偿责任。					

续表

特约条款及违约责任	8. 若托运人或其代理人在装货完毕后一小时内未对货物进行封舱交接，则视同托运人放弃封舱权利，承运人不承担因此而引起的货损货差；若托运人在船靠妥卸货港后两小时内未及时安排有关人员验封，则视同托运人放弃验封权利，承运人有权自行开舱卸货，并且不承担因此引起的相关责任。 9. 本合同自签订之日起，若发生船或货落空，违约方支付总运费30%的违约金。若船到锚地发生货物落空，则托运人支付总运费50%的违约金。 10. 执行合同过程中，如发生纠纷，双方尽可能友好协商，协商不成由原告住所地海事法院判决。诉讼费、律师费等费用由败诉方承担。 11. 本合同文本为打印格式，双方已对合同条款无异议，任何一方在盖章时对合同的内容做出任何变更的(包括但不限于手写更改)对另一方不具约束力。本合同双方盖章后，数据电文(传真、电子邮件)与合同原件具有同等法律效力。

托运人签章：　　　　　　　　　　　　　　　　承运人签章：

▶ **2. 航次租船合同的主要条款**

一般而言，航次租船合同都订有下列条款：

(1) 船舶说明条款(description of vessel clause)；
(2) 预备航次条款(preliminary voyage clause)；
(3) 船东责任条款(owners responsibility clause)；
(4) 运费支付条款(payment of freight clause)；
(5) 装卸费用条款(loading/discharging costs clause)；
(6) 滞期费和速遣费条款(demurrage & dispatch clause)；
(7) 销约条款(cancelling clause)；
(8) 留置权条款(lien clause)或租船人责任终止条款(cesser clause)；
(9) 提单条款(bill of lading clause)；
(10) 双方互有过失碰撞责任条款(both-to-blame collision clause)；
(11) 新杰森条款(new jason clause)；
(12) 共同海损条款(general average clause)；
(13) 仲裁条款(arbitration clause)；
(14) 佣金条款(brokerage commission clause)；
(15) 罢工条款(strike clause)；
(16) 战争条款(war risks clause)；
(17) 冰冻条款(ice clause)。

拓展阅读

航次租船合同各条款详细说明

一、船舶说明条款

1. 船名

船名是合同的重要条件之一，必须正确无误，合同内的船名都必须加引号。在整个租赁期内，船东不得随意更换船名，否则以违约论处。为了船东经营上的便利，列明两艘船舶，由船东选择其中之一；或者在合同内写明"或其替代船""或其姊妹船"赋予船东更换船舶的权利。但是，船东指定的替代船的状况应与原约定的船舶相符，并且，替代船一经选定，船东应及时通知租船人，并不得再次更改。

2. 船舶国籍或船旗

这项内容一般加注在船名前。船旗也是合同的重要条件，在合同履行期间，船东不得擅自变更船舶国籍或变换船旗，否则即属违约。

3. 船舶建造年月和船级

此项内容加注在船名之后，便于租船人了解船舶的技术状况和老化程度。合同中写明的船级，是指船舶在合同订立时的船级，船东没有义务在整个合同期内保持这一船级，合同中另有明文规定除外。

4. 船舶吨位

船舶吨位包括注册吨位和载重吨位。

注册吨位是按船舶容积折算的吨位，以100立方英尺或2.83立方米为1注册吨，所以又称为容积吨。注册吨位有注册总吨与注册净吨之分。注册吨位与港口费用、运河通行费、关税的征收等有密切关系。

载重吨位又称载货能力，表示船舶的载货能力。表格中填写的数字是指船舶实际可装载货物的数量，不包括船舶燃料、淡水、备用品等以及船舶常数。船舶具体在某一航次所能装载货物的数量，除船舶自身因素外，还受到航道情况、港口水文情况等因素的限制，所以具体装货数量另有条文详加规定。

二、预备航次条款

所谓预备航次，是指船舶完成上一航次后，从本合同的装货港的前一港口驶往本合同的装货港的一段航程。预备航次是合同规定的航次，即船舶出租航次的一部分。合同中船东所承担的明示及默示义务，同样适用于预备航次。金康合同中关于预备航次的规定只有简短的一句，"船舶应驶往××港或船舶所能安全抵达并始终保持停泊的邻近地点装货……"(The said vessel shall proceed to the loading port or place stated in Box 10 or so near thereto as she may safely get and lie always afloat, and there load a full and complete cargo…)。对这段语句的理解应为船舶要以合理的速度尽快驶往装货港，而不应有不合理的延误。此项义务包括船舶应在合理的时间开始预备航次，否则租船人有权取消合同。合同前言中与预备航次条款相配合的有另一句话，即"在本航次租船合同下约于规定的日期准备就绪……""…and expected ready to load under this charter about the date indicated in Box 9…"。预计准备就绪一般被认为是航次租船合同的条件条款。因此，船东负有绝对的责任适时启航预备航次，使得船舶有足够的时间按习惯速遣的速度抵达装货港和准备就绪。无论上一航次有何天灾、不可抗力而导致船舶不能适时启航，船东就已经违约。

三、船东责任条款

此条款虽然名为船东责任条款，但实质上是一条保护船东的免责条款。

在英美普通法下，除天灾、公敌行为、货物固有缺陷及包装不善、共同海损、火灾等少数几个原因外，船东对货物的灭失、损害和延迟交货均须负责。但船东往往以"合同自由"为借口，在租船合同中添加免责条款以减轻自己的责任。在海牙规则实行之后，提单运输中船东对货物的责任已比较明确，大致可归纳为以下几条：

(1) 提供一条在开航前和开航当时均适航的船舶；
(2) 船舶适航不仅指其具有相应的航海能力，而且包括其适货能力；
(3) 船东对所运送的货物负有适当和谨慎地装载、搬运、积载、运输、保管照料和卸载的责任；
(4) 不仅船东必须克尽职责使船舶适航，其雇用人和代理人也同样有此项义务；
(5) 如果船东违反了适航义务，则须对不适航引起的货物直接损失负赔偿责任。
一般认为海牙规则中关于船东责任的规定还是比较合理的。
在航次租船合同中，船东对货物的责任则须视合同规定而论。在本条款下，船东仅对下列三种原因造成的货物灭失、损坏或延迟交货负责：
(1) 货物积载不善或疏忽(但由交货人/租船人或其雇用的搬运工或服务人员进行积载操作者除外)；
(2) 船东或其经理未能克尽职责使船舶在各方面适航并适当地配备船员，装备和供给船舶；
(3) 船东或其经理的行为或过失。
由此可见，金康合同中关于船东对货物责任的规定与海牙规则的规定相类似，但比较笼统，限制也多。

本条款中的其他内容都是关于船东的除外责任的，主要内容有：①船东对其他任何原因引起的货物灭失、损坏或延迟交货均不负责，甚至船长、船员或船东雇用的其他船上或岸上人员的疏忽或过失而引致的货物灭失、损坏或延迟交货，船东亦无须负责，即便他们的行为在其他情况下船东须负责，但在本条款中除外；②船东对船舶在装货、启航或其他任何时刻不适航所引致的货物灭失、损坏或延迟交货不负责任。因为其他货物渗漏、串味、蒸发、易燃、爆炸或包装不良所致货物损失，均不得认为是积载不当或疏忽，即使事实如此，亦不做此论。有了这样清楚、明确、用字强烈的免责项目，船东的责任范围就大大缩小了。

四、运费支付条款

收取运费对船东来说是整个租船合同中最重要的内容。运费条款也是合同的条件条款之一，主要包括运费如何计算、如何支付、支付的时间、使用的外币和汇率等内容。

1. 运费的计算方式

在航次租船合同中，经常使用的有两种计算运费的方法。

(1) 规定一个运费费率，如每公吨10美元。如果有两个以上的装货港或卸货港，则按港口分列费率，或者规定一个一港装一港卸的基本费率，然后订明每增加一个装港或卸港再加一个附加费率。用运费费率乘以货物数量就得出运费的数额。货物数量的计算标准有两个，一种是按装入量计算，另一种是按卸出量计算。多数情况下，装入量比卸出量大，这种情况一方面是货物运输途中的自然损耗所致，另一方面是有些散装货残存舱底不易卸出所致。但有些货物的卸出量可能比装入量大，如磷灰石和木材等。因此，当合同采用此种方式计算运费时，必须明确按哪种标准计算货物数量，以避免争议。

(2) 整船包价运费，即合同中不规定运费费率，仅规定一个整额运费，无论实际装货数量多少，租船人都得按包价照付。当合同中采用这种方式计算运费时，通常都要求船东在合同中对船舶载货重量和载货容积做出保证，如果船舶的实际载货重量和载货容积少于船东保证数量，则租船人有权按照比例扣减运费作为补偿。

2. 运费的支付方式

英美普通法下,运费是船东为完成货物运输所得的报酬。换言之,如果合同中没有另文规定运费支付时间的话,租船人只有在船舶抵目的港卸货时才须支付运费。如果船舶在抵达目的港前沉没,即使离目的港近在咫尺,由于船东未完成其运输任务,是无权收取运费的。但如果船东在该船发生事故时改用它船将货物运送至目的港,则船东有权收取运费。现实中这种到付运费的支付方式虽已不多见,但普通法的这一基本原则却未改变。

随着国际间单证贸易的盛行,作为"有价证券"的提单是要求预付运费的。凡在船舶到达目的港前支付运费,都属于预付运费的范畴。在航次租船合同中,常见的预付运费的规定方法有以下几种:

(1) 签发提单时全部预付;

(2) 签发提单时付90%,10%于目的地卸货时支付;

(3) 签发提单七天内预付。

签发提单七天内支付运费,对船东来说是有一定风险的。因为签发的预付运费的提单相当于一张已收到运费的收据。如果事后租船人不付运费,而提单又已经转让,船东不但收不到运费,而且还必须完成提单项下的义务,将货物运往卸货港。

而预付运费对于租船人而言也是有风险的。因为运费一经付妥,运费损失的风险就转移到租船人身上,即在运费预付后如果船货灭失,租船人就很难能讨回运费。许多租船合同为了明确这一点,以及改变普通法关于运费支付的规定,在合同中都加上一句:"货物装船(或运费一经支付)税视作船东已赚取运费,无论船货灭失与否,运费概不退还。"金康合同中没有类似的规定,但租船人也须注意预付运费的风险,将运费投保是一种稳妥的做法。

运费乃船东的根本利益所在,在英美法下,运费具有"不可触动"的性质,即租船人必须不折不扣地按合同规定支付运费,除非合同中另有明文规定,租船人不得因争议而随意扣减运费,或对运费做"对等抵偿"。在有争议时,租船人通常的做法是一方面如数如期支付运费,另一方面向船东索赔。在合同中规定余额运费在卸货港支付的情况下,即使货物受损,只要卸出货物仍未改变其商业用途,租船人亦须支付余额运费,然后再依据合同规定向船东索赔残损货物的货价及其运费。

除到付运费和预付运费两种运费支付方式外,也有航次租船合同中规定运费在卸货港开舱放货前支付或运费在交货后支付,这两种支付方式与普通法下运费支付的规定十分类似,但略有区别。

3. 金康合同中本条款的有关规定

金康合同中本条款的主要内容有两项:一是要求租船人按付款期间的平均汇率不折不扣地支付运费,如果船东或船长要求,收货人有义务在卸货期间支付运费;二是要求租船人预付船舶在装港的港使费。这两项规定已不适合当前航运业务的实际做法,内容比较陈旧,故一般在订立合同时均予以删除。

五、装卸费用条款

金康合同中装卸费用条款的内容,不单纯指装卸费用如何划分,而且包括由谁雇用装卸工人,并承担装卸作业中的风险与责任问题。虽然装卸费用是一笔较大的开支,运价内是否包括装卸费用是决定租船运价高低的重要因素,但与装卸作业可能引致的风险与责任相比，它往往是微不足道的。

在普通法下，租船人的提供货物义务中包括把货物运至船边，具体而言就是把货物运至船上吊钩所及范围之内，就完成了提供货物的义务。在卸货港，船东只需把货物从吊钩上卸至岸上或驳船上，就完成了运送货物的义务。因此，租船人与船东在装卸作业中的风险划分也就以吊钩为界。但在实践中，由于货物性质不同、装卸方式也不尽相同，同时贸易条件和各国港口货物装卸操作程序也存在差异，有关装卸责任和风险的承担还要看合同条文的具体规定。值得注意的是，装卸费用的承担与装卸风险责任的承担可能是不一致的，即有可能租船人负责部分装卸作业的费用，但其风险与责任由船东承担。例如，由租船人出资雇人进行理舱、平舱，但其风险仍由船东负责。在航次租船合同中，对货物装卸费用的划分一般有下列几种规定方法：

（1）班轮条件，指由船东负担货物的装卸费用；

（2）船东不负担装卸费用，指由租船人负担货物的装卸费用。为了明确理舱、平舱费用的承担，在该条款后标注理舱、平舱费用由租船人承担。在运送大件货物的情况下，也要明确标注船东负责捆扎及垫舱费用。

（3）船东不负担装货费用，有时更明确地表达为船东不负担装货费用，但负担卸货费用。

（4）船东不负担卸货费用，有时更明确地表达为船东负担装货费用，但不负担卸货费用。

租船人在与船东洽定装卸费用承担时，应注意与贸易合同价格条件相衔接。如贸易合同采用CIF条件时，航次租船合同中就应订明由船东负责装卸费用或者船东负担卸货费用。

在金康合同的本条款中，规定了两种装卸费用分担方式供洽租双方选用，即班轮条件和船东不负担装卸费用，费用分担与前文所述无异，但在风险与责任方面则维护船东。例如，在班轮条件下，要求租船人雇用岸上或船上必要的人员并负担费用，这就意味着租船人须对这些被雇用人员的行为负责。而在一般的班轮条件下，对被雇用人员负责的应是船东。又如，在船东不负担装卸费用条件下，要求租船人对平舱的风险和责任负责，这显然也超越了普通法的通常规定，而且用词强烈。

六、滞期费和速遣费条款

滞期费条款是与装卸时间条款相关的一项重要条款。所谓滞期费，是指由于非船东的原因，租船人未能在合同规定的装卸时间之内完成装卸作业，对因此产生的船期延误，按合同规定向船东支付的款项。滞期费是一种比较特殊的民事责任形式，船东请求滞期费不以其提供附加的或特殊的劳务为前提，也不以船东遭受实际损失为前提，而以合同中的约定为准。与滞期费相应的就是速遣费，即在合同规定的装卸时间届满之前，租船人提前完成货物装卸作业，使船舶可以提前离港并使船东节省在港费用和获得船期利益，船东按合同规定向租船人支付一定金额作为奖励。

通常，滞期费按船舶滞期时间乘以合同规定的滞期费率计算。滞期时间等于实际装卸时间与合同规定的装卸时间之差。滞期时间的具体计算主要有两种方法：第一，"滞期时间连续计算"或"一旦滞期，始终滞期"，即超过合同规定的装卸时间后的装卸时间，该扣除的星期日、节假日及坏天气因素就不再扣除，而按自然日有一天算一天，均作为滞期时间计算;第二,"按同样的日"计算,即滞期时间与装卸时间一样计算,该扣除的时间同样扣除。

速遣费按船舶速遣时间乘以合同规定的速遣费率计算。速遣费率通常为滞期费率的一半或三分之一。速遣时间等于合同规定的装卸时间与实际使用的装卸时间之差。速遣时间的计算也有两种方法:第一,"按节省的(全部)工作时间计算速遣费"或"按节省的(全部)装卸时间计算速遣费",即合同规定的装卸时间内含有的节假日,星期天全部扣除,不作为速遣时间;第二,"按节省的全部时间计算速遣费",即节省的装卸时间内跨含的星期天、节假日也作为速遣时间计算。

装、卸港口的滞期时间或速遣时间是合并计算还是分别计算,对滞期费、速遣费的数额也有重大影响。一般来说,合并计算对租船人较为有利,分别计算对船东较为有利。滞期费的支付方式一般也在租船合同中加以明确规定,有的订为按日支付,有的订为装卸作业全部结束后一并计算、支付。

有的航次租船合同中还规定了允许船舶滞期的时间,如果租船人在此时间内仍未完成货物的装卸作业,则此后的时间租船人应向船东赔付延期损失。

金康合同中本条款的规定较为简略、模糊,只简单地说明允许十天滞期,未提及速遣费。滞期费应逐日支付,装卸港的货主对滞期费的支付均有义务。

七、销约条款

在英美普通法下,有关时间的条款一般不构成合同的条件条款,如交货时间、付款时间、付运费的时间、船舶预期抵达时间等,除非合同中有相反的明确规定。

金康合同中销约条款主要内容为:如果船舶未能在规定的日期或之前备妥装货(无论停靠泊位与否),租船人有解除本合同的选择权,如果船东要求,租船人至少应在本船预计抵达装货港前48小时宣布是否行使此项选择权;如果本船因海损或其他事故而延期,应尽快通知租船人,如果本船延期超过预计准备就绪装货日期(受载期)十天以上时,租船人有解除本合同的选择权。

本条款是租船合同的条件条款,其中有两点非常重要:

1. 预计准备就绪日期

预计准备就绪日期亦称受载期,即船舶应准备就绪并接受装货的期限,一般为10~15天(如8月1—10日),也有15~30天的。受载期越长,船东的选择空间就大,因而对其就更有利;相反,则对租船人更为有利一些。

船舶除应在受载期内抵达装货港外,还应使船舶准备就绪装货,否则即视为船东违约。除船东可免责的原因外,租船人有权向船东索赔因此造成的损失并撤销合同。但须注意的是,本条款所要求的"准备就绪"与递交准备就绪通知书所要求的"准备就绪"是有区别的,总体来说,销约条款的要求较后者要宽松一些。这主要是因为两者的作用不同,前者涉及能否取消合同这种严重的后果,法院在解释合同时总是站在尽量维护合同的有效性的立场上,不会因一方有轻微的违约行为就赋予另一方解除合同的权利;而后者只是用于计算装卸时间以及滞期费和速遣费。

2. 销约日

在租船合同中,销约日一般订为受载期的最后一天。如果船舶在该日24时之前未能抵达装货港口,租船人有权选择保留或撤销合同。本条款对"抵达"的要求也是较为宽松的，只要船舶抵达规定的装货港的港区，无论靠泊与否，均算抵达，即便合同中列明泊位。如果船舶在受载期之前即抵达装货港，租船人可以选择拒装货物，到受载期以后才开始装货，租船人也可以选择立即开始装货，当然这是船东所欢迎的。

　　有时，船东或船长明知船舶不可能在解约日之前抵达装货港并做好装货准备，只要租船人未提出解除合同，则船东仍负有合理速遣使船舶驶往装货港的义务。当时，当船舶千辛万苦抵达装货港口后，租船人才宣布撤销合同，为了避免这种情况，就在合同中订一条"质询条款"来保护自己，即规定如船东或船长将船舶延误情况和预期抵达装货港的日期通知租船人，则租船人应在一定时间内做出是否解除租船合同的答复。如租船人保持沉默，则视为同意保留合同。

　　八、留置权条款或租船人责任终止条款

　　留置权条款是保证船东利益的条款，主要内容是船东因运费、空舱费、滞期费、延滞损失等事项对货物享有留置权。租船人应对空舱费和在装货港发生的滞期费（包括延滞损失）负责，租船人亦应对运费和在卸货港发生的滞期费（包括延滞损失）负责，但仅以船东对货物行使留置权后仍不能得到偿付为限。本条文的含义相当清晰。但须注意，留置权的行使是以船东合法地占有和控制货物为前提的，一旦货物脱离船东的有效控制，留置权也就成为一纸空谈。因此，船东要想能够有效行使留置权，就必须使本条款与运费支付款及船长所签发的提单上的租船合同条款并入提单的规定，并良好地配合，否则，即便本条款的规定十分明确，留置权仍有可能落空。例如，租船合同内规定运费、空舱费、滞期费（包括延滞损失）在交货后结算，那么合同内即使有一条置留权条款，船东也不能行使。又如，船长签发的提单内没有写明租船合同条款并入提单，或是所用字句不够清楚，那么提单一经转让，就变成一份新的合同，提单持有人不受原租船合同的约束，船东也不能合法地行使留置权了。

　　在有的航次租船合同中，还有一条与留置权条款相对应的租船人责任终止条款来保护租船人，限制其责任范围。例如，有的合同中规定：租船人在本租船合同下的责任在货物装船后终止，但运费、空舱费、滞期费的支付除外，本租船合同对租船人责任有明确规定的所有其他事项除外。这样的条款显然对租船人有利，而船东是不欢迎这样的条款的。

　　九、提单条款

　　提单是现代国际贸易中不可或缺的单据。为了配合贸易的需要，航次租船合同中一般也都规定船东或船长有签发提单的义务。例如，金康合同中就有如下的规定：船长应签发租船人所提供的无碍于本合同的提单。在这段规定中需要注意两处文字，即"租船人所提供的"和"无碍于"。前者意味着只要是租船人提供的提单，无论其格式如何，提单条款下船东的责任是否比租船合同中规定的更重，船长都无权拒绝签发，否则以违约论；而对后者的解释通常都是限制性的，只有在提单内容属于欺诈性的或与租船合同有根本性的冲突的情况下才会被认为是"有碍于"本合同。例如，提单记载内容与事实不符，如倒签提单、数量不符、外观有缺陷的货物要求签发清洁提单等，船长可以拒签；或者提单上所载明的卸货港口与租船合同不符，船长亦可拒签。总而言之，如果租船合同内写明须签发租船人所提供的提单的话，船东或船长可选择的余地就很小了。如果租船合同内附有预定格式的提单的话，则租船人就不能任意令船长签发提单了。另外，如果船长错签了提单，或船长授权租船人签发提单，而提单内容有误，如货物是甲板货而提单内没有加注，那么船东对收货人也必须承担第一责任。

航次租船合同项下的提单持有人是谁,是影响该提单法律作用的重要因素。如果提单的持有人是租船人,那么提单在租船人与船东之间的作用仅相当于承运货物的收据,无论提单有无背面条款以及背面条款如何规定,租船人与船东之间的权利义务关系一切以租船合同为准。如果提单持有人是其他任何第三方善意取得者,那么船东与提单持有人之间的权利义务关系就以提单的规定为准。之所以有这样的法律规定,主要是为了维护提单在国际贸易中的地位。当然即便在这种情况下,船东与租船人之间的权责关系划分仍应依据租船合同。

在提单持有人是其他任何第三方善意取得者的情况下,提单的背面条款如何规定就显得尤为重要,它可能涉及船东、租船人以及提单持有人三方的经济利益。例如,提单的格式是班轮提单的格式,背面有详细的条款,那么提单背面条款有关责任、费用的规定就有可能与租船合同的规定很不一致,这样,船东和租船人都面临着被"夹在当中"的风险。具体而言,曾有一案:某进口商进口一批纸浆,由一租船人与船东签订航次租船合同承运,并由租船人作为承运人签发了以进口商为收货人的提单。租船合同与所签发的提单在滞期费方面的规定不同,前者规定候泊时间作为装卸时间,后者则无此规定。船舶到卸港后,候泊近一个月,靠泊卸货后又因接收货物的设备不足将船舶移泊锚地候卸近一个月。船东依租船合同向租船人收取了全部滞期费,而租船人只能按提单规定向收货人索取第二次候卸期间的滞期费,这样租船人就白白地损失了一大笔钱。又有一案:某进口商向一租船人托运一批货物,该租船人指示船东签发了以进口商为收货人的提单。船东与租船人订立的租船合同中无滞期费条款,即租船人不负担滞期费,而所签提单上有 **CQD** 条款和滞期费的规定。船舶到达卸港后因无泊位等候两月,船东无法依租船合同请求滞期费,就转而依据提单向收货人请求滞期费,但提单规定候泊时间不算滞期时间,但候泊锚地可卸货者除外。本案中候泊锚地无卸载条件,船东最终未能获得滞期费。

十、双方互有过失碰撞责任条款

按照国际上广泛适用的海牙规则和运输合同中"航行过失免责条款"的规定,船舶对货物的损害赔偿,一般不包括对本船所载货物的赔偿。但是根据美国法,因共有过失造成船舶碰撞,无论双方责任大小,各负50%的责任,并且对共有过失造成船舶碰撞所导致的货损也适用连带责任。因此根据对半责任原则,虽然每艘过失船只负50%的过失责任,但货方却享有向非载货船请求赔偿100%损失的权利;而非载货船的所有人则有权向载货船取得其付与对方船所载货物托运人的金额的半数,即载货船的所有人间接地将损失金额的50%付与其本船所载货物的托运人。为了能使载货船的所有人收回其间接付与其本船货物托运人的全部损失金额的50%,自1951年以来,凡是去美国的载货船舶在运输合同上均载有双方互有过失碰撞责任条款,规定货主只能向非载货船按其过失比例请求损害赔偿,否定了互有过失的船舶对货损负连带责任。值得注意的是,现今美国法院已改变传统的互有碰撞过失各负一半的原则,采取国际上普遍适用的按过失程度比例承担过失责任的做法。

十一、新杰森条款

由于美国存在判例认为:根据哈特法的规定,对于驾驶船舶的过失,船东可以免责,但不能请求货方分摊共同海损的损失,因此美国提单中普遍订立一种条款——共同海损疏忽条款，在承运人有过失，但根据1893年哈特法（Harter Act 1893）或COGSA无须对货物灭失或损坏负责时，允许承运人从货物所有人处收取共同海损分摊。该名称起源于美国最高法院在The Jason 225 U. S. 32(1912)案的判例，根据哈特法得到支持，因此称为杰森条款。1936年，COGSA出现后演变为"新杰森条款"，并补充规定：当船舶因船长、船员或引航员的过失发生事故而采取救助措施时，即使救助船与被救助船同属于一个船公司，被救船仍需支付救助报酬，该项救助报酬可作为共同海损费用。美国法院已确认上述条款在租船合同中的效力，但是上述条款在班轮运输中的效力尚未明确。

简而言之，杰森条款的内容是在船方存在过失的情况下，仍可要求货方参加共同海损分摊。而相比之下，新杰森条款的"新"字，是指姐妹船救助视为第三方救助，货方对与此相关的费用仍需参加共同海损分摊。

十二、共同海损条款

在租船合同中一般都有共同海损条款，其主要内容是关于在发生共同海损时采用哪种理算规则、在何地理算等。金康合同中本条款的主要内容为：共同海损需按1974年约克—安特卫普规则理算，货物所有人须偿付货物所应分摊的共同海损费用，即使此项费用系由船东的雇员的疏忽或过失所造成的。

十三、仲裁条款

仲裁又称公断，是指买卖双方在争议发生之前或发生之后，签订书面协议，自愿将争议提交双方所同意的第三者予以裁决，以解决争议的一种方式。由于仲裁是依照法律所允许的仲裁程度裁定争端，因此裁决具有法律约束力，当事人双方必须遵照执行。目前，我国进出口合同中的仲裁条款的内容繁简不一，一般包括以下内容。

1. 仲裁地点的规定

在什么地方进行仲裁，是买卖双方在磋商仲裁时的一个重点。这主要是因为，仲裁地点与仲裁所适用的程序法，以及合同适用的实体法关系至为密切。我国进出口贸易合同中的仲裁地点视贸易对象和情况的不同，一般采用下述三种规定方法之一：

(1) 力争规定在我国仲裁；
(2) 可以规定在被告所在国仲裁；
(3) 规定在双方认同的第三者国仲裁。

2. 仲裁机构的选择

国际贸易中的仲裁，可由双方当事人在仲裁协议中规定在常设的仲裁机构进行，也可以由当事人双方共同指定仲裁员组成临时仲裁庭进行仲裁。当事人双方选用哪个国家（地区）的仲裁机构审理争议，应在合同中做出具体说明。

3. 仲裁程序法的适用

在买卖合同的仲裁条款中，应订明用哪个国家（地区）和哪个仲裁机构的仲裁规则进行仲裁。

4. 仲裁裁决的效力

仲裁裁决的效力主要是指由仲裁庭做出的裁决，对双方当事人是否具有约束力，是否为决定性的，能否向法院起诉要求变更裁决。

5. 仲裁费用的负担

通常在仲裁条款中明确规定仲裁费用由谁负担，一般由诉方承担，也有的由仲裁庭酌情决定。

十四、佣金条款

佣金是付给代理人的费用及酬劳,一般由船东按运费总额的1%～5%支付给代理人。除非租船合同内有相反规定,佣金的计算基数不包括空舱费和滞期费。由于代理人不是租船合同的缔约方,如果船东未按合同规定支付佣金,代理人自己是无法起诉船东的,但可以通过租船人提起诉讼。为了保证自己的佣金,代理人亦可在租船合同签订后向船东保赔协会投保。

金康合同中本条款的主要内容为:在赚取的运费基础上,依规定的费率计算出的佣金应支付于规定的当事人。若本租船合同未获履行,船东最少应向经纪人支付按估计的运费及空舱费总额计算的佣金的三分之一,作为对其工作及费用的补偿,在多航次的情况下,补偿金额由双方协议。

十五、通用罢工条款

金康合同中该条款的内容规定得十分详细,主要是关于罢工期间装卸时间和滞期费的计算及解除合同的选择权等问题的,主要内容为:租船人和船东对由于罢工或停工而阻碍或延误履行本合同规定的义务所引起的后果概不负责。当船舶从装货港的前一港准备起航时,或在驶往装货港的途中,或在抵港后,如因罢工或停工而影响全部或部分货物装船,船长或船东可以要求租船人声明同意按没有发生罢工或停工的情况计算装卸时间。如果租船人未在24小时之内以书面(必要时以电报)做出声明,船东有解除合同的选择权。如果部分货物已经装船,则船东应运送该货物(运费仅按装船的数量支付),但有权为自己的利益在中途揽运其他货物。当船舶抵达卸货港或其港外之时或之后,如由于罢工或停工而影响货物的卸载,并且在48小时之内未能解决时,租船人可选择使船舶等待至罢工或停工结束,并在规定的装卸时间届满后,支付半数滞期费,或者指令船舶驶往一个没有因罢工或停工而延误的风险的安全港口卸货。这种指令应在船长或船东将影响卸货的罢工或停工的情况通知承租人后48小时内做出。在这种港口交付货物时,本租船合同和提单中的所有条款都将适用,并且应同船舶在原目的港卸货一样,收取相同的运费,但当到替代港口的距离超过100海里时,在替代港所交付的货物的运费应按比例增加。

十六、战争条款

战争条款也是航次租船合同的重要组成部分,其作用是在一旦遭遇战争风险时,明确船东与租船人之间的权利和义务。

十七、冰冻条款

冰冻条款规定在航行被严重冰情阻碍或暂时延迟时,运输合同当事人可做的选择。条款和选择内容的措辞各合同不一:船长有权选择将运至冰封港的货物转向最近的安全港口卸下,同样,租船人有权选择让船等待冰情缓解而承担滞期费。

(二)定期租船合同

定期租船合同指出租人将船舶提供给承租人,在约定的期限(数月至数年不等)内按照约定的用途,由承租人控制船舶的经营并向出租人支付租金的合同。

▶ 1. 定期租船合同的特点

(1)合同规定出租人提供适合约定用途的船舶,适当地配备船员和装备船舶,并在租期内维持船舶的适航状态;承租人负责船舶经营,既可以将船舶用于承运自己或他人的货物,也可以经营租船业务或用于其他业务。船长应在合同范围内按承租人的指示运行船舶,但在航行安全方面,仍应接受出租人的命令。

(2) 承租人负责支付燃料费和港口费,出租人负责支付船员工资和给养、船舶的折旧费、修理费和保险费。

(3) 租金按舱容或按载重吨计算,每月或每半月由承租人向出租人支付一次。

(4) 承租人运送第三方货物时,出租人和承租人通常都被视为提单上所载货物的承运人。

定期租船合同有各种标准格式,使用比较多的有纽约产品交易所于1913年制定的定期租船合同(租约代号:NYPE)和波罗的海和国际航运协会于1939年制定的波尔的姆租船合同(租约代号:BALTIME)。前者偏护承租人,后者偏护出租人。中国租船公司于1980年制定的中租期租船合同(租约代号:SINOTIME1980)为中国租用外国船舶所采用的合同范本,此格式较多地维护租船人的利益。

拓展阅读

纽约土产交易所期租合同

纽约土产交易所期租合同简称"土产格式",由美国纽约土产交易所于1913年制定,因此航运界常称此格式为"NYPE"(租约代号)。NYPE经美国政府批准使用,故又称"政府格式"。到目前为止,该格式经历了1921年、1931年、1946年、1981年和1993年五次修订,现在普遍使用的是经1946年10月3日修订后的格式,即NYPE46。据业内人士估计,大约有90%的定期租船合同是以NYPE46为蓝本的,有人认为NYPE是租船人格式,但大多数人认为NYPE对租船人和船东双方的权利和义务是订得较为合理的,并没有偏袒任何一方。

▶ 2. 定期租船合同的主要条款

在定期租船合同中,通常订有以下主要条款:

(1) 船舶说明条款(description of vessel clause);

(2) 交船条款(delivery of vessel clause);

(3) 租期条款(charter period clause);

(4) 合同解除条款(cancelling clause);

(5) 货物条款(cargo clause);

(6) 航行区域条款(trading clause);

(7) 船东提供的事项条款(owners to provide clause);

(8) 租船人提供的事项条款(charterers to provide clause);

(9) 租金支付及撤船条款(payment of hire and withdrawal clause);

(10) 还船条款(redelivery of vessel clause);

(11) 停租条款(off-hire clause);

(12) 船东的责任及豁免条款(owners' responsibilities and exceptions clause);

(13) 使用与赔偿条款(employment & indemnity clause);

(14) 转租条款(sub-let clause);

(15) 共同海损条款(general average clause);

(16) 新杰森条款(new jason clause);

（17）双方互有过失碰撞责任条款（both-to-blame collision clause）；

（18）战争条款（war risks clause）；

（19）仲裁条款（arbitration clause）；

（20）佣金条款（commission clause）。

拓展阅读

定期租船合同

中国海事仲裁委员会（2003）标准格式

_____年_____月_____日

船东_____

（地址：_____

电话：_____ 传真：_____ 电传：_____ 邮政编码：_____）

与租船人_____

（地址：_____

电话：_____ 传真：_____ 电传：_____ 邮政编码：_____）

双方同意按照下列条款履行本合同：

注：双方可以根据合议适当删减以下条款，如有需要，也可在本合同最后并入附加条款。

第一条 承运船舶的规范

船名：_____；船旗国：_____；建造时间：_____；船级：_____；登记港：_____；登记号：_____；载重量：_____公吨（包括货物和燃料以及不超过_____公吨的淡水和物料）；夏季海水干舷：_____米；散装舱容：_____立方米；包装舱容：_____立方米；船舶吨位：_____总吨/总登记吨；在良好天气条件下，风力达到包括最大风力蒲福风级_____级，船舶满载航速大约为：_____节，此时耗油量大约为：_____公吨_____（燃油）。

第二条 租期

上述船东同意出租、上述租船人同意租用上述船舶，从交船时起算，租期为_____，并在下述航行区域内使用船舶。

第三条 交船

船舶在_____（地点）交付租船人并使其处于租船人的控制之下。在船舶交付当时，船东应当为接收货物作好下列准备：货舱打扫干净，船体紧密、坚实、牢固并在各个方面适于普通货物的运输。船舶应装备有压载水舱，同时具有启动所有装货设备的足够的动力。

船东应在_____天之前向租船人递交预计交付船舶的日期通知。

第四条 交/还船检验

在交/还船之前，除非另有约定，双方当事人应自负费用指定各自的验船师，分别在船舶到达第一个装货港/最后一个卸货港之前，联合进行交/还船检验以便确定船上留存的燃油量和船舶状况。每次检验后都应共同出具一份联合检验报告并由双方检验师签字。如果双方检验师不能达成合议，则各自有权出具一份独立检验报告，陈述有关事项。

如果一方未能参加检验并且未能在联合检验报告上签字，则该方仍然应当受制于另一方在报告中所记录的数据。

交船检验时间由租船人承担，还船检验时间由船东承担。

第五条 危险货物/除外货物

（A）船舶应被用来运输合法的而非任何具有危险、有害、易燃或腐蚀性质的货物，除非是依据船舶登记国和装卸港以及任何船舶必须经过其水域的中间港口和国家的法定当局之要求或建议。另外在不影响上述大原则的前提下，下列货物也将被特别除外：任何品名的牲畜、武器、弹药、爆炸物、核材料和放射性物质_____
_____。

（B）如果协议运输国际海事组织所属的货物，那么这些货物的数量应当被限制在_____吨，而且租船人应向船长提供证据，以证明他会按照国际海事组织的规定，合理地给货物包装、加标、装船和积载。如果租船人未能履行上述规定，船长有权拒装这些货物，或者将它们卸载（如果已经装船的话）。以上事项引起的风险和费用由租船人承担。

第六条 航行区域

船舶应当在_____范围内的安全港口和地域之间（其中_____除外），根据租船人的指示，从事合法贸易。

第七条 船东负责的事项

除非另有约定，船东应提供并支付船舶保险、供给、房舱、甲板、机舱和其他所有的必需用品，包括锅炉用水。船东还应支付船员的工资及他们在装卸港的领事签证费和属于船员的港口服务费用。船东应当维持船舶的船级并使船体、机械和设备在提供服务时保持高效状态，而且还应保证有一整套胜任的高级船员和普通船员的班子。

第八条 租船人负责的事项

在租期内，除非另有约定，租船人应当支付所有燃油费用。租船人还应支付港口费用（包括强制看管人和货物看管人以及强制垃圾处理费理）、与租船人业务有关的所有通信费、引航费、拖带费、代理费、佣金、领事签证费（属于船旗或船员个人的除外），还有所有其他通常费用（第七条中提及的除外）。但是，当船舶因为自身的原因（并非迫于天气）而驶入港口，则由此产生的所有费用将由船东承担。由船员疾病导致的熏舱费用应由船东承担。由在本租约下船舶挂靠的港口和装载的货物所引起的熏舱费用应当由租船人承担。在船舶被连续租用期间达到或超过 6 个月后，所有其他的熏舱费用应当由租船人承担。

租船人应当提供和支付必需的垫舱费用和特殊贸易或非通常货物所必需的任何附加装置，但船东应允许租船人使用船上已有垫舱设施。在还船之前，租船人应将垫舱设施和附加装置移走，该费用和时间由租船人承担。

第九条 航次的履行

（A）船长和船员应尽快完成所有航次并提供惯常的协助。船长应当谙熟英语并且因被视为租船人的雇用和代理（虽然是由船长任命）而须执行租船人的命令和指示。同时，租船人应在船长的监督下履行所有关于货物的操作，这包括但不局限于装载、积载、平舱、绑扎、牢固、垫舱、松绑、卸载和理货。上述操作的风险和费用由租船人承担。

（B）如果租船人有合理的理由对船长或高级船员的管理方式表示不满，则船东应当在收到投诉的详情后对此进行调查。并且如有需要,应当重新任命有关人员。

第十条　燃油

(A) 租船人在交船时和船东在还船时,应当按照以下约定接收并支付留存在船上的所有燃料油和柴油。交船时,船上有燃料油_____公吨,每吨_____;柴油_____公吨,每吨_____。还船时,船上有燃料油_____公吨,每吨_____;柴油_____公吨,每吨_____。

(B) 租船人应当提供符合附加条款的详述并适于在船舶的主机和辅机中燃烧的燃油。船东对于任何因租船人使用不适燃油或不符合附加条款详述的燃油而造成的主机或辅机的损坏保留索赔的权利。另外,如果租船人所提供的燃油不符合双方合议的附加条款的详述或是被证明不适于在船舶的主机和辅机中燃烧,则船东将对于航程中航速的减小和/或耗油量的增加与由此引起的任何时间损失及其他后果不负责任。

第十一条　租金费率/还船区域与还船通知

租船人应当为承租和使用上述船舶而按每天_____支付租金,或者按照_____米夏季干舷时的船舶总载重量以每吨_____支付。每30天为一个租金支付期,从交船之日起算。不足一月者以上述费率按比例支付。除非双方另有约定,租金应连续支付直到船舶以良好状态(正常损耗除外)在_____区域归还船东(除非船舶灭失)。

租船人应在_____天之前向船东发出预计还船的时间和可能的地点的通知。

为方便租金计算,交船、还船或租约的终止的时间应当以格林尼治时间为准。

第十二条　租金的支付

(A) 租金的支付

租金的支付方式应使船东或他在_____(地点)指定的名为_____的收款人能够接收。租金可以用美元或(其他货币)结算,并在约定日期15天前存入船东能够使用的账户。最后一个月或其中部分时间应支付估计的租金数额。当其不足以涵盖实际使用时间时,则只要船东提出要求,那么差额租金就应当按时每天支付。如果租金未能按预定准时支付或者出现无论何种原因导致的根本违约,则船东将有权从租船人手中撤回船舶并保留进一步向租船人索赔的权利。

在下述分条款(B)中规定的宽限期满后的任何时间里,如果租金尚未偿付,则船东除保留撤船的权利外,有权停止履行任何正在进行的工作和下述所有义务,并且对由此引起的后果不承担任何责任。关于上述后果导致的损失,租船人应当给予船东赔偿,而且在此期间的租金和任何额外费用照算,并由租船人承担。

(B) 宽限期

如果由于租船人或其银行的疏忽、过失而导致租金未能准时支付,则租船人可以得到船东给予的_____天净银行工作日(依照合议的支付地的规定)的书面通知,以便纠正错误。在上述期限内支付,应被视为准时。如果未能在上述期限内支付租金,船东有权按照前述分条款(A)中的规定施行撤船。

(C) 最后一笔租金的支付

如果船舶在它驶往还船港的途中最后一笔租金和/或倒数第二笔租金已经到期,则所述租金将按照双方合议的完成该航次的必需时间进行估算。在还船之前的估计使费和船上实际留存的燃油应当由船东承担并接收。如果上述算法不能涵盖实际使用时间,则差额租金应按时每天支付。如果船舶已经归还,则任何差额将由船东归还或由租船人支付,视具体情况而定。

(D) 现金垫付

如果船东要求,船舶在任何港口的日常现金使费可以由租船人垫付。这笔费用以及2.5%的佣金应从租金里扣除。但是,租船人对该垫付款的使用不负责任。

第十三条 泊位

船舶应当在租船人或其代理人指定的任何安全码头或任何安全泊位或者地点装载和卸载,只要船舶能安全地进入、停泊和离开并且在任何潮时都处于漂浮状态。

第十四条 可用空间

(A) 船舶的货舱、甲板和其他货物空间(不超过它的合理安全积载范围)的整个所及之处,还有押运员的住所(如果有的话)应当在租船人的控制之下。船东仅能为船上的高级船员、普通船员、属具、船具、家具、物料、供给和燃油保留适当和足够的空间。

(B) 如果有甲板货被装运,则因此而造成的任何货损和/或货差和/或无论什么性质的责任,如果不装载该甲板货物不会发生的话,租船人应当给予船东赔偿。

第十五条 押运员和伙食

租船人有权委派一名押运员跟船(由租船人承担风险)并观察航次是否合理速遣。他将被提供免费的住宿和与船长相等标准的伙食,租船人按每天_____的标准支付。船东应当为引航员和海关官员,还有理货职员、搬运工头等人(如果租船人或他的代理人授权的话)供应膳食,按每顿_____的标准支付伙食费。

第十六条 航行命令和航海日志

租船人应当随时向船长提供书面英语的必需指示和航行指令。而且船长应当保持完整和正确的相关航程的甲板和轮机日志供租船人或他的代理人查阅,并且如有需要,应当提供租船人、他的代理人或者押运员一份上述甲板和轮机日志的真实副本以便表明船舶的航线、航程的距离和燃油的消耗。任何租船人所需的日志摘要应当以英语记录。

第十七条 交船/销约

如果租船人要求,则在_____之前将不计算租期,而且如果在_____之时或之前但不晚于_____时内船舶仍没有为交付而备妥,则租船人有权选择销约。

销约的宽限期

如果船东保证,即便他们恪尽职守,船舶仍不能在销约期之前为交付而备妥,并且船东能够提出船舶备妥的合理确定日期,那么他可以最早在船舶预计驶往交付港口或地点的七天之前,要求租船人宣布销约与否。如果租船人选择不销约,或者他未能在两天内或是销约期之前给予答复(以先发生者为准),则船东提出的预计备妥交付日期之后的第七天将取代原先的销约日期。如果船舶进一步迟延,船东有权根据本条款再次要求租船人就是否取消合约做出明示。

第十八条 停租

由于下列原因导致的时间损失可以停租:高级船员或普通船员的人员不足和/或错误和/或罢工,或者物料不足、火灾和船体、机械或设备的故障或损坏以及搁浅、扣船带来的迟延(除非该扣押是由于租船人、他的雇用人员、代理人或者分包商应该负责的事项所引起的),或者船舶或货物的海损事故(除非该事故起因于货物的潜在缺陷或固有性质)、为检验或油漆船底而进干船坞,或者阻碍船舶处于完全工作状态的任何其他类似原因。如果船舶不按租船人的指示或指令航行,而在航程中绕航或回返,则只要是由于除货物事故或下述第二十二条款所允许的情形之外的任何其他原因导致的,租金将从绕航或回返之时起停付,直到船舶回到离目的地相同或等距的地点并重新开始航程为止。停租期间船舶所耗燃油均由船东承担。由于天气的迫使令船舶进港或抛锚、航行直潜水港或江河或禁运港而造成的船舶迟延和/或因该迟延导致的费用应当由租船人承担。如果航程中的航速因为船体、机械或设备的故障、缺陷或者它们部件的故障、缺陷而降低,则因此引起的时间损失和任何额外的燃油损耗以及可证的额外费用可以从租金里扣除。

第十九条 转租

除非另有约定,在本租约持续期间,租船人有权部分或全部转租该船,但租船人仍要对履行本租约负责。

第二十条 进干船坞

船舶于_____最后一次进入干船坞。

*(A)船东有权在租约履行期间选择一个合适的时间和地点使船舶进入干船坞,并在承租双方合议的前提下根据船级和环境的要求进行船底去污和/或油漆修理。

*(B)除非有紧急情况,租约履行期间船舶不得进入干船坞。

(注:带*者可适当删减。)

第二十一条 全损

如果船舶灭失,则没有挣到的预付款项(从灭失之日或得到最后消息之日起算)应当立即归还租船人。

第二十二条 免责

天灾、公敌、火灾、君主限制和所有海洋、江河、机械、锅炉和航行的事故与危险以及租约下航行中的错误,双方均可免责。

第二十三条 权利

船舶有权在航行中使用和不使用领航员,拖带和被拖带、救助海难船舶、为救助人命和财产而绕航。

第二十四条 留置权

船东对在租约下的所有货物和所有分运费和/或分租金,包括共同海损分摊有留置权。同时,租船人就没有挣到的预付款与任何应当被立即归还的多付租金或超额定金可以对船舶行使留置权。

租船人不应直接或间接招致可能对船舶所有人在船舶中的物权和利益具有优先权的任何留置权或担保物权,也不应允许继续招致此种权利。租船人保证在租期内船舶所有人不会因他的接受补给或服务,包括港口费用和燃料而承担付款责任或时间损失。

第二十五条 救助报酬

所有的海上无主物和救助报酬在扣减完船东和租船人所花费用以及船员应得份额之后应当由船东和租船人平均分享。

第二十六条 共同海损

共同海损应当按照1974年约克—安特卫普理算规则,1990年修订案或任何后来的修订案,在_____(地点)以_____(货币)进行理算。

租船人应设法使得租约期间的所有提单包含有共同海损应当按照1974年约克—安特卫普理算规则，1990年修订案或任何后来的修订案进行理算的条款和第31条新杰森条款。

期租租金不列入共同海损分摊。

第二十七条　航行

本租约没有一项内容表明是把船舶转让给租船人。船东对船舶的航行、引航员和拖轮的作为，船舶保险，船员和所有其他事情负有责任，如同船舶为其自己营运一样。

第二十八条　起货机和照明

船东应当按下列要求维护起货设备：_____

同时按照以上描述提供足够起重力的起货设备（所有的吊杆或吊车）。船东还应在船上提供夜间作业的照明设备，但是除船舶上已有的照明设备以外的额外照明费用将由租船人支付。租船人可以使用船上的任何起货设备。如经租船人要求，船舶将日夜工作，并且所有的起货设备应在装卸期间处于租船人的控制之下。如果起货设备不能使用，或者没有足够的动力来启动它们，则因此而导致租船人无法工作的实际时间损失应予停租，而且船东将支付由此产生的小工待命费用，除非上述起货设备的无法使用和动力不足是由租船人的小工引起。如果经租船人要求，船东应当承担租用替代岸吊的费用，但此时租金照算。

第二十九条　船员加班费

受租船人或其代理人的指令而使普通船员和高级船员为工作而产生的加班费应由租船人支付给船东，同时租金应按每月_____或按此比例支付。

第三十条　提单

（A）船长应当按照大副或理货员收据的填写签发货物提单或者海运单。然而，在船东的事先书面授权下，租船人可以代表船长按照大副或理货员收据的填写签发货物提单或者海运单。

（B）所有的提单或海运单应不损害本租约。租船人应保护船东不招致由租船人签发的或按租船人要求由船长签发的提单或海运单与本租约不一致引起的结果或责任。

（C）装运甲板货的提单应加上条款："装运甲板货由租船人、托运人和收货人承担风险、费用和责任，不管什么原因引起的任何灭失、损坏、费用或延迟，船舶或船东一方不承担责任。"

第三十一条　保护条款

本租船合同下所签发的所有提单和海运单应受下列条款约束：

(A) 首要条款

本提单受海牙规则、海牙—维斯比规则或其他相似的由起点港或终点港提单强制采用的国内法规的约束。这些法案被视为并入本提单，并且本提单中的任何规定不应视为承运人放弃其根据这些适当法案所享有的任何权利或豁免，或增加其根据该适当法案所承担的任何义务或责任，如本提单中的任何条款与该适当法案相抵触，则该种条款无效，但以所抵触的为限。

(B) 双方互有责任碰撞条款

如船舶由于他船疏忽以及本船船长、船员、引航员或承运人的受雇人员在驾驶或管理船舶中的行为，疏忽或不履行职责而与他船碰撞，则根据本提单承运的货物的所有人应补偿承运人的一切损失或对他船亦即非载货船舶或其所有人的赔偿责任。此种损失或赔偿责任是指已由或应由他船亦即非载货船舶或其所有人付给上述货物所有人其货物的灭失或损坏或其提出的任何索赔，且已由他船亦即非载货船舶作为其向载货船舶或承运人提出的索赔的一部分，将其抵消、扣除或退回。

前述条款同样适用于碰撞船舶或物体外的任何船舶或物体的所有人、经营人或其掌管该船或物体的人，如果他们在该碰撞接触中存在过失的话。

(C) 新杰森条款

船舶在开航之前或开航以后，由于任何原因，无论是否因疏忽所致发生事故、危险、损害或灾难，而承运人依据法规、和或其他规定对此或其后果不负责任，则货物、托运人、收货人或货物所有人应同承运人在共同海损中分摊因此所产生或引起的共同海损性质的任何损失、灭失或费用，并应支付有关货物的救助报酬和特别费用。如救助船舶为承运人所拥有或经营，救助报酬应如同救助船属于他人一样全额支付。

(D) 反毒品贸易条款

租船人要遵守《中华人民共和国刑法》《中华人民共和国海关法》和全国人民代表大会常务委员会《关于禁毒的决定》，保证竭尽小心与勤勉防止麻醉药品和大麻被装载或隐藏在船上。

不遵守本条款的规定将被视作违反保证。租船人应承担由此产生的后果并使本船的船东、船长和船员不承担责任。同时，租船人还要保证赔偿可能产生并单独或共同向本船的船东、船长和船员提出的无论何种原因引起的索赔。此外，所有因为租船人违反本条款的规定而导致的时间损失和产生的费用，包括罚款，应由租船人承担且租金照算。

如果船舶由于租船人不遵守本条款规定的行为而被扣押，租船人应当采取所有合理的步骤，保证在合理的时间内使船舶得以释放，并为此提供保释金。由此产生的所有费用均由租船人承担。

如果隐藏的麻醉药品和大麻被发现为船舶员工所有，则船东应承担由此引起的所有时间损失和产生的费用，包括罚款。

(E) 战争条款

(1) 战时禁运品不能装运，如果没有船东的同意，船舶不能要求进入陷入战争状态、军事战争、敌对状态、内乱、暴动或海盗行为的港口或地区，不管有没有宣战文告，在那里船舶有可能受到来自好战方的俘虏、扣留或敌对行为(好战方指法律上或事实上拥有海军、陆军、空军的当局或政府组织)。

(2) 如果船东同意，租船人应支付额外费用投保船舶战争险，其金额与船舶保险金额相等但不能超过_____。另外，船东可以购买由租船人支付的战争辅助险，如租金的损失，运费支出，全损、阻塞等。如果取得这种保险由于商业上的不可能或由于政府纲领不允许而成为不可能，那么租船人不应要求船舶进入或停泊于此种港口或地区。

(3) 如果第(1)条描述的情况在订立合同以后存在或船舶在租时发生，对于船舶进入这些港口或地区的航次，租船人将承担由于战争、军事或敌对状态引起的有关船长、高级船员、普通船员的额外工资和保险。

(4) 由于船舶航行或货物运输引起的有关高级船员和普通船员的额外战争津贴由租船人支付。

第三十二条　战争解约

在下列_____国家中的任何两个或两个以上的国家发生战争（不管有没有宣战文告），船东和租船人都可以取消本租约，租船人将根据相关条款还船给船东。如果船上有货，则在目的港卸货以后，或由于战争不能到达或进入目的港，则由船东指定在附近的一个开放和安全的港口还船。如果船上没货，则就地港口交船；在海上则在船东指示的附近的一个未封锁并安全的港口还船。根据相关的规定，在所有情况下，租金应继续支付，除前述规定外，本租约所有其他规定应适用到还船时止。

第三十三条　冰冻

船舶不应被要求进入或继续停留在任何冰封的港口或区域，或由于冰冻原因，其灯标或灯船已经或被撤除的任何港口和区域，或根据通常事态发展，由于冰冻原因，存在船舶不能安全进入和继续停留或装货或卸货结束后不能安全驶出的港口和区域。根据船东事先同意，按船舶的大小、结构和冰冻等级，经合理要求，船舶应跟随破冰船航行。

第三十四条　征用

如船舶在本租约的租期内被船旗国政府征用，在此征用期间船舶应被视为停付租金，并且，在此征用期间由该政府所支付的任何租金应由船东留有。船舶被该政府征用的期间应作为本租约规定的租期的一部分。

如果征用期间超过_____月，任何一方均有解除本租约的选择权，并且，任何一方均不可以提出由此而发生的索赔。

第三十五条　装卸工人造成的损坏

尽管有与此相反的规定，只要船长在发现任何损坏后但不超过48小时书面通知租船人和/或其代理人，则租船人应赔偿装卸工人对船舶造成的任何和全部损坏。该通知应详细说明船舶损坏情况，并要求租船人指派一名验船师以确定该损坏的程度。

(1) 如果任何和全部损坏影响到船舶的适行航和/或船员的安全和/或船舶的营运能力，租船人应自付费用对该损坏立即安排修理，并且，到该修理结束时和如经要求，通过船舶检验时为止，应照付船舶租金。

(2) 对上述第(1)款未提及的任何和全部损坏，根据租船人的选择，在还船之前或还船之后同船东要做的修理一起进行。在此情况下，不应向船东支付租金和/或费用，除非租船人负责修理所需的时间和/或费用超过完成船东修理所需的时间和/或费用，并仅以此超过时间为限。

第三十六条　货舱的清洁

如果船员能承担航次与航次间和/或货物与货物间的货舱的清扫和/或清洗和/或清洁工作，并且当地规定允许的话，租船人应提供该项工作，并以每货舱_____费率支付额外费用。

如果船舶货舱未被港口或任何其他机构接受或通过，租船人对有关的任何该作业不负责任。租船人在整笔支付_____以代替清洁货舱的条件下，具有船舶货舱未清洁（未经清扫）而还船的选择权。

第三十七条 税款

租船人应支付由其指示引起的无论在履行本租约期间或其后船舶或其所有人所征收的所有地方税、州税、国家税和/或应付税,包括向货物和/或运费和/或转租运费和/或租金所征收的任何税款和/或应付款(不包括由船旗国或租船人所征收的税款)。

第三十八条 租船人的标志

租船人具有悬挂自己的公司旗,并将其公司的标志油漆在船舶上的权利。在本租约届满前,应以船东自己的颜色重新油漆船舶。由于这些变化而进行油漆、维持和重新油漆船舶而发生的时间和费用,由租船人承担。

第三十九条 停泊退保费

当船舶在港内停留最短期间 30 天,如对此期间全额支付租金或对实际租用时间已按比例支付租金时,则租船人对船东从其保险人处可领取的任何退还保险费享有利益。

第四十条 证书

船东应提供允许船舶在约定的航行区域营运所可能要求的与船舶有关的任何证书,包括但不仅限于船舶的油污财政责任证书(只要该油污证书能够从船东互保协会获得)、有效的国际吨位证书、苏伊士和巴拿马吨位证书、有效的登记证书以及与船舶强度和/或船舶起货设备可用性有关的证书。

第四十一条 偷渡者

(1)[A]租船人保证尽适当的谨慎防止偷渡者以秘密藏在其装运的货物和/或集装箱的方式上船。

[B]如尽管租船人已尽适当的谨慎,但偷渡者仍以秘密藏在其装运的货物和/或集装箱的手段上船,应视为对本租约的违反,对由此产生的后果由租船人负责,并应使船东不受损害;对向船东可能提起的或已经提起的所有种类的索赔,由租船人赔偿船东。而且,对全部的时间损失和不管如何发生的何种性质的全部费用应由租船人负担,船舶的租金照付。

[C]如根据第(1)款[B]项规定,因租船人违反本租约而使船舶被扣押,则租船人应采取所有合理措施保证船舶在合理期间内获释,并自付费用提供保释金以保证船舶的释放。

(2)[A]如尽管船东已尽适当的谨慎,但偷渡者仍以秘密藏在租船人装运的货物和/或集装箱中以外的手段上船,则对全部的时间损失和不管如何发生的何种性质的全部费用应由船东负担,并应停付租金。

[B]如因偷渡者以秘密藏在租船人装运的货物和/或集装箱中以外的手段上船而使船舶被扣押,则船东应采取所有合理措施保证船舶在合理期间内获释,并自付费用提供保释金以保证船舶的释放。

第四十二条 走私

如船长、高级船员和/或普通船员走私,船东应承担任何罚款、税款或征收的进口税费用,对由此所产生的任何时间损失,应停付租金。

第四十三条 佣金

船舶和船东应按照本租约已赚取和已支付的租金,以及本租约延续期间所付租金的_____%,向_____支付佣金。

第四十四条　经纪人佣金

按照本租约已赚取和已支付的租金的_____%，向_____支付经纪人佣金。

第四十五条　仲裁条款

凡因本合同引起的或与本合同有关的任何争议，均应提交中国海事仲裁委员会，按照申请仲裁时该会现行有效的仲裁规则进行仲裁。仲裁裁决是终局的，对双方均有约束力。

＊如经双方同意，以下所附的第_____条至第_____条(包括第_____条和第_____条)视为全部并入本租约。

（三）光船租船合同

光船租船合同指承租人在一定租期内为取得对特定船舶的控制和占有，负责配备船长和船员并向出租人支付租金的合同。它是一种财产(船舶)租赁合同，而不是运输合同。

光船租船合同有以下特点：

（1）光船租赁通常必须在主管当局登记，而且有的国家，特别是从事船舶开放登记国家(见船舶登记)，允许在租期内改换船舶国籍。

（2）近年来，通过光船租赁以租购方式购置船舶，已成为缺乏资金的航运公司筹措资金扩大商船队的一项比较有效的措施。银行和其他金融机构往往以出租人即卖船人的身份把船舶租售给某些信誉较好的航运公司，租购期满后，船舶所有权就归于该航运公司。

（四）三种租船合同的对比

▶ 1. 对船舶的使用情况

（1）航租的承租人只取得对船舶或特定舱位的使用权，船舶的占有和控制权仍由出租人掌握。

（2）期租的承租人取得了船舶的使用权和收益权，出租人保留对船舶的占有权和处分权。

（3）光租的承租人取得了对船舶的占有、使用、收益权，出租人保留处分权，如订有租购条款，则在承租人付清最后一期租购费时，船舶所有权也转归其所有。

在英国法中，光租合同被视为地产租赁，承租人对船舶享有财产权益，光租合同对于船舶的受让人(第三人)具有约束力。另外，对于造成船舶损坏的责任方，承租人可以就其遭受的经济损失提起侵权之诉。在英国法中，期租合同纯系合同关系，如果受让人在不知情的情况下购买了已期租出去的船舶，原有的期租合同对受让人无约束力，承租人只能向出让人(出租人)索赔。如果船舶受让人在购买船舶时，实际知悉该船舶已经期租出去，在受让人不顾期租合同而将船舶用于其他目的时，承租人也不能向受让人提起违约之诉，只能提起侵权之诉，或要求法院发出不准受让人将船舶用于其他目的之禁令。船舶如因第三人的过失遭受损坏，期租合同的承租人仅遭受浪费租金及利润损失等经济损失，由于承租人对船舶无财产利益，承租人不能仅就经济损失向第三人提出侵权之诉。

▶ 2. 关于船舶营运费用

（1）资本费用，指建造船舶的成本，加上给船舶配备装卸设施、灭火设施等船舶属具所产生的费用，通常表现为该船的市价。

（2）营运成本或每日费用，指船舶在营运作业中，每天都会产生的开支，包括船员工资、伙食和给养、舱面及机房的备件和补给、船舶保险费和保赔协会保费、船舶检验/维修及保养费用等。

(3) 航程使费，指船舶在某一特定航次的运输中产生的费用，包括货物装、卸费用、燃料、淡水消耗、港口规费、拖带及引航费、运河费、运费税等。

航租中，除货物装卸费用另有约定外，一切营运费用由出租人负担；期租中，出租人负责每日营运成本，而承租人负责航程使费；光租中，出租人仅负责船舶建造成本，承租人负担一切营运费用。

▶ 3. 关于出租人责任

(1) 航租中，出租人为承运人，除提供适航的、符合约定货物运输要求的船舶外，还要对货物装卸、搬移、积载、运送和保管、照料和卸载负责，但对货物装卸的费用和风险责任可由双方约定由承租人负担。

(2) 期租中，出租人除提供适航的、符合约定范围内的货物运输要求的船舶外，还要在租期内保护船舶的适航性，并对其配备的船员管理货物的不当行为造成的货物损害负责。

(3) 光租中，出租人仅负责提供一条适航的、符合合同约定的船舶，船舶的营运由承租人自己安排并承担营运风险。

思考： 将航次租船合同、定期租船合同和光船租船合同三种合同两两对比，列出其区别。

三、托运订舱

(一) 订舱概述

订舱是托运人或其代理人向承运人，即班轮公司或它的营业所或代理机构等申请货物运输，承运人对这种申请给予承诺的行为。与租船运输不同，班轮运输中承运人与托运人之间通常是以口头或订舱函电进行预约的。只要船公司对这种预约给予承诺，并在舱位登记簿上登记，即表明承、托双方已建立了有关货物运输的关系，并着手开始货物装船承运的一系列准备工作。

一般，在国际贸易中，出口商总是力争以 CIF 价格条件成交。在这种情况下，出口商须承担出口货物的托运工作，将货物运交国外的进口商，所以订舱工作多数在装货港或货物输出地由出口商办理。但是，如果出口货物是以 FOB 价格条件成交，则订舱工作就可能在货物的输入地或卸货港由进口商办理，这样的订舱称为卸货地订舱。通常指 FOB、EXW 等运费到付的货物(即运费由国外买家承担的货物)，又被称为指定货，其由国外买家指定货运代理，由该货运代理负责帮其安排货物运输。

拓展阅读

指定货操作流程

(1) 由买家指定的货运代理(以下简称国外代理)发邮件或者通过其他联系方式联系其国内的公司或者合作方，告知托运人的联系信息。

(2) 国内货运代理收到托运人的联系信息后，联系托运人询问货物状态，并发送邮件或者通过其他方式告知国外代理。如货物已好，可将预计出运的信息告知对方并询问是否可以安排出运事宜。如使用的国外代理的订舱约号，还要向其索要订舱约号提交给船公司。需要特别注意的是，指定货是听收货人的指令，而不是听发货人的，当发货人有任何不符合常规的要求，都必须告知国外代理，在得到国外代理许可后方可安排，否则一律不能接受发货人的要求。尤其是第一次操作该发货人的货物的时候，更应该注意，以避免不必要的麻烦。

（3）得到国外代理的许可指令后，即可安排订舱、拖车、报关等事宜。当然，长期走货的稳定货物可边订舱边告知对方航次信息。同时，需要询问对方出具何种格式的 HBL，通常来说，会是国外代理提供的 HBL。

安排货物出运期间，如有任何货物状态更新及遇到何种问题，须及时和国外代理沟通。

（4）货物装船出运后，在提单出具以后，需要向国外代理询问手续费是多少，然后连同 MBL、HBL、PSS(profit share sheet)，以及其他清关单证，发送给国外代理。

另外，由于同一个国家可能有多个合作的代理，切勿将不同代理之间的货物弄混淆，以免造成不必要的尴尬。而如果自己公司在该国有自己的分公司，也不可将分公司信息透露给国外代理，这样会让国外代理感觉是和他在竞争，影响了今后的合作。

指定货会有何种风险？由于货运代理出具给发货人的提单是 HBL（货运代理提单）而不是 MBL（船公司提单），而 HBL 并不能真正达到控制货权的目的，因此会造成国外代理"无单放货"，即国外代理在无 HBL 的情况下，凭借其拥有 MBL 从船公司处提取货物后放给收货人，造成发货人货款两空的局面。当然现在无单放货的情况已经极少了。但当出口商与进口商初次合作时，仍需注意此问题，应尽量催促收货人尽早支付货款。

（二）订舱的方式

订舱的方式主要有以下三种。

▶ 1. 离线订舱

离线订舱主要是通过传真、电话或者 E-mail、EDI 等途径实现。网上离线订舱可以使用离线订舱软件进行离线订舱，然后发电子邮件给承运人完成订舱。

▶ 2. 在线订舱

在线订舱也称电子订舱，它可以提供给客户一个交易平台，通过互联网把客户要价和服务供应商的报价在网上进行对碰使双方达成交易，如图 4-1 所示。

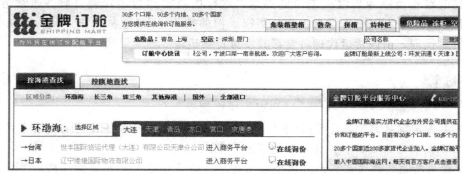

图 4-1　金牌订舱在线平台

3. 卸货地订舱

通常的订舱都是装货地订舱，即由出口商订舱，而卸货地订舱也即由进口商订舱。贸易术语使用F组或E组时，国外的买方即进口商负责签订运输合同，但他们一般自己不订舱，而是委托某国际货运代理代为订舱，通常还指定要订某承运人的运输工具。受委托的国际货运代理称为指定货运代理，该承运人称为指定承运人，这两者不一定同时出现。这种指定通过路线单或指定货通知，这种指定货通知依来源可分为代理指定货通知和托运人指定货通知，这里所说的代理是国外进口商在其本国的货运代理。

（三）订舱操作流程

1. 缮制订舱委托书（见表4-3）

表4-3　订舱委托书　　　　　　　　　　日期：

1) 发货人	4) 信用证号码	
	5) 开证银行	
	6) 合同号码	7) 成交金额
	8) 装运口	9) 目的港
2) 收货人	10) 转船运输	11) 分批装运
	12) 信用证效期	13) 装船期限
	14) 运费	15) 成交条款
	16) 公司联系人	17) 电话/传真
3) 通知人	18) 公司开户行	19) 银行账号
	20) 特别要求	

21) 标记唛码	22) 货号规格	23) 包装件数	24) 毛重	25) 净重	26) 数量	27) 单价	28) 总价
		29) 总件数	30) 总毛重	31) 总净重	32) 总尺码	33) 总金额	
34) 备注							

2. 订舱

订舱单上通常会有货名、重量及尺码、起运港、目的港、收发货人、船名等内容。承运人对这种申请（预约）给予承诺后，就会在舱位登记簿上登记，即表明承托双方已建立了有关货物运输的关系，并开始着手货物装船承运的一系列准备工作。

3. 取得配舱回单

配舱回单是指船公司接受货运代理或货主的订舱，并放舱位的凭证。

预配舱单是指货运代理或货主在出口报关前，预发给海关的舱单，以供海关核对数据。

配舱回单与预配舱单都是同一个船名航次、提单号，但配舱回单上的品名、件数、毛重、体积等可以与预配舱单不一致，如表 4-4 所示。

表 4-4 配舱回单示例

SHIPPER（发货人） FUJIAN JINSHANCIBA I/E CORP. 360 ZHONGSHAN RODE, XIAMEN, FUJIAN, CHINA			D/R NO.（编号） LD-DRGB06			
CONSIGNEE（收货人） TO ORDER						
VNOTIFY PARTY（通知人） U. S. ILUC CO., LTD. 86 CHINATOWN, NEW YORK, PA 10015 U. S. A.						
PRE-CARRIAGE BY （前程运输）		PLACE OF RECEIPT （收货地点） XIAMEN CY				
VESSEL （船名） DONGFANG	VOY. NO. （航次） V318	PORT OF LOADING （装货港） XIAMEN				
PORT OF DECHARGE （卸货港） NEW YORK		PLACE OFDELIVERY （交货地点） NEW YORK CY	FINAL DESTINATION FOR THE MERCHANT'S REFERENCE（目的地） NEW YORK			
CONTAIN-ER NO.（集装箱号）	MARKS & NOS.（标志与号码）	NOS. & KINDS OF PAKAGES（包装件数与种类）	DESCRIP-TION OF GOODS（货名）	G. W.（KG） 毛重（公斤）	MEAS（M3） 尺码（立方米）
TEXU6 7233331	U. S. ILUC CO., LTD. NEW YORK JS-NC115 NO. 1-500	500 CTNS	TEA SET NC115	10 000	25
TOTAL NUMBETR OF CONTAINERS OR PACKAGE 集装箱数或件数合计（大写）				SAY FIVE HUNDRED CAR-TONS ONLY	
FREIGHT & CHARG-ES 运费与附加费 2 500	REVENUE TONS（预付地点）	RATE 运费率		PREPAID 运费预付	COLLECT 到付
EX. RATE 兑换率 USD 1 = RMB 6.656 9	PREPAED AT 预付地点 XIAMEN	PAYABLE AT 到付地点 XIAMEN		PLACE OF ISSUE 签发地点 XIAMEN	
	TOTAL PREPAID USD 1 500	NO. OF ORIGINAL B(S)/L 正本提单份数 THREE			

续表

SERVICE TYPE ON RECEIVING CY	SERVICE TYPE ON DELIVERY CY	提单签发 SIGNATURE
可否转船：PERMITTED	可否分批：PERMITTED	COCSCO XIAMEN SHIPPING CO.，LTD.
装期：28-FEB-11	效期：15-MAR-11	
金额：USD 2500		
制单日期：17-FEB-11		

拓展阅读

某公司的订舱操作细则

一、船公司直接订舱

1. SAF 订舱

需先向 MIKI 以 E-mail 的形式提供托运人、起运港、目的港、船期、箱型、品名、件数、毛重、体积等信息，待 MIKI 向 SAF 销售员确认并获得约号后方可交给操作员通过上港去订舱。

2. MSK 订舱

(1) 普通箱，可直接将船卡及托书交给操作员，操作员会凭我司固定约号通过上港向船公司订舱。

(2) 特种箱，需单票确认。先向 MIKI 以 E-mail 的形式提供托运人、起运港、目的港、品名、尺寸、重量等信息，待 MIKI 确认好价格后，方可交给操作员订舱。如遇 MSK 所放舱位的船期与订舱所需的船期不符，操作员会将船名航次、关单号以 E-mail 的形式给 MIKI，由 MIKI 跟 MSK 销售员确认所需船期的舱位。

3. HANJIN 订舱

(1) 欧地线(含 PORT SAID)通过南华订舱；

(2) 中东/印巴/澳新/东南亚等近洋线，可直接将船卡及托书交给操作员，操作员会凭我司固定约号，通过上港向船公司订舱；

(3) HANJIN 放舱位(预配)的步骤如下：操作员把客户委托书上的内容输入上港订舱系统，然后上港将该票货的 EDI 信息导入 HANJIN 系统，HANJIN 销售员收到该 EDI 信息后，如果舱位没有问题，会确认给船公司客服，客服收到销售员确认舱位的信息后把该票货的预配做下去。这样，整个订舱程序就算完成了。同样的步骤也适用于 ANL 船公司。

4. MOL 订舱

我司可直接通过上港向船公司订舱。对于初次走 MOL 的客人，必须提供托运人的详细信息，包括公司名称、地址、电话、传真以及联系人，船公司方可接受订舱。

5. MARUBA 订舱

我司可直接向 MARUBA 订舱。

6. 危险品订舱

需事先将中英文品名、危险品等级(CLASS)、联合国编号(UN NO)、箱型、箱量、重量以 E-mail 的形式提供给 MIKI，由 MIKI 去跟船公司销售员确认是否能接该危险品，如可接的话，MIKI 会再跟其申请舱位及价格，待船公司销售确认后，方可交给操作员订舱。注意：如订 MSK 危险品，可先叫操作员去订舱，船公司如果接受该票货的订舱，就说明可以接该危险品，操作员会将订舱信息发给 MIKI，MIKI 去跟 MSK 销售员确认该票货的舱位及价格。

7. 特种箱订舱

以上船公司如需申请特种箱舱位，需提前提供货物尺寸、重量、目的港等信息，待确认价格后，方可订舱。

8. 其他

如果客人需要申请目的港 14 天或者 DETENTION 的话，在将货物信息交由 MIKI 跟船公司确认舱位的同时，把要求申请 14 DAYS FREE DEMURAGE/DETENTION 的信息一并告诉 MIKI，由她向船公司申请。注意：HANJIN 需要详细的理由，才能申请。

二、同行订舱

销售员跟同行公司确认好船期、运价后，将订舱方的联系方式以及运价一并写在船卡上，交操作员订舱。

三、订舱时间

一般最早可提前 10 天订舱，超过 10 天以上订舱可能被视为无效。MSK 可以提前 2 周订舱。危险品最少提前 10 天订舱。

MSK/SAF 只要船公司接受订舱后，会在 0.5～1 个工作日内放预配。MOL 如果订舱早，船公司也不会太早放预配，会在船开前统一放该条船的预配。

四、操作流程

订舱（输托书）→盯预配→做箱（内装）→报关（外港：先进港后报关/洋山：先报关后进港）→提单确认→查港区放关信息→填写成本表→拿提单（一般近洋线 1 天可出提单，远洋线 2～3 天）。

（四）订舱注意事项

(1) 订舱时注意货量及货主的特殊要求；
(2) 如果传递订舱单一小时没有信息反馈就要向船公司询问情况；
(3) 确认确认提单签发时是 MB/L，还是 HB/L；
(4) 是否接超重柜；
(5) 直航还是中转船，在哪里中转；
(6) 该航次舱位是否紧张，能否保证舱位。

四、做箱

做箱就是不同的单位以不同的装货方式把货物运输到港区。做箱时间就是装箱时间，主要针对整柜而言，指集装箱运送到工厂装箱。

（一）做箱的主要方式

▶ 1. 门到门

填妥装箱计划，事项包括做箱时间、船名、航次、关单号、中转港、目的港、毛重、件数、体积、门点、联系人、电话等要因，先于截关日（船期前两天）1～2 天排好车班。货运公司派车去到工厂拖货。

▶ 2. 内装

填妥装箱,事项包括船期、船名、航次、关单号、中转港、目的港、毛重、件数、体积、进舱编号等要因,先于截关日(船期前两天)1~2天排好车班。工厂把货运到货运仓库。

(二)集装箱装箱方式

根据集装箱货物装箱数量和方式分为整箱和拼箱两种。

▶ 1. 整箱货(full container load,FCL)

整箱货即货主向承运人或租赁公司租用一定的集装箱,空箱运到工厂仓库后在海关人员监管下,货主把货装入箱内,加锁铅封后,交承运人并取得场站收据,最后凭收据换取提单或运单。整箱货的拆箱一般由收货人办理,也可以委托承运人在货运站拆箱,但承运人不负责箱内的货损、货差,除非货方举证确属承运人责任事故的损害,承运人才负责赔偿。承运人对整箱货,以箱为交接单位,只要集装箱外表与收箱时相似和铅封完整,承运人就完成了承运责任。整箱货运提单上要加上"委托人装箱、计数并加铅封"的条款。

▶ 2. 拼箱货(less than container load,LCL)

拼箱货即承运人接受货主托运的数量不足整箱的小票货运后根据货类性质和目的地进行分类整理,把去同一目的地的货集中到一定数量,拼装入箱。这种货物通常是由承运人分别揽货并在集装箱货运站或内陆站集中,而后根据货类性质和目的地进行分类整理,把去同一目的地的两票或两票以上的货物拼装在一个集装箱内,同样要在目的地的集装箱货运站或内陆站拆箱分别交货。对于这种货物,承运人要负担装箱与拆箱作业,装拆箱费用仍向货方收取。承运人对拼箱货的责任基本上与传统杂货运输相同。

(三)集装箱混装注意事项和装箱技巧

▶ 1. 混装注意事项

一般企业出口时,在装柜过程中主要担心的是货物数据错误、货物损坏,以及数据与报关数据不符合,从而导致海关不会放行。因此,在装柜前,发货人、仓库、货运代理必须协调周到,以避免这种情况的发生。

(1)不同形状、不同包装的货物尽可能不要装在一起;

(2)从包装中会渗出灰尘、液体、潮气、臭气等的货物,尽可能不要与其他货物放在一起。专业人士提示:不得已的情况下,要用帆布、塑料薄膜或其他材料隔开。

(3)重量轻的货物放在重量相对较重的货物上面;

(4)包装强度弱的货物要放在包装强度强的货物上面;

(5)液体类货物和清洁类货物要尽量放在其他货物下面;

(6)带有尖角或有突出部分的货物,需将其遮盖,以避免将其他货物损坏。

▶ 2. 装箱技巧

集装箱货物的现场装箱作业通常有三种方法:①全部用人力叉车(见图4-2)装箱;②用机械叉车(见图4-3)搬进箱内,再用人力堆装;③全部用机械装箱,如用货板(托盘)货用叉式装卸车(见图4-4)在箱内堆装。

图 4-2　人力叉车　　　　　图 4-3　机械叉车

图 4-4　叉式装卸车

（1）任何情况下货物装柜时，箱内所装货物重量不能超过集装箱的最大装载量，即集装箱总量减去集装箱的自重所得。一般情况下，总重和自重都会标在集装箱的箱门上。

（2）每个集装箱的单位容重是一定的，因此在箱内装载同种货物时，只要知道货物密度，就可以断定出是重货还是轻货。如果货物密度大于箱的单位容重就是重货，反之则为轻货，及时并明确区分这两种不同的情况，对提高装箱效率很重要。

（3）装载时要使箱底上的负荷平衡，严格禁止负荷重心偏在一端的情况。

（4）避免产生集中载荷。在装载机械设备等重货时，箱底应铺上木板等衬垫材料，尽量分散其负荷。标准集装箱底面平均单位面积的安全负荷大致是：20英尺集装箱为 $1\,330 \times 9.8\text{N/m}^2$，40英尺集装箱为 $980 \times 9.8\text{N/m}^2$。

（5）使用人力装货时要注意包装上有无"不可倒置""平放""竖放"等装卸指示标志。务必正确使用装货工具，捆包货禁止使用手钩。箱内所装的货物要装载整齐、紧密堆装。容易散捆和包装脆弱的货物，要使用衬垫或在货物间插入胶合板，防止货物在箱内移动。

（6）装载货板货时，要确切掌握集装箱内部尺寸和货物包装的外部尺寸，以便计算装载件数，尽量减少弃位，多装货物。

（7）用叉式装卸车装箱时，将受到机械的自由提升高度和门架高度的限制。因此，在条件允许的情况下，叉车装箱可一次装载两层，但上下要留有一定的间隙。如果条件不允许一次装载两层的话，就在装第二层时，考虑到叉式装卸车的自由提升高度和叉式装卸车门架可能起升的高度，这时门架起升高度应为第一层货高减去自由提升高度，这样第二层货物才能装在第三层货物上层。

一般普通起重量为2吨的叉式装卸车，其自由提升高度为12.5m左右。另外，还有一种是全自由提升高度的叉式装卸车，这种机械只要箱内高度允许，就不受门架起升高度的影响，且能很方便地堆装两层货物。此外，还应注意货物下面应铺有垫木，以便使货叉能顺利抽出。

（8）最后，货物最好不要裸装，最起码要有包装，不要一味地为节省空间而导致货物受损。一般的货物也都会有包装，只有大件的机器如锅炉、建材之类的会比较麻烦，必须要捆扎、绑紧以防止松动。

思考：重庆恒生物流集团公司国际货运代理部接到某电器有限公司的一批小家电的出口货运代理任务，要求运到加拿大温哥华。商品采用纸箱包装，每个纸箱尺码为600mm×400mm×500mm，重量为50kg。已知货物不可侧卧，且堆码层高限制为5层，纸箱数量有180个和560个两种情况。（提示：设计方案时，注意尺寸、重量、托盘使用等因素。）

拓展阅读

集装箱装箱注意事项口诀

货物装箱很重要，箱型随货要知道，装前检查证书校，混装一箱货区分，上轻下重不能忘，重量均衡防故障，堆码层数要限量，上下左右有空隙，隔板隔垫防碰撞，垫料清洁货损少，箱门附近易损伤，关前措施一定要，堆装系固要做好，积载合理能防损，特殊货用特殊箱，箱子超重不允许，危险货物更重要，要求不符不能装，不能外凸门封好，不相容的不混装，包装合格才能装，包件必须固定牢，液气货物要批条，操作循规安全保，以上几条要记牢，人员设备免损伤，货运质量有保障，省钱省时麻烦少。

任务二　代理报关与提单确认

一、代理报关

（一）报关的定义

报关是履行海关进出境手续的必要环节之一，主要指进出境运输工具的负责人、货物和物品的收发货人或其代理人，在通过海关监管口岸时，依法进行申报并办理有关手续的过程。

（二）报关的对象

报关涉及的对象可分为进出境的运输工具，以及货物和物品两大类。由于性质不同，其报关程序各异。

运输工具如船舶、飞机等通常应由船长、机长签署到达、离境报关单,交验载货清单,空运、海运单等单证向海关申报,作为海关对装卸货物和上下旅客实施监管的依据。

货物和物品则应由其收发货人或其代理人,按照货物的贸易性质或物品的类别填写报关单,并随附有关的法定单证及商业和运输单证报关。如属于保税货物,应按"保税货物"方式进行申报,海关对应办事项及监管办法与其他贸易方式的货物有所区别。

(三)代理报关

代理报关分为直接代理报关和间接代理报关。

代理报关是相对于自理报关来说的,两者都是针对进出口货物报关来讲。直接代理报关是指报关企业接受委托人的委托,以委托人的名义办理报关业务的行为。间接代理报关是指报关企业接受委托人的委托,以报关企业自身的名义向海关办理报关业务的行为。

有权办理代理报关的企业应具备的资格:①取得报关企业注册登记许可;②在海关注册登记。直接代理报关是以委托人的名义报关,代理人代理行为的法律后果直接作用于被代理人;间接代理报关是以报关企业自身的名义报关,报关企业承担其代理行为的法律后果。不同报关单位的主营业务及报关范围如表4-5所示。

表4-5 不同报关单位的主营业务及报关范围

报关类别	报关单位	主营业务	报关范围
直接代理报关	自理报关单位、进出口货物的收发货人	对外贸易业务	办理自营出口的报关手续
	专业报关企业、报关行	报关纳税服务	接受各进出口委托人的委托办理报关手续
间接代理报关	代理报关企业、货运代理企业、船代企业	国际货运代理或运输工具代理	在企业承揽的承运范围内接受各进出口委托人的委托办理报关手续

我国报关企业大都采用直接代理报关,间接代理报关只适用于经营快件业务的国际货物运输代理企业。

受理委托报关的单位主要是:第一,专门从事报关服务的企业即专业报关企业;第二,对外贸易仓储、国际运输工具、国际运输工具服务及代理等业务,兼营报关服务业务的企业,即代理报关企业。

受理委托报关的单位代理办理的报关手续,包括报关单录入时的备案数据下载协议、报关单审核委托书、报关单申报委托书或报关单审核申报和申报确认委托书,并向海关出具委托单位的报关委托书。

报关单录入、申报子系统提供进出口单位通过网上填写申报委托书或者备案数据下载协议,委托有权代理报关业务的单位代其办理某项报关业务,如报关单录入、报关单审核、报关单申报或报关单审核和申报。有权进行代理报关业务的单位可在网上接受并确认委托单位的报关委托申请，并在备案数据下载协议和报关委托书的授权范围内代理委托单位网上办理相应的报关业务。网上申报的相关界面如图4-5～图4-7所示。

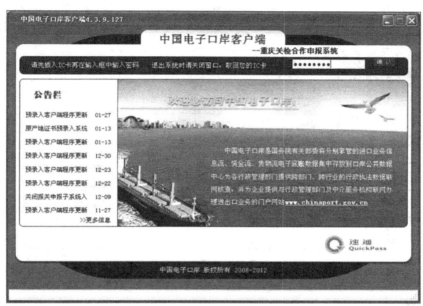

图4-5　电子口岸申报系统-首页界面

图4-6　电子口岸申报系统-登录界面

为规范报关委托书格式，根据《中华人民共和国海关法》和《中华人民共和国海关进出口货物申报管理规定》，海关总署从2004年12月1日起，在全国范围内开展规范委托报关纸质文书格式的工作。为了维护委托双方的合法利益，近期海关将对报关委托书的规范性进行有针对性的检查。

图 4-7 电子口岸申报系统-报关单界面

拓 展 阅 读

《代理报关委托书/委托报关协议》填写说明

一、《代理报关委托书》是进出口货物收发货人根据《海关法》和相关法律法规要求提交报关企业的具有法律效力的授权证明。

《代理报关委托书》由进出口货物收发货人认真填写，并加盖单位行政公章和法定代表人或被授权人签字。

二、《委托报关协议》是进出口货物收发货人（或单位）与报关企业按照《海关法》的要求签署的明确具体委托报关事项和双方责任的具有法律效力的文件，分正文表格和通用条款两大部分。

三、规范统一的《代理报关委托书》《委托报关协议》纸质格式，是将两个独立的文件印制在一张 A4 无碳复写纸上，一式三联，由中国报关协会监制。

四、根据《中华人民共和国海关进出口货物申报管理规定》要求，《代理报关委托书/委托报关协议》作为代理报关时报关单的必备随附单证使用。其编号为 11 位阿拉伯数字，是代理报关业务的流水号。

五、双方经办人员应在开始委托报关操作前认真填写格式化《代理报关委托书/委托报关协议》，并按照格式提示签字、加盖章后生效。

六、其中《委托报关协议》正文表格分必填项、补填项。没有标记的各项为必填项，应在签署前填写；标明"＊"的各项为补填项，应在本文本作为报关单随附单证递交海关前填写。

七、委托方是关税的纳税义务人，应承担 HS 编码的填写责任。但因被委托方业务熟悉，故也可在"其他要求"一栏中委托被委托方帮助填写。

八、如遇两种以上的货物在同一票报关单申报时，“主要货物名称”一栏请填写涉税额最多的一种货物品名。

九、填写“收到单证情况”一栏时，可用“√”表示收到，否则表示没有收到。

十、委托方“其他要求”一栏，是对被委托方服务内容的具体要求和《代理报关委托书》中C、D、E、F项委托事项的进一步描述。被委托方“服务承诺”一栏，是被委托方对能否满足委托方“其他要求”的承诺。

十一、填写《代理报关委托书/委托报关协议》应使用签字笔，字迹工整。涂改处盖章后才能有效。

拓展阅读

代理报关委托书

编号：□□□□□□□□□□□□□□□

：

我单位现　　(A 逐票、B 长期)委托贵公司代理　　等通关事宜。(A、报关查验 B、垫缴税款 C、办理海关证明联 D、审批手册 E、核销手册 F、申办减免税手续 G、其他　)详见《委托报关协议》。

我单位保证遵守《海关法》和国家有关法规，保证所提供的情况真实、完整、单货相符。否则，愿承担相关法律责任。

本委托书有效期自签字之日起至　　年　月　日止。

委托方（盖章）：

法定代表人或其授权签署《代理报关委托书》的人（签字）

年　月　日

委托报关协议

为明确委托报关具体事项和各自责任，双方经平等协商签定协议如下：

委托方		被委托方		
主要货物名称		*报关单编码	No.	
HS编码	□□□□□□□□□□	收到单证日期	年 月 日	
进出口日期	年 月 日	收到单证情况	合同□	发票□
提单号			装箱清单□	提（运）单□
贸易方式			加工贸易手册□	许可证件□
原产地/货源地			其他	
传真电话		报关收费	人民币：　元	
其他要求：		承诺说明：		
背面所列通用条款是本协议不可分割的一部分，对本协议的签署构成了对背面通用条款的同意。		背面所列通用条款是本协议不可分割的一部分，对本协议的签署构成了对背面通用条款的同意。		
委托方业务签章： 经办人签章： 联系电话：　年 月 日		被委托方业务签章： 经办报关员签章： 联系电话：　年 月 日		

（白联：海关留存，黄联：被委托方留存，红联：委托方留存）　　中国报关协会监制

图 4-8　代理报关委托书填写说明

(四) 报关程序

报关工作的全部程序分为进出口货物的申报、查验、放行三个阶段。进口报关和出口报关的流程分别如图 4-9 和图 4-10 所示。

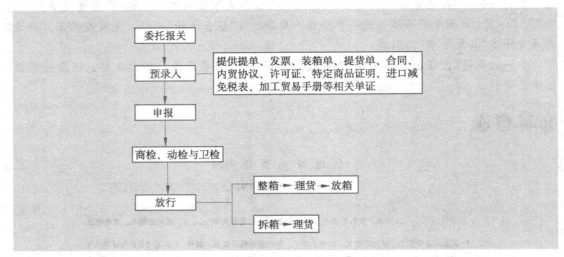

图 4-9　进口报关流程

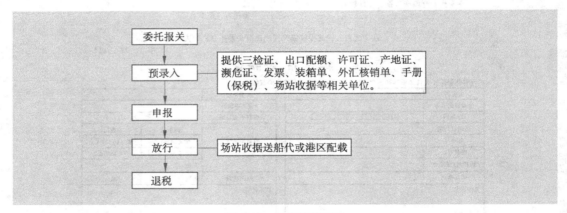

图 4-10　出口报关流程

▶ 1. 申报

(1) 出口货物的发货人在根据出口合同的规定，按时、按质、按量备齐出口货物后，即应当向运输公司办理租船订舱手续，准备向海关办理报关手续，或委托专业（代理）报关公司办理报关手续。

(2) 需要委托专业或代理报关企业向海关办理申报手续的企业，在货物出口之前，应在出口口岸就近向专业报关企业或代理报关企业办理委托报关手续。接受委托的专业报关企业或代理报关企业要向委托单位收取正式的报关委托书，报关委托书以海关要求的格式为准。

(3) 准备好报关用的单证是保证出口货物顺利通关的基础。一般情况下，报关应备单证除出口货物报关单外，主要包括托运单（即下货纸）、发票一份、贸易合同一份、出口收汇核销单及海关监管条件所涉及的各类证件。

（4）申报应注意报关时限的问题。报关时限是指货物运到口岸后，法律规定发货人或其代理人向海关报关的时间限制。出口货物的报关时限为装货的24小时以前。不需要征税费、查验的货物，自接受申报起1日内办结通关手续。

▶ 2. 查验

查验是指海关在接受报关单位的申报并已经审核的申报单位为依据，通过对出口货物进行实际的核查，以确定其报关单证申报的内容是否与实际进出口的货物相符的一种监管方式。

（1）通过核对实际货物与报关单证来验证申报环节所申报的内容与查证的单、货是否一致，通过实际的查验发现申报审单环节所不能发现的瞒报、伪报和申报不实等问题。

（2）通过查验可以验证申报审单环节提出的疑点，为征税、统计和后续管理提供可靠的监管依据。海关查验货物后，均要填写一份验货记录。验货记录一般包括查验时间、地点、进出口货物的收发货人或其代理人名称、申报的货物情况、查验货物的运输包装情况（如运输工具名称、集装箱号、尺码和封号）、货物的名称、规格型号等。需要查验的货物自接受申报起1日内开出查验通知单，自具备海关查验条件起1日内完成查验，除需缴税外，自查验完毕4小时内办结通关手续。

（3）根据《海关法》的有关规定，进出口的货物除国家另有规定外，均应征收关税。关税由海关依照海关进出口税则征收。需要征税费的货物，自接受申报1日内开出税单，并于缴核税单2小时内办结通关手续。

▶ 3. 放行

（1）对于一般出口货物，在发货人或其代理人如实向海关申报，并如数缴纳应缴税款和有关规费后，海关在出口装货单上盖"海关放行章"出口货物的发货人凭以装船起运出境。

（2）出口货物的退关：申请退关货物发货人应当在退关之日起3日内向海关申报退关，经海关核准后方能将货物运出海关监管场所。

（3）签发出口退税报关单：海关放行后，在浅黄色的出口退税专用报关单上加盖"验讫章"和已向税务机关备案的海关审核出口退税负责人的签章，退还报关单位。

在我国，每天大约出口价值1.5亿美元的货物，出口核销退税每延迟一天，就要给广大客户造成很大损失。如何加快出口核销退税速度呢？在单证操作方面最重要的一点就是正确填写出口报关单。报关单的有关内容必须与船公司传送给海关的舱单内容一致，才能顺利的核销退税。对海关接受申报并放行后，由于运输工具配载等原因，部分货物未能装载上原申报的运输工具的，出口货物发货人应及时向海关递交《出口货物报关单更改申请单》及更正后的箱单发票、提单副本进行更正，这样报关单上内容才能与舱单上内容一致。

我国海关出口货物报关单和进口货物报关单分别如表4-6和表4-7所示。

表 4-6　中华人民共和国海关出口货物报关单

预录入编号：　　　　　　　　　　　　海关编号：

出口口岸	备案号		出口日期	申报日期
经营单位	运输方式		运输工具名称	提运单号
发货单位	贸易方式		征免性质	结汇方式
许可证号	运抵国（地区）		指运港	境内货源地
批准文号	成交方式	运费	保费	杂费
合同协议号	件数	包装种类	毛重（公斤）	净重（公斤）
集装箱号	随附单据			生产厂家
标记号码及备注				
项号　商品编号　商品名称、规格型号　数量及单位　最终目的地（地区）　单价　总价　币制　征免				
税费征收情况				
录入员　　录入单位	兹声明以上申报无讹并承担法律责任		海关审单批注及放行日期（签章）	
报关员	申报单位（签章）		审单　　　　审单	
			征税　　　　统计	
单位地址				
邮编　　电话　　填制日期			查验　　　　放行	

表 4-7 中华人民共和国进口货物报关单

预录入编号：　　　　　　　　　　　海关编号：

进口口岸		备案号		进口日期		申报日期	
经营单位		运输方式		运输工具名称		提运单号	
收货单位		贸易方式		征免性质		征税比例	
许可证号		起运国（地区）		装货港		境内目的地	
批准文号		成交方式		运费		保费		杂费
合同协议号		件数		包装种类		毛重（千克）		净重（千克）
集装箱号		随附单据				用途	
标记唛码及备注							
项号	商品编码	商品名称、规格型号	数量及单位	原产国（地区）单价	总价	币制	征免
税费征收情况							
录入员		录入单位		兹证明以上申报无讹并承担法律责任		海关审单批注放行日期（签章）	
						审单　　　　　　　审价	
						征税　　　　　　　统计	
报关员						查验　　　　　　　放行	
单位地址			申报单位（签章）				
邮编		电话		填制日期			

（五）报检

报检是指办理商品出入境检验检疫业务的行为。报检单位一般是专门的报检公司或者货运代理。

报检所需资料一般包括：

（1）报检单（原件，出口企业自己报检则盖出口企业公章，若委托代理企业报检则盖代理报检企业章；报检单内容务必保持一致，注明随附单据，若在本地口岸报关出口，则选择申领"通关单"，若在异地口岸报关出口，则选择申领"换证凭单"，即由货运代理在异地口岸换正式的通关单）。

（2）工厂检验报告（原件，盖工厂检验章）。若货物外包装生产厂提供的出口包装证由商检局签发，复印件即可；若出口包装为纸箱，则还需纸箱厂向商检局申请办理《出境货物运输包装性能检验结果单》，需交纳一定费用，2～3个工作日办好，办好后需将原件交商检局根据此批货物所用纸箱数进行相应的核销。

（3）出口合同（复印件或传真件）。出口形式发票（复印件或传真件）。

（4）出口 PACKING LIST 装箱单（复印件或传真件）。

将以上全套报检资料交商检局相关负责商检抽样的部门，由该部门安排商检。

报检单位分为两类：自理报检单位和代理报检单位。检验检疫机构对自理报检单位实行备案管理制度，对代理报检单位实行注册登记制度。

二、提单确认

（一）提单的功能

提单是指用以证明海上货物运输合同和货物已经由承运人接收或者装船，以及承运人保证据以交付货物的单证。在对外贸易中，提单运输部门承运货物时签发给发货人（可以是出口人也可以是货运代理）的一种凭证。收货人凭提单向货运目的地的运输部门提货（若收货人手里是小单，则需要向国内货运代理换取主单），提单须经承运人或船方签字后始能生效。提货单是海运货物向海关报关的有效单证之一。

▶ 1. 提单是货物收据

对于将货物交给承运人运输的托运人，提单具有货物收据的功能。承运人不仅对于已装船货物负有签发提单的义务，而且根据托运人的要求，即使货物尚未装船，只要货物已在承运人掌管之下，承运人也有签发一种被称为"收货待运提单"的义务。所以，提单一经承运人签发，即表明承运人已将货物装上船舶或已确认接管。提单作为货物收据，不仅证明收到货物的种类、数量、标志、外表状况，而且还证明收到货物的时间，即货物装船的时间。本来，签发提单时，只要能证明已收到货物和货物的状况即可，并不一定要求已将货物装船。但是，将货物装船象征卖方将货物交付给买方，于是装船时间也就意味着卖方的交货时间，而按时交货是履行合同的必要条件，因此，用提单来证明货物的装船时间是非常重要的。

▶ 2. 提单是物权凭证

对于合法取得提单的持有人，提单具有物权凭证的功能。提单的合法持有人有权在目的港以提单相交换提取货物，而承运人只要出于善意，凭提单发货，即使持有人不是真正货主，承运人也无责任。而且，除非在提单中指明，提单可以不经承运人的同意而转让给第三者，提单的转移就意味着物权的转移，连续背书可以连续转让。提单的合法受让人或提单持有人就是提单上所记载货物的合法持有人。提单所代表的物权可以随提单的转移而转移，提单中所规定的权利和义务也随着提单的转移而转移。即使货物在运输过程中遭受损坏或灭失，也因货物的风险已随提单的转移而由卖方转移给买方，只能由买方向承运人提出赔偿要求。

▶ 3. 提单是运输合同成立的证明文件

提单上印就的条款规定了承运人与托运人之间的权利、义务，而且提单也是法律承认的处理有关货物运输的依据，因此常被人们认为提单本身就是运输合同。但是按照严格的法律概念，提单并不具备经济合同应具有的基本条件：它不是双方意思表示一致的产物，约束承托双方的提单条款是承运人单方拟定的；它履行在前，而签发在后，早在签发提单之前，承运人就开始接受托运人托运货物和将货物装船的有关货物运输的各项工作。所以，与其说提单本身就是运输合同，还不如说提单只是运输合同的证明更为合理。如果在提单签发之前，承托双方之间已存在运输合同，则不论提单条款如何规定，双方都应按原先签订的合同约定行事；但如果事先没有任何约定，托运人接受提单时又未提出任何异议，这时提单就被视为合同本身。虽然由于海洋运输的特点，决定了托运人并没在提单上签字，但因提单毕竟不同于一般合同，所以不论提单持有人是否在提单上签字，提单条款对他们都具有约束力。

（二）提单的类别

提单种类繁多，可按不同归类方法进行划分。

▶ 1. 按提单收货人的抬头划分

1）记名提单

记名提单又称收货人抬头提单，是指提单上的收货人栏中已具体填写收货人名称的提单。提单所记载的货物只能由提单上特定的收货人提取，或者说承运人在卸货港只能把货物交给提单上所指定的收货人。如果承运人将货物交给提单指定的以外的人，即使该人占有提单，承运人也应负责。这种提单失去了代表货物可转让流通的便利，但同时也可以避免在转让过程中可能带来的风险。

使用记名提单，如果货物的交付不涉及贸易合同下的义务，则可不通过银行而由托运人将其邮寄收货人，或由船长随船带交。这样，提单就可以及时送达收货人，而不致延误。因此，记名提单一般只适用于运输展览品或贵重物品，特别是短途运输中使用较有优势，而在国际贸易中较少使用。

2）不记名提单

提单上收货人一栏内没有指明任何收货人，而注明"提单持有人"字样或将这一栏空白，不填写任何人的名称的提单。这种提单不需要任何背书手续即可转让，或提取货物，极为简便。承运人应将货物交给提单持有人，谁持有提单，谁就可以提货，承运人交付货物只凭单，不凭人。另外，根据有些班轮公会的规定，凡使用不记名提单，在给大副的提单副本中必须注明卸货港通知人的名称和地址。这种提单丢失或被窃的风险极大，若转入善意的第三者手中时，极易引起纠纷，故国际上较少使用这种提单。

3）指示提单

指示提单指在提单正面"收货人"一栏内填上"凭指示"或"凭某人指示"字样的提单。这种提单按照表示指示人的方法不同，又分为托运人指示提单、记名指示人提单和选择指示人提单。如果在收货人栏内只填记"指示"字样，则称为托运人指示提单。这种提单在托运人未指定收货人或受让人之前，货物所有权仍属于卖方，在跟单信用证支付方式下，托运人就是以议付银行或收货人为受让人,通过转让提单而取得议付货款的。如果收货人栏内填记"某某指示",则称为记名指示提单,如果在收货人栏内填记"某某或指示",则称为选择指示人提单。记名指示提单或选择指示人提单中指名的"某某"既可以是银行的名称,也可以是托运人。

归纳起来,指示提单有四种抬头:凭银行指示、凭收货人指示、凭发货人指示、不记名指示。

指示提单是一种可转让提单。提单的持有人可以通过背书的方式把它转让给第三者,而不须经过承运人认可,所以这种提单较受买方欢迎。而不记名指示(托运人指示)提单与记名指示提单不同,它没有经提单指定的人背书才能转让的限制,所以其流通性更大。指示提单在国际海运业务中使用较广泛。

▶ 2. 按货物是否已装船划分

1) 已装船提单

已装船提单是指货物装船后由承运人或其授权代理人根据大副收据签发给托运人的提单。如果承运人签发了已装船提单,就是确认他已将货物装在船上。这种提单除载明一般事项外,通常还必须注明装载货物的船舶名称和装船日期,即是提单项下货物的装船日期。

2) 收货待运提单

收货待运提单又称备运提单、待装提单,简称待运提单。它是承运人在收到托运人交来的货物但还没有装船时,应托运人的要求而签发的提单。签发这种提单时,说明承运人确认货物已交由承运人保管并存在其所控制的仓库或场地,但还未装船。所以,这种提单未载明所装船名和装船时间,在跟单信用证支付方式下,银行一般都不肯接受这种提单。但当货物装船,承运人在这种提单上加注装运船名和装船日期并签字盖章后,待运提单即成为已装船提单。同样,托运人也可以用待运提单向承运人换取已装船提单。

▶ 3. 按提单上有无批注划分

1) 清洁提单

在装船时,货物外表状况良好,承运人在签发提单时,未在提单上加注任何有关货物残损、包装不良、件数、重量和体积,或其他妨碍结汇的批注的提单称为清洁提单。

使用清洁提单在国际贸易实践中非常重要,买方要想收到完好无损的货物,首先必须要求卖方在装船时保持货物外观良好,并要求卖方提供清洁提单。在以跟单信用证为付款方式的贸易中,通常卖方只有向银行提交清洁提单才能取得货款。清洁提单是收货人转让提单时必须具备的条件,同时也是履行货物买卖合同规定的交货义务的必要条件。承运人一旦签发了清洁提单,货物在卸货港卸下后,如发现有残损,除非是由于承运人可以免责的原因所致,承运人必须负责赔偿。

2) 不清洁提单

在货物装船时,承运人若发现货物包装不牢、破残、渗漏、玷污、标志不清等现象时,大副将在收货单上对此加以批注,并将此批注转移到提单上,这种提单称为不清洁提单。

实际中,承运人接收货物时,如果货物外表状况不良,一般先在大副收据上做出记载,在正式签发提单时,再把这种记载转移到提单上。在国际贸易实务中,银行是拒绝出口商以不清洁提单办理结汇的。为此，托运人应把损坏或外表状况有缺陷的货物进行修补或更换。习惯上的变通办法是由托运人出具保函，要求承运人不要将大副收据上所做的有关货物外表状况不良的批注转批到提单上，而根据保函签发清洁提单，以使出口商能顺利完成结汇。但是，承运人因未将大副收据上的批注转移提单上，承运人可能承担对收货人的赔偿责任，承运人因此遭受损失，应由托运人赔偿。那么，托运人是否能够赔偿，在向托运人追偿时，往往难以得到法律的保护，而承担很大的风险。承运人与收货人之间的权利义务是提单条款的规定，而不是保函的保证。所以，承运人不能凭保函拒赔，保函对收货人是无效的。如果承、托双方的做法损害了第三者收货人的利益，有违民事活动的诚实信用的基本原则，容易构成与托运人的串通，对收货人进行欺诈行为。

▶ 4. 按运输方式的不同划分

1）直达提单

直达提单又称直运提单，是指货物从装货港装船后，中途不经转船，直接运至目的港卸船交与收货人的提单。直达提单上不得有"转船"或"在某港转船"的批注。凡信用证规定不准转船者，必须使用这种直达提单。如果提单背面条款印有承运人有权转船的"自由转船"条款者，则不影响该提单成为直达提单的性质。

使用直达提单，货物由同一船舶直运目的港，对买方来说比中途转船有利得多，它既可以节省费用、减少风险，又可以节省时间、及早到货。因此，通常买方只有在无直达船时才同意转船。在贸易实务中，如信用证规定不准转船，则卖方必须取得直达提单才能结汇。

2）转船提单

转船提单是指货物从起运港装载的船舶不直接驶往目的港，需要在中途港口换装其他船舶转运至目的港卸货，承运人签发这种提单称为转船提单。在提单上注明"转运"或在"某某港转船"字样，转船提单往往由第一程船的承运人签发。由于货物中途转船，增加了转船费用和风险，并影响到货时间，故一般信用证内均规定不允许转船，但直达船少或没有直达船的港口，买方也只好同意可以转船。

3）联运提单

联运提单是指货物运输需经两段或两段以上的运输方式来完成，如海陆、海空或海海等联合运输所使用的提单。船船（海海）联运在航运界也称为转运，包括海船将货物送到一个港口后再由驳船从港口经内河运往内河目的港。

联运的范围超过了海上运输界限，货物由船舶运送经水域运到一个港口，再经其他运输工具将货物送至目的港，先海运后陆运或空运，或者先空运、陆运后海运。当船舶承运由陆路或飞机运来的货物继续运至目的港时，货方一般选择使用船方所签发的联运提单。

4）多式联运提单

多式联运提单主要用于集装箱运输，指一批货物需要经过两种以上不同运输方式，其中一种是海上运输方式，由一个承运人负责全程运输，负责将货物从接收地运至目的地交付收货人，并收取全程运费所签发的提单。提单内的项目不仅包括起运港和目的港，而且列明一程二程等运输路线，以及收货地和交货地。

（1）多式联运是以两种或两种以上不同运输方式组成的，多式联运提单是参与运输的两种或两种以上运输工具协同完成所签发的提单；

（2）组成多式联运的运输方式中其中一种必须是国际海上运输；

（3）多式联运提单如果贸易双方同意，并在信用证中明确规定，可由承担海上区段运输的船公司、其他运输区段的承运人、多式联运经营人或无船承运人签发；

（4）我国《海商法》第四章"海上货物运输合同"中的第八节"多式联运合同的特别规定"以及《联合国国际货物多式联运公约》制约着多式联运。

▶ 5. 按签发提单的时间划分

1）顺签提单

顺签提单指在货物装船完毕后，应托运人的要求，由承运人或其代理人签发的提单。但是该提单上记载的签发日期晚于货物实际装船完毕的日期，即托运人从承运人处得到的以晚于货物实际装船完毕的日期作为提单签发日期的提单。由于顺填日期签发提单，所以称为顺签提单。

2）倒签提单

倒签提单是指承运人或其代理人应托运人的要求，在货物装船完毕后，以早于货物实际装船日期为签发日期的提单。当货物实际装船日期晚于信用证规定的装船日期，若仍按实际装船日期签发提单，托运人就无法结汇。为了使签发提单的日期与信用证规定的装运日期相符，以利结汇，承运人应托运人的要求，在提单上仍以信用证的装运日期填写签发日期，以免违约。

3）预借提单

预借提单是指货物尚未装船或尚未装船完毕的情况下，信用证规定的结汇期（即信用证的有效期）即将届满，托运人为了能及时结汇，而要求承运人或其代理人提前签发的已装船清洁提单，即托运人为了能及时结汇而从承运人那里借用的已装船清洁提单。

这种提单往往是当托运人未能及时备妥货物或船期延误，船舶不能按时到港接受货载，估计货物装船完毕的时间可能超过信用证规定的结汇期时，托运人采用从承运人那里借出提单用以结汇，当然必须出具保函。签发这种提单承运人要承担更大的风险，可能构成承、托双方合谋对善意的第三者收货人进行欺诈。

签发倒签或预借提单对承运人的风险很大，由此引起的责任承运人必须承担，尽管托运人往往向承运人出具保函，但这种保函同样不能约束收货人。比较而言，签发预借提单比签发倒签提单对承运人的风险更大，因为预借提单是承运人在货物尚未装船，或者装船还未完毕时签发的。我国法院对承运人签发预借提单的判例，不但由承运人承担了由此而引起的一切后果，赔偿货款损失和利息损失，还赔偿了包括收货人向第三人赔付的其他各项损失。

4）过期提单

过期提单有两种含义：一是指出口商在装船后延滞过久才交到银行议付的提单。按照《跟单信用证统一惯例》(UCP600)规定，凡超过发运日期21个日历日后提交的提单为过期提单，但在任何情况下都不得迟于信用证的截止日。如信用证效期或信用证规定的交单期早于此期限，则以效期或规定的交单期为最后期限。二是指提单晚于货物到达目的港，这种提单也称为过期提单。因此，近洋国家的贸易合同一般都规定有"过期提单也可接受"的条款。

▶ 6. 按提单内容的简繁划分

1) 全式提单

全式提单是指提单除正面印就的提单格式所记载的事项，背面列有关于承运人与托运人及收货人之间权利、义务等详细条款的提单。由于条款繁多，所以又称繁式提单。在海运的实际业务中大量使用的多是这种全式提单。

2) 简式提单

简式提单又称短式提单、略式提单，是相对于全式提单而言的，指提单背面没有关于承运人与托运人及收货人之间的权利义务等详细条款的提单。这种提单一般在正面印有"简式"字样，以示区别。简式提单中通常列有如下条款："本提单货物的收受、保管、运输和运费等事项，均按本提单全式提单的正面、背面的铅印、手写、印章和打字等书面条款和例外条款办理，该全式提单存本公司及其分支机构或代理处，可供托运人随时查阅。"

简式提单通常包括租船合同项下的提单和非租船合同项下的提单。

（1）租船合同项下的提单。在以航次租船的方式运输大宗货物时，船货双方为了明确双方的权利、义务，首先要订立航次租船合同，在货物装船后承租人要求船方或其代理人签发提单，作为已经收到有关货物的收据，这种提单就是"租船合同项下的提单"。因为这种提单中注有"所有条件均根据某年某月某日签订的租船合同"或者"根据……租船合同开立"字样，所以，它要受租船合同的约束。因为银行不愿意承担可能发生的额外风险，所以当出口商以这种提单交银行议付时，银行一般不愿接受。只有在开证行授权可接受租船合同项下的提单时，议付银行才会同意，但往往同时要求出口商提供租船合同副本。国际商会《跟单信用证统一惯例》规定，除非信用证另有规定，银行将拒收租船合同项下的提单。

（2）非租船合同项下的简式提单。为了简化提单备制工作，有些船公司实际上只签发给托运人一种简式提单，而将全式提单留存，以备托运人查阅。这种简式提单上一般印有"各项条款及例外条款以本公司正规的全式提单所印的条款为准"等内容。按照国际贸易惯例，银行可以接受这种简式提单，这种简式提单与全式提单在法律上具有同等效力。

▶ 7. 按提单使用的效力划分

1) 正本提单

正本提单是指在法律和商业上都是公认有效的提单。正本提单上有时注明有"Original"字样，提单上有承运人、船长或代理人签字盖章并注明了签发提单的日期。正本提单一般签发一式两份或一式三份，凭其中任何一份提货后，其余各份作废，因此一般买方或银行要求卖方提供全部正本提单，即全套提单。

2) 副本提单

副本提单是指仅作为工作上参考之用的提单。副本提单上一般注明"Copy"或"Non negotiable"字样，提单上没有承运人、船长或其代理人的签字盖章。副本提单没有法律效力。

▶ 8. 其他各种特殊提单

1) 合并提单

合并提单是指根据托运人的要求，将同一船舶装运的同一装货港、同一卸货港、同一收货人的两批或两批以上相同或不同的货物合并签发一份提单。托运人或收货人为了节省运费，常要求承运人将本应属于最低运费提单的货物与其他另行签发提单的货物合并在一起只签发一份提单。

2）分提单

分提单指承运人依照托运人的要求，将本来属于同一装货单上其标志、货种、等级均相同的同一批货物，托运人为了在目的港收货人提货方便，分开签多份提单，分属于几个收货人，这种提单称为分提单。只有标志、货种、等级均相同的同一批货物才能签发分提单，否则会因在卸货港理货，增加承运人理货、分标志费用的负担。分提单一般除了散装油类最多不超过5套外，其他货物并无限制。

3）交换提单

交换提单指在直达运输的条件下，应托运人的要求，承运人承诺，在某一约定的中途港凭在启运港签发的提单另换发一套以该中途港为启运港，但仍以原来的托运人为托运人的提单，并注明"在中途港收回本提单，另换发以该中途港为启运港的提单"或"Switch B/L"字样的提单。

当贸易合同规定以某一特定港口为装货港，而作为托运人的卖方因备货原因，不得不在这一特定港口以外的其他港口装货时，为了符合贸易合同和信用证关于装货港的要求，常采用这种变通的办法，要求承运人签发这种交换提单。

4）舱面货提单

舱面货提单又称甲板货提单，指货物装于露天甲板上承运时，并于提单注明"装于舱面"（On Deck）字样的提单。

5）集装箱提单

集装箱提单是集装箱货物运输下主要的货运单据，负责集装箱运输的经营人或其代理人，在收到集装箱货物后而签发给托运人的提单。

（三）货运代理提单

货运代理作为客户的委托代理人办理货物运输业务，在标准情况下，应当是货运代理以客户的名义向承运人订舱，承运人以自己的名义签发提单，提单注明以货运代理的委托人为托运人，由货运代理将提单转交委托人，作为客户与承运人之间的运输合同的证明。货运代理作为代理人仅就承运人的选择向客户承担责任，对于货物在运输途中的灭失、损害以及迟延不承担任何责任。

但由于在海运市场上，作为实际承运人的海运公司的自主揽货能力以及货主自身寻求运输的能力的增强，造成了货运代理市场竞争的不断加剧。在这种情况下，货运代理出于自身业务的考虑，为了避免船货之间的直接接触，往往自己在海运提单以外另行签发提单，这种提单被称为货运代理提单，也称为代理分单。

"货运代理提单"这一名词，从广义上讲，通常用来形容货运代理所使用的两种运输单据。

一种是货运代理，作为无船承运人所签发的，承担承运人责任的运输单据。这一类型的提单的效用为货运代理业所广泛接受，一些行业协会的标准提单，如国际货运代理协会提单的广泛使用就证明了这一点。

另一种则是货运代理作为代理人所签发的，在该类提单中确认了委托人关于货物运输事项的指示，而关于实际从事相关货物运输的承运人的信息，则往往语焉不详。在运输实务中，这一类提单所产生的争议最多，这是因为，这种货运代理提单不表明货运代理所选任的实际从事运输的承运人的身份。该提单最多只是提及某一运输的船舶并确认货装船。但在货物转运频繁的今天，这一船舶可能只是一艘支线船舶，其任务只是将货物卸载至某一班轮航线的挂靠港，又作为货运代理所实际选任的班轮公司继续运输。如果货主不能证明货损发生在运输过程中，该支线船东是不会承担责任的。而在这种情况下，货运代理也会依据这种代理性货运代理提单类否认自己的责任。

拓展阅读

货运代理提单风险防范

国际贸易中，风险防范问题正越来越引起各方面的关注。在运输方面，因为远渡重洋的关系，货物的发运、提取只能凭借一纸提单为证，因此也出现了诸如倒签提单，这方面更应该引起警觉。

对于货主来说，航运中的风险主要有两类：一类是货损货差和延迟交付，另一类是与欺诈有关的提货而不付款。对第一类风险，有比较明确的国际法和各国法律来判断责任所在。而第二类风险在更加诡秘，有一些进口商处于有意欺诈的目的，首先迎合出口商希望使用信用证，便在证中设置一些软条款。如客检证等，到时发生不符，出口商无法从银行取得货款；同时，在信用证中又指定货运代理，可以不通过银行而通过货运代理取得货物。

关于货运代理提单，出口商是有过不少教训的，曾闻上海某公司接受了一张客户从银行开出的信用证，其中包括了这样两个条件：①指定提交某货运代理提单；②要求客检正本，由客户手签，签名必须于客户在银行的留底一致。该公司制妥所有单据，赶在提单后的第21天向议付行交单。按理说这套单据经过严格的审核，不会有什么错误了，但问题就出在客户签字上，客检证签字与银行留底不符。该公司立刻与客户联系，但始终联系不上，于是想到去找货物，却发现货物早就被货运代理在目的港的代理提走，而此时货运代理也没有了踪迹。可以肯定，这是一起客户与货运代理串通的欺骗案。

这种情况能不能要求船公司（实际承运人）赔偿呢？让我们来看看船公司的地位。在单一海运方式下，货运代理签发提单给托运人结汇，然后要以自己的名义向船公司订舱取得提单，但在这套提单上的托运人是货运代理，收货人或通知人是货运代理在目的港的代理。这里涉及两个合约：第一，货运代理与出口商作为订约双方的揽货协议（有时实际订约的一方是作为承运人的船公司，在下段将讨论）；第二，承运人和货运代理作为订约双方的运输协议（体现在提单）。从合约关系来看，如果货运代理仅是以自己的名义与承运人订约的话，我们所面对的就是两个相对独立的合约。出口商在运输合约下，是不能要承运人负任何责任时，他必须通过货运代理来要求承运人赔偿，而在上面的事件中显然是行不通的。退一步讲，即便出口商获得了合约下的诉权，也看不出承运人要负哪一种责任。这从绝大多数海运提单条款所纳入的《海牙规则》或《海牙-维斯比规则》管辖的情况可以得到解释。承运人要负责的是传播的适航、妥善地装载、照看货物等，以期将货物安全、完好得运抵目的港交货。至于凭正本提单收货人放货后，货物再出任何偏差甚至发生欺诈活动，都是承运人职责结束后的事情，当然与其无关，可见合约下告承运人难以胜诉。

那么，以侵权来告呢？虽然货物提走了，但客户并没有付款，所以，货权并没有转移,仍在出口商手中,因此没有诉权问题。但以上例的情况,承运人并没有疏忽或过失。凭正本提单放货是其职责,而且承运人不可能明察秋毫,指认货运代理欺诈而拒绝放货,这样谁还敢当承运人呢,可见,承运人不负有责任,出口商只能自食其果了。

从另一方面说,《跟单信用证统一惯例》接受货运代理提单,一方面顺应了航运业发展的现状,另一方面却在某种程度上麻痹了出口商。因为如果银行可以接受,出口商当然没有问题,问题出在一旦向银行提交的单据有所不符,信用证的付款保证荡然无存,最终只能回到货权和客户的问题上来。应该注意到,《跟单信用证统一惯例》在接受货运代理提单时是有附加条件的,即由货运代理作为承运人或作为一个具名承运人的代理签发。这样做,国际商会的目的是为了让出口商或其他利益方明确谁应最终负责。尤其是把货运代理作为具名的承运人的代理来出货运代理提单,是想让承运人作为揽货协议的一方,直接对出口方负责,一旦在运输途中出了货损之类的情况,承运人是难逃其咎的。但无论如何,承运人所负的责任也仅限于货物运输途中安全,对前述的诈骗行为也还是不应承担责任。

总之,尽管有《跟单信用证统一惯例》的认可,在货运代理提单,特别是指定货运代理提单的使用上,出口商要非常慎重。

资料来源:锦城物流网.

(四) 提单内容

▶ 1. 提单编号

一般列在提单右上角,以便于工作联系和查核。发货人向收货人发送装船通知时,也要列明船名和提单编号。

▶ 2. 托运人

此栏应填写托运人的名称、地址,必要时也可填写代码。托运人一般为信用证中的受益人(出口商)。

▶ 3. 收货人

此栏应填写收货人的名称、地址,必要时可填写电话、传真或代码。如要求记名提单,此栏可填上具体的收货人的名称;如属指示提单,则填为"To order"或"To order of ×××"。

▶ 4. 通知方

这是船公司在货物到达目的港时发送到货通知的收件人,有时即为进口商。在信用证项下的提单,如信用证上对提单通知方有具体规定,则必须严格按照信用证要求填写。如果是记名提单或收货人指示提单,且收货人又有详细地址的,则此栏可以不写。如果是空白指示提单或托运人指示提单,则此栏必须填写通知方的名称与详细地址,否则船方就无法与收货人联系,收货人也不能及时报关提货。通知方一般为预定的收货人或收货人的代理人。

▶ 5. 船名

此栏应填写装运货物的船名及航次。若是已装船提单,必须填写船名;如是待运提单,待货物实际装船完毕后记载船名。

▶ 6. 接货地

此栏在多式联运方式下填写,表明承运人接收到货物的地点,其运输条款可以是门—

门、门—场或门—站。

▶ 7. 装货港

此栏应填写实际装船港口的具体名称。

▶ 8. 卸货港

此栏应填写实际卸下货物的港口具体名称。如属转船，第一程提单上的卸货港填转船港，收货人填二程船公司；第二程提单上的装货港填上述的转船港，卸货港填最后的目的港，如由第一程船公司签发联运提单，则卸货港即可填写最后目的港，并在提单上列明第一和第二船名。如经某港转运，要显示"via××"字样。填写此栏要注意同名港口问题，如属选择港提单，要在此栏中注明。

▶ 9. 交货地

此栏在多式联运方式下填写，表明承运人交付货物的地点，其运输条款可以是门—门、场—门或站—门。

▶ 10. 货名

在信用证项下，货名必须与信用证上规定的货名一致。

▶ 11. 件数和包装种类

此栏按箱子的实际包装情况填写。在集装箱整箱货运输下，此栏通常填写集装箱的数量、型号（如1×20FT DC）；如果是在拼箱货运输下，此栏应填写货物件数（如 10 Cases machinery）。

▶ 12. 唛头

信用证上有规定的，必须按规定填写；否则可按发票上的唛头填写。

▶ 13. 毛重、尺码

信用证上有规定的，必须按规定填写；否则一般以千克为单位列出货物的毛重、以立方米列出货物的体积。

▶ 14. 运费与费用

一般为预付或到付。如 CIF 或 CFR 出口，一般均填上"运费预付"字样，千万不可漏填，否则收货人会因为运费未清问题而晚提货或提不到货。如系 FOB 出口，则运费可制作"运费到付"字样，除非收货人委托发货人垫付运费。

▶ 15. 温度指示

此栏填写冷藏箱运输时所要求的温度，应尽量避免标明具体温度。

▶ 16. 提单的签发地点、日期和份数

提单签发的地点原则上是装货地点，一般是在装货港或货物集中地签发。提单的签发日期应该是提单上所列货物实际装船完毕的日期，也应该与收货单上大副所签发的日期是一致的。如果是在跟单信用证项下结汇时，提单上所签发的日期必须与信用证或合同上所要求的最后装船期一致或先于装船期。如果卖方估计货物无法在信用证规定的期限内装船，应尽早通知买方，要求修改信用证，而不应该利用"倒签提单""预借提单"等欺诈行为取得货款。提单份数一般按信用证要求出具，如"Full Set of"，一般理解为正本提单一式三份，每份都有同等效力，收货人凭其中一份提取货物后，其他各份自动失效。副本提单的份数可视托运人的需要而定。

▶ 17. 签名及签单

承运人或船长,或由其授权的人签字或盖章。

(五)提单放单形式

在国际货运代理操作实务中,除正常的提单发放外,还有一些常见的不正常提单放单形式。作为货主和船公司的中间人,货运代理需要为客户代理好各项事务,因此客户提出一些非正常服务要求时,船公司会要求货主提供相应的保函,并保证如果有因这些操作导致相关利益方索赔时,货主承担一切责任。常见的非正常放单形式如下。

▶ 1. 倒签提单(如可行)

需要客户提供正本"倒签保函"(留底),后出具公司"保函"到船公司倒签。这种情况下,一般是签发小单。

▶ 2. 预借提单(如可行)

需顾客提供正本"预借保函"(留底),后出具公司"保函"到船公司预借。预借提单所产生的一切责任均由提单签发人承担。

▶ 3. 电放

电话即电报放货,需要客户提供正本"电放保函"(留底),后出具公司"保函"到船公司电放。国外的承运人保留全套正本提单,并通知目的港的代理,收货人可凭加盖正本公章的提单复印件和保函换单提货。

▶ 4. 并提单

要等船开了以后3~4天(候舱单送达海关,以保证退税),再将多票关单合成一票关单。

▶ 5. 分提单,或称子提单、代理行提单、货运代理提单、无船承运人提单、仓至仓提单

要等船开了以后3~4天(候舱单送达海关,以保证退税),再将一票关单拆成多票关单。只有标志、货种、等级均相同的同一批货物才能签发分提单,否则,会因在卸货港理货,增加承运人理货、分标志费用的负担。分提单一般除了散装油类最多不超过5套外,其他货物并无限制。

▶ 6. 异地放单

异地放单一般指由承运人或代理公司在起运港之外的地方签发提单给发货人,这个提单当然也是正本提单。须经过船公司同意,并取得货主保函和异地接单联系人的电话、传真、公司名、地址等资料后才可以放单。异地放单可以方便发货人在当地或指定接收人所在地取的提单,节省邮寄的费用,一般用于近洋运输。

拓展阅读

关于异地放单

中国货物出口日本或韩国,货物短短几天就可以达到,而提单邮寄可能还没到,并且花费更多费用,这种情况可以考虑异地放单。采用异地放单或异地换单在承运人或代理公司的两地分支机构之间的沟通过程中易产生错误,其原因主要是操作流程在各地方的差异,及对传递的信息理解有误造成的。

(六)提单确认书

船公司会在签发提单前要求货主对提单内容进行确认,并在确认书上签字盖章。

练习：现有一票货物，目的港为 Copenhagen，船名 SKY BLUE，航次 310E，箱型、箱量 20GP×1，提单号码 CKCOSBNMFC310006，海运费为预付，BAF、YAS、EBS 和 CY CHARGE 均为到付，请填写提单确认书（见表 4-8）。

表 4-8 提单确认书

贵司定于我司的货物信息，请予以核对并在收到确认书当日回传。如有更改务必在船开以前出具更改单，否则一切后果自行承担！

船名 航次	SKY BLUE/310E	箱型、箱量	20GP×1
提单号码	CKCOSBNMFC310006	目的港	Copenhagen
OCEAN FREIGHT	预付		
BAF	到付	CY CHARGE	到付
YAS	到付		
EBS	到付		

日期：_____   确认人签名及签章：_____

PPD：FOR PREPAID
CLT：FOR COLLECT

任务三 单证流转与货物跟踪

一、单证流转

（一）装船单证

▶ 1. 由托运人办理的装船单证

托运人填制托运联单（包括托运单、装货单、收货单等）后，向承运人的代理人办理托运，代理人接受承运后，将承运的船名填入联单内，留存托运单，其他联退还托运人，托运人凭以到海关办理出口报关手续；海关同意放行后，即在装货单上盖放行章，托运人凭以向港口仓库发货或直接装船；然后将装、收货单送交理货公司，船舶抵港后，凭此理货装船，每票货物都装上船后，大副留存装货单，签署收货单；理货公司将收货单退还托运人，托运人凭收货单向代理人换取提单，托运人凭提单等到银行办理结汇，并将提单寄交收货人。

具体单证如下：

（1）散杂货订舱单——装货联单的流转，共九联。

第一联：货物托运单（货主留底）；

第二、第三联：运费通知（其中一联承运人留底，另一联随账单向托运人托收运费）；

第四联：装货单；

第五联：收货单；

第六联：配舱人留底；

第七、第八联：配舱回单(留做缮制提单用)；

第九联：缴纳出口货物港务费申请书。

(2) 集装箱运输订舱单——场站收据的流转，共十联。

第一联：集装箱货物托运单(货主留底)(B/N)；

第二联：集装箱货物托运单(船代留底)；

第三联：运费通知(1)；

第四联：运费通知(2)；

第五联：场站收据(装货单)(S/O)；

第五联副本：缴纳出口货物港务费申请书；

第六联：大副联(场站收据副本)(M/R)；

第七联：场站收据(D/R)；

第八联：货运代理留底；

第九联：配舱回单(1)；

第十联：配舱回单(2)。

▶ 2. 由承运人办理的装船单证

船公司或其代理人在接受托运人提出托运申请后，发给托运人或货运代理人单证，承运人的代理人依据托运单填制装货清单和载货清单，根据承运人的要求，依据装货清单编制货物积载图，船舶抵港后，送大副审核签字后，船方留存一份，提供给代理人若干份，转寄承运人的卸货港代理人；编制分舱单；代理人根据装船实际情况，修编载货清单，经大副签字后，向海关办理船舶离境手续；依据载货清单填制运费清单，寄往承运人的卸货港代理人和船公司。

(二) 卸船单证

▶ 1. 由收货人办理的卸船单证

收货人收到正本提单后，向承运人的代理人换取提货单；代理人签发提货单后，须保持正本提单、舱单和提货单内容相一致；收货人凭提货单向海关办理放行手续后，再到港口仓库或船边提取货物；货物提清后，提货单留存港口仓库备查；收货人实收货物少于提单或发生残损时，须索取货物溢短单或货物残损单，并凭以通过代理人向承运人索赔。

▶ 2. 承运人办理的卸船单证

承运人的代理收到舱单、货物积载图、分舱单后向海关办理船舶载货入境手续，并向收货人发出到货通知书，同时将上述单证分送港口、理货等单位；船舶抵港后，理货公司凭舱单理货，凭货物积载图指导卸货，当货物发生溢短或原残时，编制货物溢短单或货物残损单，经大副签认后，提供给有关单位。

(三) 装卸船货运单证的流转程序

托运人向代理公司办理货物托运的流程如下：

(1) 代理公司同意承运后，签发装货单，并要求托运人将货物送至指定的装船地点。

(2) 托运人持代理公司签发的装货单和二联(收货单)送海关办理出口报关手续，然后装货单和收货单送交理货公司。

(3) 代理公司根据装货单留底编制装货清单送船舶。

(4) 船上大副根据装货清单编制货物配载图交代理公司分送理货、装卸公司等按计划装船。

（5）托运人将货物送码头仓库，由商检和海关到港口检验、验关。

（6）货物装船后，理货组长将装货单和收货单（交大副核对无误后），留下装货单，签发收货单。

（7）理货组长将大副签发的收货单交托运人。

（8）托运人持收货单到代理公司处支付运费（在预付运费情况下）提取提单。

（9）代理公司审核无误后，留下收货单，签发提单给托运人。

（10）托运人持提单到议付银行结汇，议付银行将提单邮寄开证银行。

（11）代理公司编制出口载货清单，向海关办理船舶出口手续，并将出口载货清单交船随带。

（12）代理公司根据提单副本编制出口载货运费清单，连同提单副本送交船公司，并邮寄或交船带交卸货港的代理公司。

（13）卸货港的代理公司接到船舶抵港电报后，通知收货人船舶到港日期。

（14）收货人到银行付清货款，取回提单。

（15）卸货港代理公司根据装货港代理公司寄来的货运单证，编制进口载货清单等卸货单据，约定装卸公司，联系泊位。

（16）做好卸货准备工作。

（17）卸货港代理公司办理船舶进口报关手续。

（18）收货人向卸货港代理公司付清应付费用后，以正本提单换取提货单。

（19）收货人持提货单送海关办理进口报关手续。

（20）收货人持提货单到码头仓库提取货物。

二、货物跟踪

国际货物运输跟踪是指国际货物运输的相关当事人采取各种方法，掌握货物运输状态的相关信息，包括货物品名、数量、货物在途情况、发货人、装运期、装运港、目的港、预计抵达时间、船名和航次等。

现在，主要通过承运人网站的货物跟踪查询系统平台进行货物跟踪，了解相关信息，如图4-11所示。

货物跟踪系统（goods-tracked system）是指物流运输企业利用物流条形码，如集装箱箱号（见图4-12）、提单号（见图4-13）、订舱号（见图4-14）等，以及电子数据交换技术及时获取有关货物运输状态的信息（如货物品种、数量、货物在途情况、交货期间、发货地和到达地、货物的货主、送货责任船舶和人员等），提高物流运输服务的方法。

具体来说就是，物流运输企业的工作人员在向货主取货时、在物流中心重新集装运输时，以及在向顾客配送交货时，利用扫描仪自动读取货物包装或者货物发票上的物流条形码等货物信息，通过公共通信线路、专用通信线路或卫星通信线路把货物的信息传送到总部的中心计算机进行汇总整理。这样，所有被运送货物的信息都集中在中心计算机里，并随时提交货物的最新状态到货物跟踪网络平台。

货物跟踪系统提高了承运人企业的服务水平，其具体作用表现在以下四个方面。

（1）当顾客需要对货物的状态进行查询时，只要输入货物的发票号码、提单号或集装

图 4-11　世界主要船公司官方海运货物跟踪查询系统平台

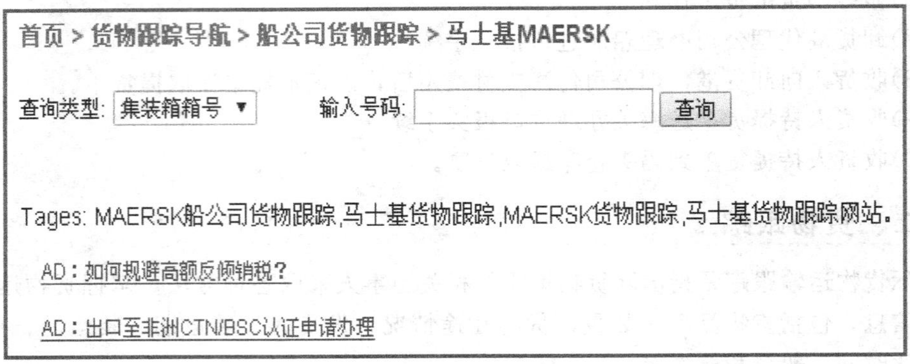

图 4-12　利用集装箱箱号进行查询

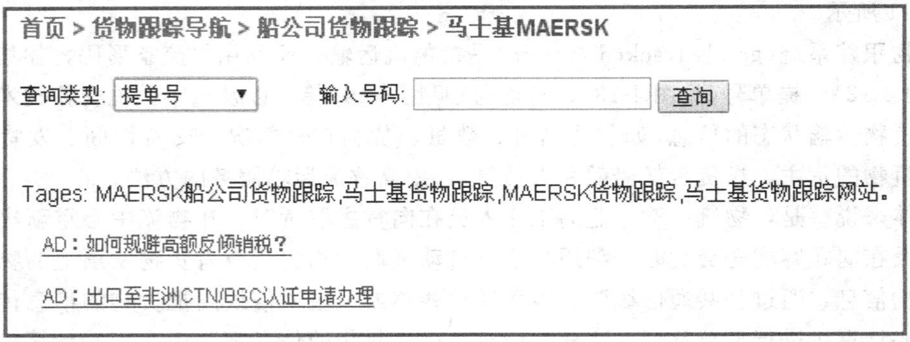

图 4-13　利用提单号进行查询

箱箱号,马上就可以知道有关货物状态的信息。查询作业简便迅速,信息及时准确。

(2) 通过货物信息可以确认是否货物将在规定的时间内送到顾客手中,能即时发现没

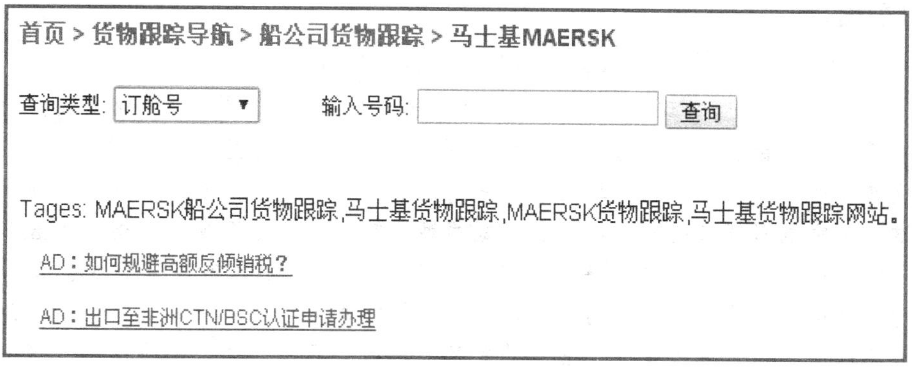

```
首页 > 货物跟踪导航 > 船公司货物跟踪 > 马士基MAERSK

查询类型：[订舱号 ▼]    输入号码：[          ] [查询]

Tages: MAERSK船公司货物跟踪,马士基货物跟踪,MAERSK货物跟踪,马士基货物跟踪网站。
AD：如何规避高额反倾销税？
AD：出口至非洲CTN/BSC认证申请办理
```

图 4-14　利用订舱号进行查询

有在规定的时间内把货物交付给顾客的情况，便于马上查明原因并及时改正，从而提高运送货物的准确性和及时性，提高顾客服务水平。

（3）作为获得竞争优势的手段，提高承运人运输效率，提供差别化承运人服务。

（4）通过货物跟踪系统所得到的有关货物运送状态的信息丰富了供应链的信息分享源，有关货物运送状态信息的分享有利于顾客做好接货以及后续工作的准备。

思考： 登录相关平台或承运商官网，了解海上货物跟踪形式。

任务四　费用结算与风险防范

一、费用结算

货运代理结算方式是货运代理开展业务一个绕不开的话题。

国际货运代理公司的主要服务内容是接受货主的委托，向承运人租船订舱，安排货物的运输。因此，国际货运代理公司的费用结算涉及两个方面：其一为应收费用，即向货主收取运输等相关费用；其二为应付费用，即向承运人给付的运输等相关费用。其中，应收费用高出应付费用的部分就是国际货运代理公司的收益。

（一）结算方式

▶ 1. 票结

票结指每票货物结算一次费用。这种情况一般是货主先给货运代理付款，然后货运代理给船代或船公司付款埋单，也有可能是货运代理先给船代或船公司付款埋单，然后货主再给货运代理付款埋单，多数为前者。

▶ 2. 月结

月结指按月结算相关费用，而不是每票货物完成就结算一次。这种情况都是货运代理先去船代或船公司埋单，先将提单交给货主，然后货主会在双方月结协议中规定的时间将一段时间内所出货的费用交付货运代理。货运代理费用的月结对彼此业务的提升，减少结费环节的麻烦有很大的帮助。一般来说，业务往来频繁、量大、出货多的老客户才月结。月结对于货运代理来说风险较大。

国际货运代理实务

拓展阅读

国际货运代理的票结与月结

　　1990年，36岁的董明珠成为珠海海利空调器厂（格力电器前身）的业务员。她弃用行业内先货后款的代销制，在安徽区域首推先款后货的"格力制度"。由于与旧有规则不同，尽管碰到诸多困扰及阻力，但幸运的是在一次次碰钉子后，董明珠推行的先款后货最终得到安徽淮南一家电器商店的同意，做成了她的第一笔生意。时至今日，格力一直采用这种先款后货的模式，董明珠也在众多场合表示，正是先款后货的销售模式成就了今天的格力。我想，在生产产能日益过剩的今天，格力还能够坚持先款后货的营销模式，绝不是一种对旧有体制的无谓和死板坚持，恰恰是对客户习惯、用户心理、风险控制和产品质量方面综合考虑的结果。

　　格力这种先款后货的模式，基本等同于货运代理的付款买单模式，尽管货运代理和制造业有很大不同，但是格力的坚持值得货运代理的学习和借鉴。那么，付款埋单对货运代理甚至是整个物流产业到底有什么促进作用呢？

　　1. 付款埋单会让合作方之间更加重视彼此的选择

　　因为没有了垫付资金的压力，货运代理都处在同一个起跑线上，在选择合作伙伴的时候更加重视的是企业的信誉和综合能力，这对于促进物流行业的正轨发展无疑是个利好消息。

　　2. 付款埋单使得服务质量的提升成为必然

　　服务好了继续合作，服务不好中止合作，因为不涉及太多过去费用的羁绊，所以在合作的时候对服务的要求必然更加多样甚至苛刻。无论哪一方都要对服务进行梳理，承运要对自身货物的情况盯得更紧，货运代理要对各项费用进行详细核查，一旦漏收了，下次就不好说能否收上来了，这样会减少很多彼此推卸责任的事情。

　　3. 付款埋单会让货运代理跟客户之间的关系更好

　　因为付款埋单客户肯定是我们最优质的客户部分，货运代理也会以最优惠的价格回馈客户，从而建立跟客户更为良好的互动和关系。

　　4. 付款埋单解决了收款风险的问题，也降低了未来跟客户产生费用纠纷的风险

　　其实，货运代理月结，在赊账开始的时候已经为日后得罪客户和失去客户埋下了伏笔，众多的活生生的例子都说明：多少合作关系由最初的客气、理解、支持、信任，变成最后的催账、拖账、躲账、翻脸、对骂，甚至闹成官司的。

　　综合以上，货运代理在与客户开始合作的时候，要敢于提要求，不要怕做不成这单生意，过度放低底线失去原则，最后结果是人财两失！要敬重珍惜每一位及时结账的客户，即使量不大，对服务要求高，但能及时结账就是最大的信誉和财富！信誉，是一个人、一个公司发展的立足之本！

　　资料来源：义乌市中帆国际货运代理有限公司网站。

（二）结算协议

进出口货运代理费用结算协议样本如下。

进出口货运代理费用结算协议样本

合同编号：

甲方：_____

注册地址：_____
法定代表人：_____ 职务：_____ 电话：_____
授权委托代理人：_____ 职务：_____ 电话：_____
乙方：_____
〖本人〗〖法定代表人〗〖授权委托人〗姓名：_____
职务：_____ 电话：_____
〖身份证号〗〖营业执照号〗：_____
地址：_____

根据《中华人民共和国合同法》及其他相关法律、法规之规定，在平等、自愿、协商一致础上，就乙方委托甲方代理安排进出口货运事宜相关费用的结算达成协议如下：

第一条　相关定义

1. 费用结算单：指甲方为结算需要，向乙方出具的，载明应付费用及支付期限的任何形式的书面材料。

2. 书面确认：指乙方及其分支机构或授权人员盖章或签字之任何形式的书面材料。

第二条　操作

乙方委托甲方从事下述服务。

1. 在签发第三方的运输单证的情况下，作为乙方的货运代理人，为乙方向承运人或其代理人订舱，排载，制作单证，依据乙方的具体指示（参照每票托运单）从事拖车、场装报关、报检等，并代缴有关费用。

2. 在甲方签发自己的运输单证时，向实际承运人订舱、向乙方签发运输单证，并根据乙方的指示（参照具体托运单）提取货柜、拖车、场装、报关、报检、并代缴相关费用。

3. 办理进口货物货运业务（参照委托单证或相关单证）

第三条　费用（另行约定）

第四条　结算

甲方选择____方式向乙方结算相关费用。

1. 票结

1.1 乙方在委托甲方操作开始前，将空白支票或现金交给甲方，甲方必须出具收据。

1.2 甲方在每票货操作完毕后，从该支票或现金直接支取费用。

1.3 乙方支票空头或透支或预缴现金不足，应在甲方通知后立即补齐，并按逾期时间支付违约金。

1.4 非因甲方原因产生之超出结算期限的未结费用，乙方应于甲方通知后立即支付，并按逾期时间支付违约金。

1.5 甲方应于结算后立即出具发票给乙方。

2. 月结

2.1 甲方于次月____日之前提供前一个月的费用结算清单给乙方核对（乙方也可随时向甲方索要）。

2.2 乙方必须于____日前对之进行核对，并以书面形式向甲方确认或异议，否则视为同意。

2.3 乙方对甲方出具的费用结算清单全部或部分有异议的，应于_____日前，就确认或没有异议的部分按时支付，不得拒付全部费用。

2.4 对于乙方有异议的全部或部分费用，甲方应立即与乙方协商，并于乙方书面异议的一周内重新制作费用结算清单给乙方。该新费用结算清单的交接，适用本第2款第2.2项的规定。

2.5 对于上述应付费用，乙方若需要由本合同以外的第三人支付给甲方的，必须书面通知甲方，并对该应付款承担连带清偿责任。

2.6 甲方对乙方所付费用，应立即开具发票或收据给乙方。

2.7 甲方在代垫金额较大的情况下，有权要求乙方先行支付代垫费用。定期结算期内代垫费用的最高限额为____，超出限额乙方必须先行支付甲方代垫的费用。

2.8 甲方保有应收费用的增补权。双方在结算后，发现尚有部分应计算的费用未结算的，甲方有权予以增补，乙方应在下一结算期间结清。乙方保有多付不应付费用的追索权，多付金额经双方确认后在下一个结算期抵扣。

第五条　担保措施

1. 乙方同意，在其未能依本协议第二条、第三条规定支付甲方有关费用时，甲方有权留置其所占有的乙方本协议项下的标的货物。

2. 乙方应于不少于两个月的期限内履行支付义务。该期限从甲方采取留置措施时开始计算。乙方逾期不履行的，甲方得以将留置物拍卖、变卖或与乙方协议折价，以其价款优先偿付甲方费用。留置物折价、拍卖、变卖后，其价款仍不足以偿付的，不足部分由甲方清偿。

3. 乙方同意，在乙方结清相关费用后，甲方将报关单证或退税核销单或提单等交给乙方，由此造成的任何损失由乙方承担。

第六条　违约责任

1. 乙方未依本协议向甲方支付费用，或支付费用不完整的，乙方必须从支付期满日起，按应付款向甲方每日支付违约金。

2. 乙方无正当理由____天不履行某一个月的全部费用或所欠费用超过全部应付费用的____时，甲方可以解除协议并按上款要求违约金。

3. 甲乙双方违反本协议造成对方损失的，按违约时的实际损失赔偿对方。

第七条　争议解决

1. 本协议不尽之处，由双方协商解决或做补充商议。

2. 双方协商不成的，一方可以向人民法院起诉。

第八条　协议的变更和解除

1. 双方可以通过协议方式变更或解除本协议，但必须提前30天书面通知对方，并经对方书面同意。

2. 除第六条第2款的情形外，任何一方依上款方式单方解除本协议，必须支付给对方人民币____元违约金。

第九条　其他

1. 本协议期限从____至____止。

2. 本协议期满，双方无异议的，自动延续壹年。

3. 本协议一式两份，效力相同，双方各持一份，自签订日起生效。

第十条　其他双方协议的条款

甲方：_____　　　　乙方：_____

_____年___月___日　　　　___年___月_____日

关于货运代理运输相关费用的构成及计算，已在项目二中进行了讲解，此处不再赘述。

二、风险防范

(一) 风险分析

▶ 1. 来源于企业内部的风险

货运代理企业在经营的过程中，因为自身管理不规范或者操作等的不规范，给企业带来诸多风险。

(1) 业务操作风险。目前，货运代理企业的人员素质参差不齐，业务水平高低有别，再加上企业风险防范意识不强以及一些业务操作中的不规范做法，因操作失误造成的相关风险也就相应增加。例如，相关单证缮制错误或沟通失误等原因造成的错发、错运、错交、延迟的风险；业务指数缺乏、业务经验不足造成货物选择集装箱不当、保管加固拆装箱不当、特殊产品(化工品、冷冻品、特殊机电产品等)操作不当、无船承运人选择不当等的风险；往来函件、票据、单证的交接和归档操作不利导致纠纷诉讼证据不足的风险等。

(2) 管理风险。近几年，货运代理企业扩张迅速，大多数的货运代理企业规模较小，货运代理企业雇员的文化程度、道德水准、法制观念差别很大，管理者缺乏一定的管理经验，加之企业运行中对企业自身管理的忽视，企业内部规章制度、操作规范不够完善，管理不够严格、科学，劳工关系处理不当等原因，使得货运代理企业管理风险频发。例如，业务人员办理公司正常业务的同时又承揽私人的业务，"公务"和"私务"交杂在一起造成的风险；企业的业务人员、管理者离职拉走客户、侵犯商业秘密的风险；业务人员内外勾结侵害公司利益的风险等。

▶ 2. 来源于企业外部的风险

货运代理企业的风险除了源自于自身操作、管理不当，更多的是来源于企业之外。

(1) 货主欺诈。一些货主为了逃避税收和海关监管，可能会虚报、假报进出口货物的品名以及数量，当货运代理企业代其报关后，经海关查验申报品名、数量与实际不符时，货运代理人可能首当其冲遭受海关的调查和处罚。货主还可以与收货人串通，出运低价值的货物，却去申报高价值的货物，利用收货人或有关部门出具的假证明、假发票、假信用证、假合同向货运代理企业索要高于出运货物实际价值的赔偿。

(2) 垫付运费。目前，随着货运代理行业竞争越发激烈，个别货主利用货运企业不惜一切手段承揽生意，吸引货主的空子，要求货运代理企业垫付运费。这就可能发生托运人在某票业务中由货运代理人垫付巨额费用后，人间蒸发，货运代理企业垫付的费用无法追回的情况。

(3) 无单放货。在货运代理业务的过程中，货运代理企业往往为了取悦货主或应货主的要求，不是凭可转让的正本提单或托运人出具的"电放"保函将货物交给收货人，而是凭自己出具的保函(在托运人未出具电放保函或未先向收货人索取反担保的情况下)将货物交给收货人；或者凭依放货的保函的出具人不具备出具人的资质(货运代理企业未发现)。一旦出现问题，货运代理企业脱不了干系。

▶ 3. 自身身份带来的风险

货运代理企业是接受货主委托以货主的委托代理人身份办理有关货物的运输手续的企业。但是，近年来在货运代理的商业实践中，货运代理企业既在货物的储运、报关、验收等环节充当代理人的角色，又在运输环节担任承运人的角色。这种身份的变化或者说双重身份使其产生不同的法律地位，权利义务与法律责任自然也相应变动。很多货运代理企业由于不清楚或不明确自己的身份，从而行事不当，造成该行使的权利没有行使，不该承担的责任却要承担的被动局面。

例如，一些货运代理企业越权代理，签发提单或各类保函，使自己由代理人变为了实际的承运人，这样货运代理企业将不可避免地承担货物在运输中产生的毁损、灭失迟延以及无单放货的赔偿责任。一旦发生纠纷，有可能使货运代理企业从此一蹶不振，有的甚至被迫解散。

(二) 风险防范措施

▶ 1. 针对企业内部的风险

针对业务操作环节的风险，货运代理企业应当重视操作人员的培训，提升操作人员在业务流程、单证缮制、航线选择、客户管理、商品、包装、储运等方面的专业知识。

同时，企业还应制定标准业务流程，对可能出现因疏忽造成风险的业务环节进行科学、全面的分析，使业务环节程序化、制度化，并不断完善，同时加强检查力度，使疏忽大意产生的概率降到最低，尽量避免因操作失误而造成不必要的损失。

企业还要严格加强内部管理，以制度来提升职员的职业道德和业务素养。同时，货运代理企业还应完善监督检查机制，实施恰当的奖惩办法，创建良好的工作氛围，并重视企业文化建设。借以规范员工的行为，提高员工的企业归属感，尽量避免管理风险的发生。

▶ 2. 针对企业外部的风险

(1) 建立货主信用管理制度。通过调查、分析、跟踪，对货主实行资信等级考察，根据货主的资本状况、偿债能力、抵押、合作历史等方面的情况，将货主分成不同的等级，对不同等级的货主实行不同的对待策略。对于在信用评价中较差的，具有拖欠费用、虚报、欺诈行为的客户应登记在册，要列入"黑名单"中，并应断绝与其继续往来。

(2) 慎重对待垫付运费。不到不得已的情况下不要轻易地垫付运费，即使需要垫付运费，也要事先做好防范措施。一方面要妥善地保管好垫付运费的相关票据；如果票据需要上交托运人，也要做好签收留底。另一方面货运代理企业应与托运人在合同中约定垫付运费的授权，或者请实际承运人出具转让海运费追索权的函件，以构成权利转让。这样一旦发生垫付运费的纠纷，货运代理企业可以通过法律保护自己的权益。

(3) 规范保函的出具操作。货运代理企业因无单放货所遭受的损失大多是因为对保函的操作不当而造成的。因此，应规范企业的业务操作流程，需要出具保函时应严格按照规定的流程来操作，进行严格审核，慎重出具，最好是在获得托运人正本保函的情况下才对承运人出具保函，并注意保留书面证据，对于不应当或不必要以及可能损害货运代理企业利益的保函坚决不出；另外，还要对要求出具保函的客户的资质加强审核，对于资质信誉较差的企业，决不能因为贪图眼前一时的利润而置风险于不顾。

3. 针对自身身份带来的风险

(1) 重视与托运人之间的合同。作为货运代理企业来讲，要时刻牢记自己的代理身份，注意加强与托运人的沟通。签署合同时，合同尽量不要明显地体现出货运代理企业承担承运人责任的意思表示，尽量把委托代理的意思表现出来。从合同名称上，尽量签署"货运代理合同"而不是"货物运输合同"；从合同内容上，货运代理企业的义务条款尽量使用"安排、协助、配合运输""代理范围"等字眼，而不是"负责运输"字眼。

(2) 不要越权代理。遇到特殊情况，如需要签发各类保函、代垫运费、同意货装甲板、更改装运日期、将提单直接转给收货人等问题发生时，没有得到托运人的具体指示，切不可以擅自处理，一定要及时征得托运人的指示（最好是书面指示）以后方可采取措施。

总之，货运代理企业在经营的过程要面对很多的风险，所以货运代理的从业人员应该认真对待，审慎处理，将风险防患于未然，尽量避免和减少相关风险带来的重大损失，使货运代理企业更加顺畅有效地运行。

拓展阅读

海上货物运输的风险和损失

一、风险

海上货物运输保险中的风险可归纳为海上风险和外来风险两大类。

（一）海上风险

海上风险也称海难，是指船舶、货物在海运运输过程中所发生的固有风险。然而，国际货物运输保险业务中的海上风险并不包括发生在海上的一切风险，同时又不局限于在航海中所发生的风险。从风险的性质上分，保险人所承保的海上风险主要有自然灾害和意外事故两种。

自然灾害是指不以人们意志为转移的自然力量所引起的灾害，主要包括恶劣气候、雷电、海啸、地震、火山爆发、浪击落海等。

意外事故是指偶然的非意料中的事故，主要包括搁浅、触礁、沉没、倾覆、碰撞、火灾、爆炸、陆上运输工具倾覆或出轨、抛货、吊索损害，海盗、船长或船员不法行为等。搁浅是由于异常的原因造成船舶与水底发生接触并处于滞留的状态，但如果是由于规律性的涨潮落潮而使船舶处于滞留状态则不属于搁浅；碰撞多指船舶与船舶的碰撞，但有的保险条款包括船舶与水以外的任何物体的碰撞；船长、船员的不法行为是指在船主不知晓的情况下，破坏船舶或货物，我国保险条款的意外事故不包括海盗。

（二）外来风险

外来风险一般是指海上风险以外的其他外来原因所造成的风险，包括一般外来风险和特殊外来风险两种。

一般外来风险是指一般外来原因所造成的风险，主要包括偷窃、渗漏、短量、碰损、破碎、钩损、生锈、玷污、串味、淡水雨淋、受热受潮等。

特殊外来风险是指由于社会政治原因所造成的风险，主要包括战争、罢工、拒收，以及交货不到等。

二、损失

海上运输货物保险所保障的损失，按损失的程度可以分为全部损失和部分损失两类。

（一）全部损失

全部损失简称全损，可分为实际全损和推定全损。

实际全损又称绝对全损，凡有下列情况下之一者即可构成实际全损：①被保险的货物已经完全灭失；②被保险货物遭受严重损害丧失原有用途，已不具有任何使用价值；③被保险货物丧失已无可挽回；④船舶失踪。

推定全损是指被保险货物虽未完全灭失，但对被保险人而言已经没有什么用途或价值，凡有下列情况下之一者即为推定全损：①被保险货物遭受严重损害，完全灭失已不可避免；②被保险货物受损后，修理费用估计要超过货物修复后的价值；③被保险货物遭受严重损害之后，继续运抵目的地的运费已超过残存货物的价值；④被保险货物遭受保险责任范围内的事故，使被保险人失去被保险货物所有权，而收回这一所有权，其所需费用将超过收回被保险货物的价值。

（二）部分损失

部分损失是被保险货物的损失没有达到全部损失的程度，部分损失包括共同海损和单独海损两种。

共同海损是指载货船舶在航行途中遇到威胁船货共同安全的自然灾害和意外事故，船长为了维护船货的共同安全或使航程得以继续完成，有意识地、合理地采取措施而造成的特殊损失或支出的额外费用。

单独海损是指货物由于遭受承保范围内的风险所造成非属共同海损的部分损失，它是针对共同海损而言的。

共同海损和单独海损均属部分损失，但两者的性质、起因和补偿方法有较大的区别：共同海损的起因是人为有意识造成的，而单独海损是承保风险所直接导致的损失；共同海损要由受益方按照受益大小的比例共同分摊，而单独海损由受损方自行承担损失。

三、海上费用

海上费用是指保险人（保险公司）承保的费用，保险货物遭受保险责任范围内的事故，除货物本身遭受损失外，还会带来费用上的损失，这种费用，保险人同样负担赔偿责任。此类费用主要有两种：施救费用和求助费用。

施救费用是指被保险货物在遭受保险责任范围内的灾害事故时，被保险人及其代理人为了避免或减少损失而采取的抢救、保护、清理等措施所需支付的合理费用。一般而言，施救费用不包括共同海损及由保险人和被保险人以外的第三者救助而产生的费用。

救助费用是指被保险货物在运输途中遭受的承保范围内的自然灾害事故时，由保险人和被保险人以外的第三者采取救助行为而获救，由被救方付给救助方的报酬。

练习：查阅相关资料，再结合本项目学习内容，总结归纳国际货运代理企业转移风险和损失的方式方法。可分小组进行，各组分别制作PPT，派出代表进行展示。

项目测评

▶ 1. 项目导入研讨

在项目导入中，你接到了刘科长交给的任务，请根据本项目的学习内容以及上述货物信息和货主相关要求，敲定操作细节，给付一份具有可执行性的操作方案。

▶ 2. 网络自我学习

登录主要的货运代理论坛和货运代理平台，咨询租船订舱、做箱、报关报检、单证处理、货物跟踪、风险防范等操作事宜，并进行归纳总结。

▶ 3. 案例分析

谁是责任人？

我国货主 A 公司委托 B 货运代理公司办理一批服装货物海运出口，从青岛港到日本神户港。B 公司接受委托后，出具自己的提单给货主。A 公司凭此到银行结汇，提单转让给日本 D 贸易公司。B 公司又以自己的名义向 C 海运公司订舱。货物装船后，C 公司签发海运提单给 B 公司，提单上注明运费预付，收发货人均为 B 公司。实际上 C 公司并没有收到运费。货物在运输途中由于船员积载不当，造成服装玷污受损。C 公司向 B 公司索取运费，遭拒绝，理由是运费应当由 A 公司支付，B 仅是 A 公司的代理人，且 A 公司并没有支付运费给 B 公司。A 公司向 B 公司索赔货物损失，遭拒绝，理由是其没有诉权。D 公司向 B 公司索赔货物损失，同样遭到拒绝，理由是货物的损失是由 C 公司过失造成的，理应由 C 公司承担责任。

根据题意，请回答：

(1) 本案中 B 公司相对于 A 公司而言是何种身份？
(2) B 公司是否应负支付 C 公司运费的义务，理由是什么？
(3) A 公司是否有权向 B 公司索赔货物损失，理由是什么？
(4) D 公司是否有权向 B 公司索赔货物损失，理由是什么？
(5) D 公司是否有权向 C 公司索赔货物损失，理由是什么？

项目五 国际航空货运代理操作

教学目标

★知识目标

1. 了解各国际航空公司的机型、航班、航线等基本情况，包括航空货运组织、航权、航区、各种机型货舱尺寸、航空集装器种类及尺寸、航空运输方式及航空货运代码等托运的相关知识。
2. 掌握航空货运代理流程。
3. 掌握航空运费的构成及计算要求。
4. 掌握航空运单的内容及缮制要求。

★能力目标

1. 能办理航空货物出口托运手续。
2. 能准确计算航空货物运费。
3. 能正确缮制航空运单。
4. 对航空货物运输托运形成初步意识。
5. 能熟练进行航空货物出境操作，包括承揽货物、报关单证交接、货物交接打包及发运、航空主单及分单的制作、航空运费的计算、航空货物运输跟踪、客户退单结算等全流程。

★素质目标

1. 具备全局意识。
2. 严谨认真的工作态度。

项目导入

重庆华康制药有限公司主要生产植物提取物，出口产品为银杏叶提取物（一种白色粉末状药品），出口市场为泰国。2016年12月，重庆华康制药有限公司与泰国迪芬医药公司签订了一份出口合同，合同规定重庆华康制药有限公司2017年1月18日要向泰国迪芬医药公司交付100 kg银杏叶提取物原药，货物用4个纸箱包装，纸箱尺寸为55 cm×45 cm×48 cm，合同规定装运期不迟于1月15日，目的港为曼谷（BONGKOK）。

重庆华康制药有限公司在2017年1月10日前已将货物准备好，并及时联系了重庆直通物流有限公司作为其货运代理人，重庆直通物流有限公司为重庆华康制药有限公司提供了较为合理的报价，安排适当的路线，并选择了泰国航空公司为承运人，于是双方签订了代理报关和运输协议，重庆华康制药有限公司把国际运输和报关任务委托给重庆直通物流有限公司。

在航空货运业务中，重庆直通物流有限公司作为货运代理人的工作任务如下：
(1) 为客户选择合理的运输线路；
(2) 指导客户填写航空货物托运书；
(3) 独立开具航空主运单；
(4) 查询公布运价表，计算该票货物的实际运输费用。

项目实施

任务一　办理航空货物托运

一、认识航空货物托运

国际航空货物托运是指根据货主要求从托运人发货到收货人收货的全过程的物流过程、信息流的实现和控制管理过程。在货物托运前，首先要认识一下关于国际航空货物托运的相关知识，如国际航空运输组织、九大航权、世界航空货运时区、航空运输设施设备、航空公司、航空运输方式、航空货运代码等。

（一）国际航空运输组织

1) 国际航空运输协会（International Air Transport Association，IATA）

图 5-1　国际航空运输协会标志

国际航空运输协会（见图 5-1）于 1945 年 4 月 16 日，在哈瓦那（古巴）成立，截至 2016 年 11 月，国际航空运输协会共有个 265 会员。它是世界上有定期航班业务的航空公司（空运承运人）组成的国际民间组织，是各国航空运输之间的联合组织，会员必须是有国际民用航空组织的成员国颁发的定期航班运输许可证的航空公司。2004 年 10 月 2 日，在国际民航组织第 35 届大会上，中国以高票首次当选该组织一类理事国。

国际航空运输协会的主要任务包括促进航空运输企业的发展、国际航空运输企业间的合作；与国际民航组织，以及其他国际组织的合作。

国际航空运输协会的主要活动如下：

(1) 统一国际航空运输规章制度、开展代理业务、在技术上进行合作、协调航空运价、开展调研、制定法律工作等。

(2) 每年定期举行以下几种，由其成员或其非成员一起参加的会议：国际航空运输协会运价会议，主要讨论与制定计算运费办法及有关政策；国际航空运输协会货运会议，主要研究航空货物运输的程序和手续，包括空运单据的标准化；货运代理会议，讨论有关航运货运代理的业务，凡货运代理符合 IATA 对代理的要求，都可以吸收成为该协会或其成员公司的货运代理。

2) 国际民用航空组织（International Civil Aviation Organization，ICAO）

图 5-2　国际民用航空组织标志

国际民用航空组织成立于 1947 年 4 月 4 日，是联合国所属的专门机构之一，也是各国政府之间组成的国际航空运输机构。总部设在加拿大的蒙特利尔。现有成员国 190 多个，它的大会是最高权力机关，常设机构是理事会，由大会选出的承运国组成。该组织还在墨西哥、开罗等地设有 6 个现场办事处，作为国际民航组织和各成员国之间的联络机关。2013 年 9 月 28 日，中国在加拿大蒙特利尔召开的国际民航组织第 38 届大会上再次当选为一类理事国。

国际民用航空组织的主要任务如下：

(1) 根据国际民用航空运输中航行的原则和技术，促进国际航空运输的规划和发展；

(2) 保证国际民用航空的安全和有秩序的发展；

(3) 鼓励发展用于和平目的的飞机设计和飞机操作技术；

(4) 鼓励发展国际民航的航路、航空站和航空设施；满足世界各国人民对于安全、按期、有效和经济的航空运输的需要；

(5) 防止因不正当竞争而造成的经济上的浪费；

(6) 保证缔约国的权利得到充分尊重，并保证每一缔约国均有经营国际航空的充分机会。

国际民用航空组织的具体工作包括：①建立各国和平交换空中通过权；②简化飞机进出海关、移民局和检疫所的手续；③规定各机场的导航、通信、气象、情报等设备，以及空中交通管制系统；④编印 15 种国际民航语汇；⑤鼓励各国改进飞机的性能；⑥在联运、票价、表格和单据统一等方面做一些工作。

（二）九大航权

航空权是指国际航空运输中的过境权利和运输业务权利，也称国际航空运输业务或空中自由权。它是国家重要的航空权利，必须加以维护，在国际航空运输中交换这些权益时，一般采取对等原则，有时候某一方也会提出较高的交换条件或收取补偿费以适当保护本国航空企业的权益。航权谈判是在两国政府之间进行的，而不能在两家航空公司之间进行。目前，航权主要有9种，分别如下。

▶ 1. 第一航权：领空飞越权

飞出国界的第一个问题就是要飞入或飞越其他国家的领空，允许不允许，就形成了第一种权利。在不着陆的情况下，本国航机可以在协议国领空上飞过，前往其他国家目的地。

例如，北京—旧金山，中途飞越日本领空，那就要和日本签订领空飞越权，获取第一航权，否则只能绕道飞行，增加燃料消耗和飞行时间。

▶ 2. 第二航权：技术经停权

航空公司飞远程航线，由于距离太远无法从始发地直接的飞到目的地，需要选择一个地方进行中途加油或者清洁客舱等技术工作，在这个地方的起降就叫作技术经停。技术经停权，仅允许用于非商业的技术处理，也就是不允许在当地上下客货。例如，中国飞美国的航班，曾经在美国安克雷奇做技术经停。本国航机可以因技术需要（如添加燃料、飞机故障或气象原因备降）在协议国降落、经停，但不得做任何业务性工作如上下客、货、邮。

例如，北京—纽约，如果由于某飞机机型的原因，不能直接飞抵，中间需要在日本降落并加油，但不允许在该机场上下旅客和货物，此时就要和日本签订技术经停权。

▶ 3. 第三航权：目的地下客权

本国航机可以在协议国境内卸下乘客、邮件或货物。

例如，北京—东京，如获得第三航权，中国民航飞机承运的旅客、货物可在东京进港，但只能空机返回。

▶ 4. 第四航权：目的地上客权

本国航机可以在协议国境内载运乘客、邮件或货物返回。

例如，北京—东京，如获得第四航权，中国民航飞机能载运旅客、邮件或货物搭乘原机返回北京。

第三、四种航权是一对孪生兄弟。航空公司要飞国际航线，就是要进行国际客、货运输，将本国的客货运到其他国家，将其他国家的客货运到本国，这种最基本的商业活动权利就是第三、四航权。

▶ 5. 第五航权：中间点权或延远权

可以先在第三国的地点作为中转站上下客货，第五航权是要和两个或两个以上的国家进行谈判。

例如，新加坡—厦门—芝加哥，新加坡航空获得第五航权，可以在新加坡—芝加哥航线上在厦门经停，上下客货。第五航权（第三国运输权）是指承运人前往获得准许的国家，并将从第三国载运的客货卸到该国，或者从该国载运客货前往第三国。

（1）承运人本国（第一国始发地）—中途经停第三国—目的地国（第二国）。

承运人从本国运输客货到另一国家时中途经过第三国(也就是始发地国家和目的地国家以外的其他国家),并被允许将途经第三国拉的客货卸到目的地国。这种权利是第五航权的一种。

(2) 承运人本国(第一国始发地)—目的地国(第二国)—以远点第三国。

第五航权的第二种是以远点国家的运输,承运人将自己国家始发的客货运到目的地国家,同时又被允许从目的地国家上客货,并被允许运到另一国家。

可以看出只有在同时具有这两种第五航权时,承运人就可以完整地使用这些权利了,否则,即便获得了其中之一,也很难进行操作。

第五航权是针对两个国家的双边协定而言的,在两国的协定中允许对方行使有关第三国运输的权利。但是在没有第三国同意的情况下,这个权力等于没有。因此航空公司在用这个权力的时候,必然同时要考虑"第一国"与这个"第三国"有没有相应的权利。

第五航权之所以复杂,就是因为它涉及多个双边协定,并且在不同的协定中意味着不同种类的航权。第五航权的开放意味着外航不仅要分享对飞国之间的市场,同时还要分享"第一国"到第三国的市场资源。

▶ 6. 第六航权:桥梁权

某国或地区的航空公司在境外两国或地区间载运客货且途中经其登记国或地区(此为第三及第四航权的自由结合)的权利。

例如,伦敦—北京—首尔,国航将源自英国的旅客运经北京后再运到韩国。

▶ 7. 第七航权:完全第三国运输权

某国或地区的航空公司完全在其本国或地区领域以外经营独立的航线,在境外两国或地区间载运客货的权利。

例如,伦敦—巴黎,由汉莎航空公司承运。

▶ 8. 第八航权:(连续的)国内运输权

某国或地区的航空公司在他国或地区领域内两地间载运客货的权利(境内经营权)。

例如,北京—成都,由日本航空公司承运。

▶ 9. 第九航权:(非连续的)国内运输权

本国航机可以到协议国做国内航线运营。

所谓第九航权是指上述第八航权分为连续的和非连续的两种,如果是"非连续的国内载运权"即为第九航权。值得注意的是第八航权和第九航权的区别,虽然两者都是关于在另外一个国家内运输客货,但是第八航权即所谓的"cabotage",只能是从自己国家的一条航线在别国的延长。第九航权即所谓的"full cabotage",可以是完全在另外一个国家开设的航线。

(三) 世界航空货运时区

为了便于航空公司间的合作和业务联系,IATA 根据世界上各个不同国家、地区的社会经济、贸易发展水平的情况,将全球分成三个区域,简称航协区(IATA Traffic Conference Areas),每个航协区内又分成几个亚区,如图 5-4 所示。由于航协区的划分主要从航空运输业务的角度考虑,依据的是不同地区不同的经济、社会以及商业条件,因此和我们熟悉的世界行政区划有所不同。

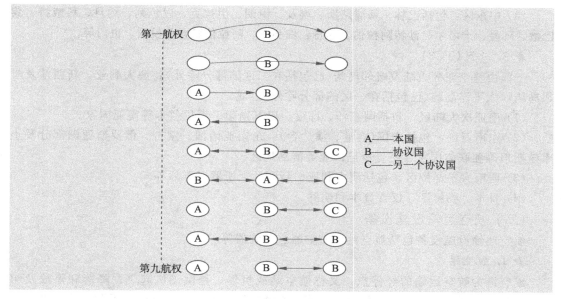

图 5-3 九种航权的示意图

图 5-4 世界航区图

▶ 1. 一区（TC1）

一区包括北美、中美、南美、格陵兰、百慕大和夏威夷群岛。

▶ 2. 二区（TC2）

二区由整个欧洲大陆（包括俄罗斯的欧洲部分）及毗邻岛屿，冰岛、亚速尔群岛，非洲大陆和毗邻岛屿，亚洲的伊朗及伊朗以西地区组成。本区也是和我们所熟知的政治地理区划差异最多的一个区，主要有三个亚区：

（1）非洲区：含非洲大多数国家及地区，但北部非洲的摩洛哥、阿尔及利亚、突尼斯、埃及和苏丹不包括在内。

（2）欧洲区：包括欧洲国家和摩洛哥、阿尔及利亚、突尼斯三个非洲国家和土耳其（既包括欧洲部分，也包括亚洲部分）。俄罗斯仅包括其欧洲部分。

(3) 中东区：包括巴林、塞浦路斯、埃及、伊朗、伊拉克、以色列、约旦、科威特、黎巴嫩、阿曼、卡塔尔、沙特阿拉伯、苏丹、叙利亚、阿拉伯联合酋长国、也门等。

▶ 3. 三区（TC3）

三区由整个亚洲大陆及毗邻岛屿（已包括在二区的部分除外），澳大利亚、新西兰及毗邻岛屿，太平洋岛屿（已包括在一区的部分除外）组成。

(1) 南亚次大陆区，包括阿富汗、印度、巴基斯坦、斯里兰卡等南亚国家。

(2) 东南亚区，包括中国（含港、澳、台）、东南亚诸国、蒙古、俄罗斯亚洲部分及土库曼斯坦等独联体国家、密克罗尼西亚等群岛地区。

(3) 西南太平洋洲区，包括澳大利亚、新西兰、所罗门群岛等。

(4) 日本、朝鲜区，仅含日本和朝鲜。

（四）航空运输设施设备

航空运输设施设备包括航空港、航空器、集装器等。

▶ 1. 航空港

航空港为航空运输的经停点，又称航空站或机场，是供飞机起飞、降落和停放及组织、保障飞机活动的场所。近年来，随着航空港功能的多样化，港内除了配有装卸客货的设施外，一般还配有商务、娱乐中心、货物集散中心，满足往来旅客的需要，同时吸引周边地区的生产、消费。

航空港按照所处的位置分干线航空港和支线航空港。按业务范围分国际航空港和国内航空港。其中，国际航空港需经政府核准，可以用来供国际航线的航空器起降营运，空港内配有海关、移民、检疫和卫生机构。而国内航空港仅供国内航线的航空器使用，除特殊情况外不对外国航空器开放。

通常来讲，航空港内配有以下设施。

(1) 跑道与滑行道，前者供航空器起降，后者是航空器在跑道与停机坪之间出入的通道。

(2) 停机坪，供飞机停留的场所。

(3) 指挥塔或管制塔，为航空器进出航空港的指挥中心，其位置应有利于指挥与航空管制，维护飞行安全。

(4) 助航系统，是为辅助安全飞行的设施，包括通信、气象、雷达、电子及目视助航设备。

(5) 输油系统，为航空器补充油料。

(6) 维护修理基地，为航空器做归航以后或起飞以前做例行检查、维护、保养和修理。

(7) 其他各种公共设施，包括货栈、给水、电、通信交通、消防系统等。

▶ 2. 航空器

航空器主要是指飞机，民用航空运输飞机的分类如下。

1) 按机身的宽窄分类

(1) 窄体飞机的机身宽约3m，旅客座位之间有一个走廊，这类飞机往往只在其下货舱装运散货，并且只能装尺寸较小的散件货。机型如MD-80、MD-90、A318、A319、A320、A321、B707、B717、B727、B737、B757等。

（2）宽体飞机的机身较宽，客舱内有两条走廊，三排座椅，机身宽一般在 4.72m 以上，这类飞机可以装运集装货物和散货。机型如 MD-11、A300、A310、A330、A340、A380、B767、B777、B787、B747 等。

2) 按机舱载货方式分类

（1）全货机：主舱及下舱全部载货。全货机一般为宽体飞机，主舱可装载大型集装箱，如图 5-5 所示。目前世界上最大的全货机装载量达 250 吨，通常的商用大型全货机载重量在 100 吨左右。

（2）全客机：只在下舱载货。

（3）客货两用机：在主舱前部设有旅客座椅，后部可装载货物，下舱内也可装载货物，如图 5-6 所示。

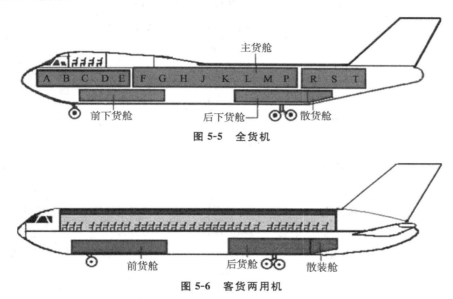

图 5-5　全货机

图 5-6　客货两用机

3) 按制造商分类

（1）空中客车（Air bus）：是由欧洲空中客车工业公司研制和生产的飞机，主要机型有 A300-600F、A320 系列（包含 A319）、A330、A340、A380。

（2）波音（Boeing）：是由美国波音飞机制造有限公司生产的，主要机型有 B737、B757、B767、B777、B787、B747、B747-F。

（3）麦道（McDonnell Douglas）：是由麦克唐纳-道格拉斯公司研发和生产的飞机，现已停产，主要机型有 MD-82、MD-90、MD-11。

知识拓展

飞机装载货物尺寸及重量限制

不同类别的飞机由于尺寸不同，装载的货物数量大小也不相同，但所有飞机所装载的货物重量都不可以超过每一货舱可装载的最大重量限额。所以，在进行出口货物托运前为了能将货物顺利装上飞机，一定要准确地掌握各种机型的舱门尺寸、收货尺寸、装载限制的要求，如表 5-1 所示。

表 5-1　各机型舱门尺寸、收货尺寸及装载限制

机　　型	货　舱　门	尺寸(长×宽)(cm)	收货尺寸(cm)	地板承受力(kg/m³)
A321		190×120	180×110	
A320	前、后货舱门	180×120	170×110	976
A300	散舱	120×90	110×80	732
A340	散舱	120×90	110×80	
B737		120×85	110×75	
B757	前货舱	170×107	160×97	
	后货舱	140×112	130×112	
B747	主货舱前门	264×249	主货舱 340×305	
	主货舱侧门	340×305	330×295	
	前下货舱	264×168	254×158	
	后下货舱	264×168	254×158	976
	散舱	119×112	109×102	732
B767	前货舱	340×175	330×165	
	后货舱	187×175	177×165	976
	散舱	119×97	109×87	732
B777	前货舱	270×170	260×160	
	后货舱	180×170	170×160	976
	散舱	114×91	104×81	732
B757-200		140×110	130×100	
B146		135×76	125×66	
MD82/80		135×75	125×65	732
MD11	散舱	120×90	110×80	
MD90	前、后货舱门	135×72	125×62	
A300-600R	前货舱	270×178	260×168	976
	后货舱	175×170	165×160	976
	散舱	95×95	85×85	732
A310	前货舱	270×169	260×159	976
	后货舱	181×170	171×160	976
	散舱	95×95	85×85	732
A320	前货舱	282×124	272×114	732
	后货舱	182×124	172×112	732
	散舱	95×77	85×67	732

续表

机　型	货舱门	尺寸(长×宽)(cm)	收货尺寸(cm)	地板承受力(kg/m³)
A340-300/313	前货舱	270×169	260×159	976
	后货舱	270×169	260×159	976
	散舱	95×95	85×85	732
B737-200/400	前货舱	121×86	111×76	732
	后货舱	121×88	111×78	
B737-300/500	前货舱	121×86	111×76	
	后货舱	117×88	107×78	732
B737-800	前货舱	122×89	112×79	
	后货舱	122×89	112×79	732

▶ 3. 集装器

在航空运输中，除特殊情况外，货物均是以"集装箱"或"集装板"形式进行运输。装运集装器的飞机，其舱内应有固定集装器的设备，把集装器固定于飞机上，这时集装器就成为飞机的一部分，所以飞机的集装器的大小有严格的规定。

拓展阅读

航空集装器代号组成

每个集装器都有 IATA 代号，该代号由 9 位字母和数字组成，如 AKE12086TG。航空集装器代号一般分为 AKE、AKN、DPE、DPN 四种类型，代号中每个字母和数字含义如下：

1. 第一个字母代表集装器的种类：A 代表经适航审定的集装箱；D 代表未经适航审定的集装箱。

2. 第二个字母代表集装器的底板尺寸：K 代表底板尺寸为 1 534mm×1 562mm 的集装箱；P 代表底板尺寸为 1 534mm×1 194mm 的集装箱。

3. 第三个字母代表集装器外形或适配性：E 代表适配于宽体机型的底舱，无叉槽；N 代表适配于宽体机型的底舱，有叉槽。

4. 第 4~7 位数是集装器序号。

5. 第 8 位是校验码，为序列号除以 7 的余数。

6. 最后两位字母是航空公司的代码。

集装器按照用途可分为集装板、集装箱和集装棚。

1) 集装板

集装板是一块平面的铝板，具有标准尺寸，四边带有卡锁轨或网，带卡锁眼，带有中间夹层的硬铝合金制成的平板，以便货物在其上码放；网套用来把货物固定在集装板上，网套的固定依靠专门的卡锁装置。

集装板大致可以分为 PGA、PMC、PQP、P6P、PEB、P1P、PAG、PLA 型号，如表 5-2 所示。

表 5-2 集装板的型号

集装板型号	图示	尺寸(英寸)	最大载重/皮重(kg)	适用机型
PEB	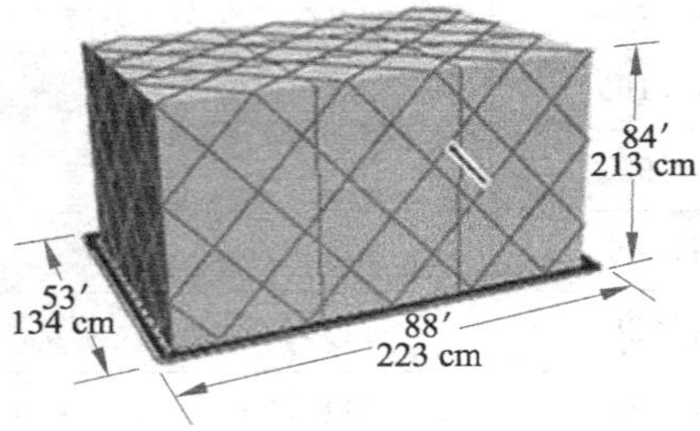	Base：53×88 Height：84	1 800/55	747F
PGA	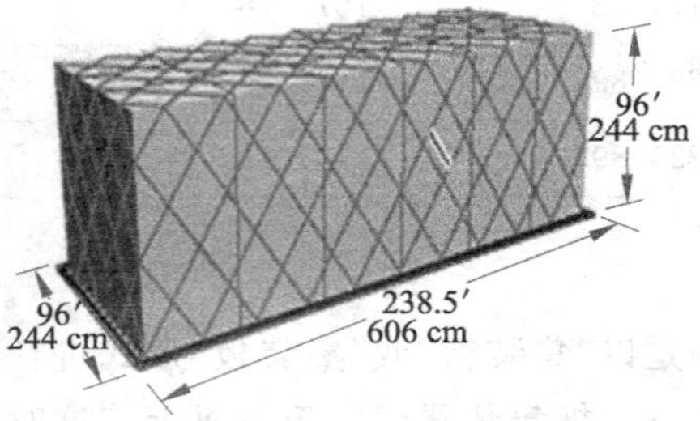	Base：96×238.5 Height：96	11 340/480	747、747F、777、Airbus
PLA	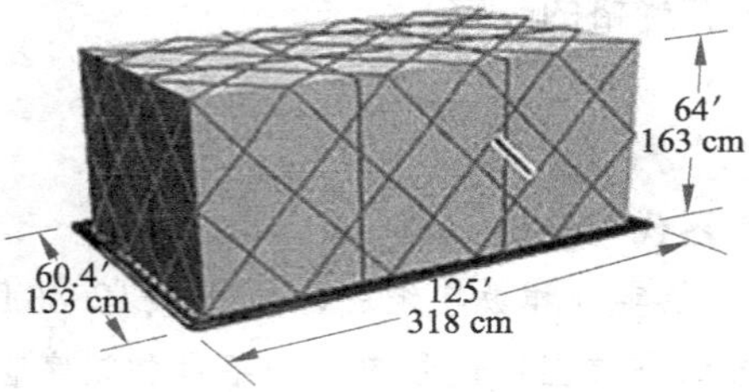	Base：60.4×125 Height：64	3 175/103	747、747F、777、Airbus
P1P、PAG	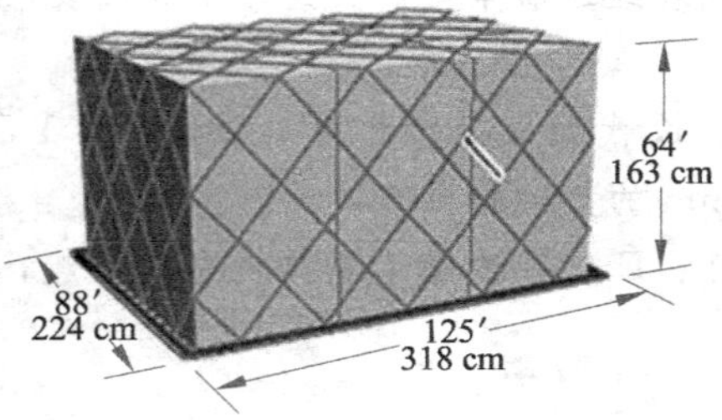	Base：88×125 Height：64	4 626/105	747、747F、777、Airbus
PMC、PQP、P6P	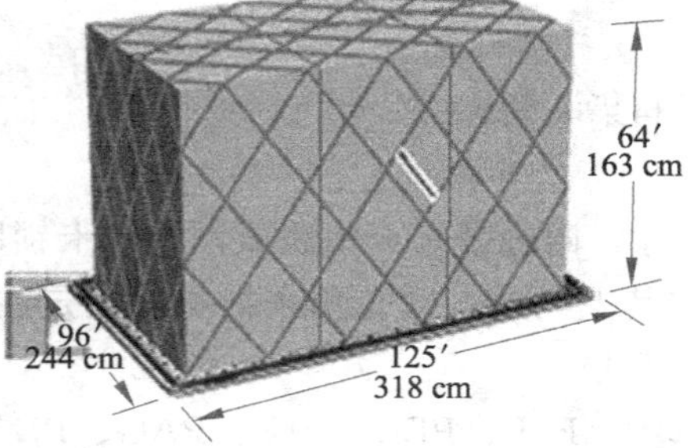	Base：96×125 Height：64	5 035/105	747、747F、777、Airbus

2）集装箱

航空集装箱与普通集装箱不同，是用铝制板材订制而成，本身重量较轻，主要在飞机的底舱与主舱中使用。IATA规定了各种集装箱的参数，各国航空公司可根据自身机型情况选择使用，其主要种类有AMA、AMF、ALF、AAU、AKE等，如表5-3所示。

表5-3 集装板的型号

集装箱型号	图　　示	尺寸(英寸)	最大载重/皮重(kg)	适用机型
AMA		96×125×96	6 804/360	747F
AMF		96×125(160)×64	5 035/330	747、747F、777、Airbus
ALF		60.4×125(160)×64	3 175/155	747、747F、777、Airbus
AAU		88×125(186)×64	4 626/355	747、747F
AKE		60.4×61.5(79)×64	1 588/100	747、747F、777、Airbus

3）集装棚

非结构的集装棚是一个非结构的棚罩（可用轻金属制成），罩在货物和网套之间。结构集装棚是指带有固定在底板上的外壳的集装设备，它形成了一个完整的箱，不需要网套固定，分为拱形和长方形两种。

（五）航空公司

航空公司是以各种航空飞行器为运输工具为乘客和货物提供民用航空服务的企业，它们一般需要一个官方认可的运行证书或批准，如表5-4所示。航空公司使用的飞行器可以是它们自己拥有的，也可以是租来的，它们可以独立提供服务，或者与其他航空公司合伙或者组成联盟。航空公司的规模可以从只有一架运输邮件或货物的飞机到拥有数百架飞机提供各类全球性服务的国际航空公司。航空公司的服务范围可分为洲际的、洲内的、国内的，也可以分航班服务和包机服务。

表 5-4 国际航空公司

标志	中文名字	英文名字	IATA 代码	运单号
	港龙航空公司	Dragon Air	KA	043
	国泰航空公司	Cathay Pacific Airways	CX	160
	大韩航空公司	Korean Air	KE	180
	韩亚航空公司	Asiana Airways	OZ	988
	日本航空公司	Japan Airlines	JL	131
	全日空公司	All Nippon Airways	NH	206
	新加坡航空公司	Singapore Airlines	SQ	618
	泰国国际航空公司	Thai Airways International	TG	217
	美国西北航空公司	Northwest Airlines	NW	012

而对从事包机业务的外国航空公司实行各种限制。

▶ 3. 集中托运

集中托运，是指航空货运代理公司，将若干批单独发运的货物，集中成一批向航空公司办理托运，填写一份总运单送至同一目的地，然后由其委托当地的代理人，负责分发给各个实际收货人。这种托运方式可以降低运费，是航空货运代理的主要业务之一。

集中托运的具体做法如下：

(1) 第一步，将每一票货物分别制定航空运输分运单，即出具货运代理的运单。

(2) 第二步，将所有货物区分方向，按照其目的地相同的同一国家、同一城市来集中，制定出航空公司的总运单。

(3) 第三步，打出该总运单项下的货运清单。

(4) 第四步，把该总运单和货运清单，作为一整票货物交给航空公司。

(5) 第五步，货物到达目的地站机场后，当地的货运代理公司作为总运单的收货人负责接货、分拨。按不同的分运单制定各自的报关单据并代理报关、为实际收货人办理有关接货、送货事宜。

(6) 第六步，实际收货人在分运单上签收以后，目的站货运代理公司以此向发货的货运代理公司反馈到货信息。

集中托运只适合办理普通货物，对于等级运价的货物，不能办理集中托运；目的地相同或临近的可以办理，如某一国家或地区，其他则不宜办理。

集中托运可以节省运费、提供方便以及提早结汇。

▶ 4. 包舱包板

包舱、包集装箱（板）是托运人根据所运输的货物在一定时间内需要单独占用飞机部分或全部货舱、集装箱、集装板，而承运人需要采取专门措施予以保证。目前，航空公司主要采取固定包舱和非固定包舱两种方式：

固定包舱指托运人在承运人的航线上通过包板（舱）的方式运输时，托运人无论向承运人是否交付货物，都必须支付协议上规定的运费。

非固定包舱指托运人在承运人的航线上通过包板（舱）的方式运输时，托运人在航班起飞前72小时如果没有确定舱位，承运人则可以自由销售舱位，但承运人对对代理人的包板（舱）的总量有一个控制。

包舱包板主要包括以下三种方式。

(1) 包机运输是指托运人包用承运人整架飞机运输货物或邮件的一种运输方式。包机人至少应提前20日向航空公司提出书面包机申请，申请包机时应出示介绍信或个人有效身份证，同时提供货物品名、件数、重量、尺寸、体积、始发站及目的站等。而航空公司根据包机申请人的以上信息向包机人提供包机机型和包机价格。

包机费用包括飞机及货物在仓库与飞机之间的地面运输、装机、卸机等地面服务费用，但在始发地和目的地的地面运输，货物装卸集装器以及海关检查和税收等其他费用由包机人自行办理并承担费用，且此项费用不计入包机费用中。

包机人也可在包机航班执行前24小时，以书面形式通知承运人取消航班。如发生不利于飞行的气候条件、自然灾害、战争、罢工、政局不稳等不可抗力，以及有可能危害承运人财产及人员生命安全的一切原因，承运人有权取消部分或全部航班。

(2) 包舱运输是指包舱人在一定时期内或一次性包用承运人在某条航线或某个航班的全部或部分货舱。

包舱人按约定时间将货物送到指定机场，自行办理检验检疫等手续后办理托运手续。包舱货物的实际重量和体积不得超过包舱运输合同中规定的最大可用吨位和体积。航班在起飞前或到达后，由于包舱人或其受雇人的原因而造成的飞机延误，由此对承运人造成的损失，包舱人应承担赔偿责任。包舱人在飞机起飞前取消、变更包舱计划，造成承运人损失的，应承担赔偿责任。

(3) 包集装器（板、箱）运输指有固定货源且批量较大、数量相对稳定的托运人在一定时期内、一定航线或航班上包用承运人一定数量的集装板或者集装箱运输的货物，简称包板运输。

包板运输如发生所包集装器不够用的情况下，余下货物应按正常手续办理散货运输；包板运输一般只限于直达航班；如果一票货物需包用两个或两个以上集装器运输，且根据合同有最低计费标准时，该票货物的最低计费重量为包用的每一个集装器的最低计费重量之和。

▶ 5. 航空快递业务

航空快递是指具有独立法人资格的企业将进出境的货物或物品从发件人所在地通过自身或代理的网络运达收件人的一种快速运输方式。

航空快递的主要业务形式如下。

(1) 门/桌到门/桌，这是航空快递公司最常用的一种服务形式。首先由发件人在需要时电话通知快递公司，快递公司接到通知后派人上门取件，然后将所有收到的快件集中到一起，根据其目的地分拣、整理、制单、报关、发往世界各地，到达目的地后，再由当地的分公司办理清关、提货手续，并送至收件人手中。在这期间，客户还可依靠快递公司的计算机网络随时对快件（主要指包裹）的位置进行查询，快件送达之后，也可以及时通过计算机网络将消息回馈给发件人。

(2) 门/桌到机场，与前一种服务方式相比，门/桌到机场的服务指快件到达目的地机场后不是由快递公司去办理清关、提货手续并送达收件人的手中，而是由快递公司通知收件人自己去办理相关手续。采用这种方式的多是海关当局有特殊规定的货物或物品。

(3) 专人派送，是指由快递公司指派专人携带快件在最短时间内将快件直接送到收件人手中。这是一种特殊服务，一般很少采用。

以上三种业务形式相比，门/桌到机场形式对客户来讲比较麻烦，专人派送最可靠、最安全，同时费用也最高。而门/桌到门/桌的服务介于上述两者之间，适合绝大多数快件的运送。

思考：重庆出境货物采用哪种航空运输方式最多？

(七) 航空货运代码

在航空货物运输操作中，有关国家、城市、航空公司等都会采用两字或者三字代码，所以在托运前必须掌握相关代码的含义。

▶ 1. 国家代码

例如，中国的两字代码为 CN，美国的两字代码为 US，英国的两字代码为 GB，德国的两字代码为 DE，日本的两字代码为 JP，法国的两字代码为 FR，韩国的两字代码为 KR 等。

2. 城市的三字代码(见表5-5)

表5-5 国际主要城市三字代码

城 市	代 码	国 家	城 市	代 码	国 家
新加坡	SIN	新加坡	喀土穆(首都)	KRT	苏丹
河内(首都)	HAN	越南	罗安达(首都)	LAD	安哥拉
曼谷(首都)	BKK	泰国	约翰内斯堡	JNB	南非
雅加达(首都)	JKT	印度尼西亚	布鲁塞尔(首都)	BRU	比利时
德黑兰	THR	伊朗	布达佩斯(首都)	BUD	匈牙利
悉尼	SYD	澳大利亚	柏林(首都)	BER	德国
墨尔本(首都)	MEL	澳大利亚	杜塞尔多夫	DUS	德国
阿拉木图	ALA	哈萨克斯坦	法兰克福	FRA	德国
开罗	CAI	埃及	汉堡	HAM	德国
巴黎	PAR	法国	伦敦	LON	英国
米兰	MIL	意大利	布加勒斯特	BUH/OTP	罗马尼亚
罗马(首都)	ROM	意大利	多伦多	YTO	加拿大
巴塞罗那	BCN	西班牙	华盛顿(首都)	WAS	美国
哥本哈根	CPH	丹麦	纽约	NYC/JFK	美国
圣彼得堡	LED	俄罗斯	旧金山	SFO	美国
莫斯科	MOW	俄罗斯	马德里	MAD	西班牙
阿姆斯特丹	AMS	荷兰	赫尔辛基	HEL	芬兰
苏黎世	ZRH	瑞士	布拉格	PRG	捷克
爱尔兰	DUB	都柏林	华沙	WAW	波兰
雅典	ATH	希腊	维也纳	VIE	奥地利
奥斯陆	OSL	挪威	东京	TYO	日本
吉隆坡	KUL	马来西亚	大阪	OSA	日本
首尔	SEL	韩国	釜山	PUS	韩国
北京	PEK	中国	成都	CTU	中国
广州	CAN	中国	重庆	CKG	中国
上海	SHA	中国	台北	TPE	中国
深圳	SZX	中国	香港	HKG	中国

3. 机场的三字代码

例如,首都国际机场的三字代码为PEK,戴高乐机场的三字代码为CDG,成田机场的三字代码为NRT,大阪关西国际机场的三字代码为KIX,杜勒斯国际机场的三字代码为IAD。

▶ 4. 航空公司的代码

例如，中国国际航空公司的代码为CA，中国南方航空公司的代码为CZ，中国东方航空公司的代码为MU，美洲航空公司的代码为AA，加拿大航空公司的代码为AC，日本航空公司的代码为JL。

▶ 5. 常见的航空货运的操作代码

例如，AVI代表活动物，BIG代表超大货物，DIP代表外交邮袋，EAT代表食品，FRO代表冷冻货物，WET代表潮湿货物。

二、航空货物出口业务流程

航空货物出口业务流程是指航空货运代理公司从发货人手中揽货后，交由航空公司运输，直至货物到达境外等全流程。航空货运代理人在操作出口业务流程时，需要根据客户的委托，办理货物出口前后的一切业务；审核客户提供的各类清单和批件；缮制各类通关单证；订舱、报关报检；办理产地证、保险单和商检证；预定航班、国内运输、打包装箱、签发提单、交单发运、运杂费结算；对航班进行跟踪；办理在国外的代理业务等。

（一）揽货

承揽货物是航空货运代理业务的核心。在具体操作时，需及时向发货人介绍本公司的业务范围、服务项目、各项收费标准，特别是向发货人介绍优势航线、优惠运价以及本公司的服务优势等。

拓展阅读

空运询价八要素

货运代理向货主进行询价，必须了解以下方面的情况：

1. 品名（是否危险品）
2. 重量（涉及收费）、体积（尺寸大小及是否泡货）
3. 包装（是否木箱，有无托盘）
4. 目的机场（是否基本点）
5. 要求时间（直行或转运）
6. 要求航班（各航班服务及价格差异）
7. 提单类别（主单及分单）
8. 所需运输服务（报关方式、代办单证、是否清关派送等）

另外，从货主的角度来看，委托空代办理航空运输要比自己亲自办理来得更为便利、更有效率，因此发货人一般也更愿意委托航空货运代理办理货物托运。

（二）委托运输

在双方就航空货运代理事宜达成意向后，航空货运代理就可以向发货人提供一份自己所代理的航空公司的空白"国际货物托运书"，让发货人填写。托运书应包括下列内容：托运人、收货人、始发站机场、目的地机场、要求的路线/申请订舱、供运输用的声明价值、供海关用的声明价值、保险金额、处理事项、货运单所附文件、实际毛重、运价类别、计费重量、货物的品名及数量、托运人签字、日期等。

根据《华沙公约》的相关规定，托运书必须由托运人自己填写，并在上面签字或盖章。在接受托运人委托后，航空货运代理公司通常会指定专人对托运书进行审核。审核重点为价格和航班日期。审核后，审核人员必须在托运书上签名并注明日期以示确认。

委托时，发货人除应填制"国际货物托运书"，还应提供贸易合同副本、出口货物明细发票、装箱单以及检验、检疫和通关所需要的单证和资料给航空货运代理人。

拓展阅读

对于一次批量较大，要采用包机运输的，需提前办理包机手续。一般情况下，至少需在发运1个月与航空公司洽谈，并签订协议，以便航空公司安排运力，办理包机过境、入境、着陆等有关手续。如果货主找空运代理办理包机，则应在货物发运前40天提出申请，并应填写"包机委托书"。

（三）审核单证

航空货运代理人从发货人出取得单据后，应指定专人对单证进行认真核对，看看单证是否齐全，内容填写是否完整规范。出口单证应包括托运书、发票、装箱单、报关单项式等基本单证；根据货物的监管条件，还可能会有许可证、商检证、进料/来料加工核销本、索赔/返修协议等特殊单据。

（四）订舱

订舱就是将从客户处接收的空运货物向航空公司正式提出运输申请并订妥舱位。航空货运代理人接到发货人的发货预报后，向航空公司的吨控部门领取并填写订舱单，如表5-6所示，同时提供相应的信息；货物的名称、体积、重量、件数、目的地；要求出运的时间等。航空公司根据实际情况安排舱位和航班。货运代理订舱时，可依照发货人的要求选择最佳的航线和承运人，同时为发货人争取最低、最合理的运价。为此，就要求航空货运代理必须掌握每家航空公司，每条航线，每个航班甚至每个目的港的运价和航班日期的信息。

表5-6 物流订舱单样单

BOOKING SHEET

To： 航空公司（Airlines）

Attn： 先生/小姐（Sir/Miss）

我公司有以下货物需要预订贵航航班，请安排舱位，详细情况见下表。

We have the following shipments to be booked space with your airline company, we will appreciate your attention to the subject bookings.

运单号 MAWB NO.	件数 PCS	毛重 G. W	体积/尺寸 Volume/ Dimension	品名 Nature of Goods	目的港 Airport of DEST	一程航班 1st Flight	二程航班 2nd Flight	备注 Remarks

谢谢！

经手人/Prepared By： 日期/Date：

拓展阅读

订舱原则

货运代理要优先选择本国家、本洲或是本地区的航空公司,优先选择全程均可承运的承运人。如最后一程或二程航班为新的承运人,须先征得一程承运人的确认。

货物订舱需根据发货人的要求和货物标识的特点而定。一般来说,大宗货物、紧急物资、鲜活易腐物品、危险品、贵重物品等必须预订舱位,非紧急的零散货物可以不预订舱位。

通常对下列货物应当预订航班舱位,否则承运人可以不予受理。
(1) 货物在中转时需要特殊对待。
(2) 不规则形状或者尺寸超限的货物。
(3) 批量较大的货物。
(4) 特种货物,如危险品、活动物等。
(5) 需要两家及其以上承运人运输的联运货物。
(6) 货物的声明价值超过10万美元或者其等价货币。

在订舱过程中,货运代理人要与货主保持密切联系,订舱前,就航班选择、运价情况要先征求货主同意;订舱后,要及时向客户确认航班以及相关信息(即将订舱情况通知委托人),以便及时备单、备货。

(五) 接单接货

航空货运操作人员订舱结束后,便会通知托运人交接货物,而货物一般是运送到货运代理仓库或直接送机场货站,接收货物的同时一般也会将全套清关单据一并交接。

货物的交接可以是发货人自送货,这时货运代理应传真货物进仓图给发货人,注明联系人、电话、送货地址、时间等,以便货物及时准确入仓。也可以是货运代理上门取货,这时发货人需向货运代理提供具体接货地址、联系人、电话、时间等相关信息,以确保货物及时入仓。

接货时,双方应办理货物的交接、验收,并根据发票、装箱单或送货单清点货物,并核对货物的数量、品名、合同号或唛头等是否与货运单上所列一致;检查货物的外包装是否破损,是否符合运输的要求;检查清关单据是否齐全。

思考: 航空货运代理在接收货物时,应注意检查货物的外包装是否符合运输要求,这些要求包括哪些方面?

(六) 制单

航空货运操作员在接受托运人或其代理人送交的已经审核确认的托运书及报关单证和收货凭证等全套单据后,根据单据信息和订舱情况来区分货物是否为直航。若货物为直航,则可以根据托运人提供的单据填开航空运单,填开空运单时其重量栏不能写,待货交航空公司后具体称量货物重量后再补上重量及金额等栏目。航空货运操作员还需要将收货人提供的货物随机单据订在运单后面。

如果是集中托运的货物,必须先为每票货物填开航空货运代理公司的分运单;然后再填开航空公司的总运单;还需要制作集中托运货物舱单,并将舱单、所有分运单及随行单据装入一个信袋,订在运单后面作为随机文件,随货出境后送达进口方手中。

（七）交货并贴制标签

航空货运操作员填开空运单后，会安排现场操作人员将货物送至航空货运站出口收货处进行交货。在交货之前，货运代理操作员要确保货物的外包装清洁无破损，还应在货物的外包装上张贴各航空公司制定的运输标签以及货运代理公司的分标签，以便于起运港及目的港的货主、货运代理、货站、海关、航空公司、商检、收货人识别，且不会错发错运。

在交货的过程中，货物要经过航空货运站的安检机进行检查和称重，待实际称重数据出来后，航空货运操作员还需要将空运单上空缺的毛重、计费重量、费率、总金额等栏目填补完整。

大宗货物、集中托运货物，以整板、整箱称重交接；零散小货按票称重，计件交接。航空公司审单验货后，在交接签单上验收，将货物存入出口仓库，单据交给吨控部门，以备配舱。

拓展阅读

航空货运标签

航空货运标签分为主标签（航空公司印制）和分标签（货运代理公司印制），通常一件货物贴一张航空公司主标签，有分运单的货物（如集中托运的货物），每件再贴一张分标签。货运代理操作人员在贴标签之前应该将标签中的信息填写完整，包括运单号、起运地、目的地、货物的件数等。

泰航、东海航空、港龙航空的主标签分别如图5-7所示。

（a）泰航　　　　　　　　　（b）东海航空　　　　　　　　（c）港龙航空

图 5-7　航空公司主标签样本

（八）出口报检报关

▶ 1. 出口报检

报检是指根据出口商品的种类和性质，按照国家的有关规定，在当地的出入境检验检疫局对其进行商品检验、卫生检验、动植物检验等。检验合格的产品，出入境检验检疫局会签发货物出境放行条，海关在办理出境通关手续时见此放行条批准货物出境。

▶ 2. 出口报关

单证齐全后，由发货人或者货运代理公司的报关员，根据货物信息，填写出境货物报关单并随附发票、装箱单、运单等单据向出口口岸海关申报放行货物，海关审核无误后，海关关员即在用于发运的运单正本上加盖放行章后该票货物方能出口。

（九）提板箱及装货

航空货运代理人向航空公司办理申领板、箱的相应手续，以便装货。航空货物装板时注意不要用错版型、箱型；货物不要超过装板尺寸；做好货物的防护措施；对于大宗货物、集中托运货物，尽可能将整票货物装在一个或几个板、箱内运输。

(十)签单、交单并发运、投保

航空运单在盖好海关放行章后还需到航空公司签单,只有签单确认后才允许将单、货交给航空公司。

交单就是将随机单据和应由承运人留存的单据交给航空公司,航空公司收到单据后立即向吨控部门发出装货、运输指令,并将整套航空运单及随机文件一并交给出境航班,随着货物一起抵达目的地。至此,货物完成出运的所有流程。

在航班起飞前,货运代理操作人还应该为该票货物购买相应的货运保险,减少货物在运输途中发生风险带来的损失。

(十一)航班跟踪及信息服务

货物离境后,航空货运代理人要及时向境外的收货人或其代理人发出预报(装运通知),以便收货人或其代理人做好接货准备。除此之外,货运代理人还需要跟踪航班情况,掌握货物实时情况,便于遇到异常情况时能及时与发货人及收货人取得沟通、能及时处理事件。

拓展阅读

货物追踪查询系统

国内几大航空公司都使用了货物追踪查询系统,如国航、东航、南航、上航,都可以使用网络查询,货物追踪。

要进行货物追踪,首先要确认货物是通过哪家航空公司来承运的,得到其相应的提单号码。通过相应航空公司的对应网站的货物在线追踪系统即可得知。若有些尚未在网上使用在线追踪系统的,可以通过相关的查询电话进行追踪。

航空货运代理公司须在多个方面为客户做好信息服务:订舱信息、审单及报关信息、仓库收货信息、交运称重信息、一程及二程航班信息、集中托运信息、单证信息等。总之,航空货运代理应为委托人进行全程信息服务。

(十二)费用结算

航空货运代理公司的费用结算主要涉及向发货人、承运人和海外代理人三方面的结算。

▶ 1. 与航空公司结算费用

向航空公司支付航空运费及代理费,同时收取代理佣金。

▶ 2. 机场地面代理结算费用

向机场地面代理支付各种地面杂费。

▶ 3. 与发货人结算费用

向发货人收取的费用有航空运费(在运费预付的情况下)、地面杂费、各种服务费和手续费。

▶ 4. 与海外代理人结算

与国外代理人结算到付运费和利润分成。

思考: 航空货运代理人在完成一个出口流程后,进行费用结算时,主要涉及与哪几方面进行的哪些费用的结算?

拓展阅读

空运出口货物操作注意事项

1. 由于海关调查部门对某票货物有质疑，而造成货物不能运输；由于气候原因，飞机需要临时增加油料的载量，导致飞机起飞以及落地重量超载，需要拉下货物，控制载量。
2. 货物外包装应符合国际运输标准，货物不能裸露。
3. 超大件、超重(毛重≥60kg)要提前告知货运代理人，协助打好托盘，以便叉车的使用。

三、航空货物进口业务流程

国际航空货运代理进口业务流程是指代理公司对于货物从入境到提取或转运整个流程的各个环节所需办理的手续及准备相关单证的全过程。航空货运代理公司要协助收货人审核客户提供的各类清单和批件；缮制各类单证；订舱、报关的工作，并办理在国内的进口报关、纳税、转运、送货等代理业务。

（一）代理预报

在国外发货之前，海外代理公司会将运单、航班、件数、重量、品名、实际收货人及其地址、联系电话等内容通过传真或 E-mail 发给目的地代理公司，这一过程被称为预报。

海外代理公司发出的预报与实际到货情况有可能会有差异，主要表现在中转航班，中转点航班的延误会使实际到达时间和预报时间出现差异；从国外一次性运来的货物在国内中转时，由于国内载量的限制，往往采用分批的方式运输，因此也会出现一些差异。

（二）交接单、货

航空货物入境时，与货物相关的单据也随机到达，待货物卸下后，将货物存入航空公司或机场的监管仓库，然后将舱单上的总运单、收货人、始发站、目的站、件数、重量、品名、航班号等信息传送给海关电子口岸，作为舱单数据供进口报关使用。同时根据运单上的收货人信息，通知收货人取单、提货。

航空公司地面代理与航空货运代理需要交接货物的运单、随机文件、货物。货运代理公司在与航空公司交接单时要做到：

(1)单、单核对，即交接清单与总运单核对；
(2)单、货核对，即交接清单与货物核对。

核对后，出现问题的处理方式如表 5-7 所示。

表 5-7 航空货运单、货交接异常处理表

总 运 单	清 单	货 物	处 理 方 式
有	无	有	清单上加总运单号
有	无	无	总运单退回
无	有	有	总运单后补
无	有	无	清单上划去
有	有	无	总运单退回
无	无	有	货物退回

总之，货运代理在与航空货站办理交接手续时，应根据运单及交接清单核对实际货物，若存在有单无货或有货无单的情况，应在交接清单上注明，以便航空公司组织查询并通知入境地海关。发现货物短缺，破损或其他异常情况，应向民航索要商务事故记录，作为实际收货人交涉索赔事宜的依据。也可以接受收货人的委托，由航空货运代理公司代表收货人向航空公司办理索赔。

航空公司进港操作流程如表 5-8 所示。

表 5-8　航空公司进港操作流程

步骤名称	操作内容	角色	接收角色
运输工具入境申报	发送总运单、发送联程载货清单、发送进口载货清单	机场地面代理	航空货站
	在运单上盖到达航班、日期章	航空货站	机场地面代理
	发送总运单、货物舱单、发送邮件路单	机场地面代理	海关
	运单上盖海关监管章	海关	机场地面代理
卸货入仓	交接货物，如有问题填写运输事故记录	机场地面代理	航空货站
	标出每票货的去向		
	填写货物到达通知		
单据移交	移交随机文件、总运单及空运货运代理交接单	机场地面代理	进口柜台

（三）理货与仓储

航空货运公司自航空公司接货后，即短途驳运进自己的监管仓库，组织理货及仓储。

▶ 1. 理货

航空货运代理公司操作员逐一核对每票件数，再次检查货物破损情况，确有接货时未发现的问题，可向民航提出交涉；按大货、小货、重货、轻货、单票货、混载货、危险品、贵重品、冷冻品、冷藏品、分别堆存、进仓；登记每票货储存区号，并输入电脑。

拓展阅读

根据《华沙公约》第 26 条："除非有相反的证据，如果收货人在收受货物时没有异议，就被认为货物已经完好地交付，并和运输凭证相符。"此规定对收货人不利。

后《海牙议定书》（即《华沙公约》修正本）中第 15 条规定："关于损坏事件，收货人应于发现损坏后立即向承运人提出异议……最迟应在收到货物后 14 天内提出。"

▶ 2. 仓储

货物在监管仓库存储期间根据不同货种的实际需要进行保管，要注意防雨、防潮、防重压、防变形、防温长变质、防暴晒，危险品应独立设仓库。

（四）理单与到货通知

▶ 1. 理单

进口货物若为集中托运，总运单项下需要进行拆单，并分类理单、编号，编配各类单证。

2. 到货通知

当货物到达目的港后,货运代理人应尽早通知货主,发出到货通知,以便货主能及时办理进口手续从而减少仓储费用,避免超时申报而缴纳滞报金。货运代理人在通知货主后,根据货主指示决定是否由本公司代为办理进口清关及货物配送手续。若货主指定其他货运代理公司办理清关手续,则该货运代理公司有可能收取一定的取单手续费。

(五)制单与报验报关

制单指按海关要求,依据运单、发票、装箱单及证明货物合法进口的有关批准文件,制作"进口货物报关单",但在进口货物报关前还需要对进口货物办理报检手续。

1. 进口报验

需要做商检的货物需向入境口岸商检局申报,查验合格后商检局将出具证明文件,由报关行或者货主/货运代理交入海关,再进行进口报关海关程序。

2. 进口报关

航空货运代理公司在报关时对货物制单的一般程序如下:

(1)长期协作的货主单位,有进口批文,证明手册等存放于货运代理处的,货物到达,发出到货通知后,即可制单、报关,通知货主运输或代办运输。

(2)部分进口货物,因货主单位(或经营单位)缺少有关批文、证明的,可予理单、审单后,列明内容,向货主单位催寄有关批文、证明,亦可将运单及随机寄来单证、提货单以快递形式寄货主单位,由其备齐有关批文,证明后再决定制单,报关事宜。

(3)无须批文和证明的,可即行制单、报关,通知货主提货或代办运输。

(4)部分货主要求异地清关时,在符合海关规定的情况下,制作《转关运输申报单》办理转关手续。报关单上需由报关人填报的项目有进口口岸、收货单位、经营单位、合同号、批准机关及文号、外汇来源、进口日期、提单或运单号、运杂费、件数、毛重、海关统计商品编号、货品规格及货号、数量、成交价格、价格条件、货币名称、申报单位、申报日期等,转关运输申报单内容少于报关单,亦需按要求详细填列。

报关的一般流程为:首先进行电子申报,海关的电子口岸系统自动审核电子报关单后会分配给入境口岸现场海关进行审核。在审单过程中,海关对货物有疑问的可以提出查验货物,货运代理公司必须配合海关查验。货物查验无问题并通过审核之后,便根据货物的税率缴纳税费,由海关核税后在正本航空公司运单上或货运代理经海关认可的分运单上加盖放行章放行进口货物。最后货运代理公司需持海关放行的运单到监管仓库提取货物。

(六)收费与发货

1. 收费

货运代理公司仓库在发放货物前,一般先将费用收妥。收费内容有到付运费及垫付佣金;单证、报关费;仓储费;装卸、铲车费;航空公司到港仓储费;动植检验检疫,商品质量检验检疫等代收代付费;关税及垫付佣金。

2. 发货

办完报关、报检等手续后,货主须凭盖有海关放行章、动植物报验章、卫生检疫报验章的进口空运单到所属监管仓库付费提货，或由货运代理公司根据委托人需求，安排送货到指定地点。监管仓库发货时，货运代理公司应注意单货是否相符，特别应注意货物外包装是否有破损，有破损的货物可以拒收，或者要求航空监管仓库出具破损证明，以备货主在发现货物损坏时进行追索。

（七）送货与转运

（1）送货上门业务主要指进口清关后货物直接运送至货主单位，运输工具一般为汽车。

（2）转运业务主要指将进口清关后货物转运至内地的货运代理公司，运输方式主要为飞机、汽车、火车、水运、邮政。

（3）进口货物转关及监管运输是指货物入境后不在进境地海关办理进口报关手续，而运往另一设关地点办理进口海关手续，在办理进口报关手续前，货物一直处于海关监管之下，转关运输亦称监管运输。

思考：航空货运出境代理流程于进境代理流程有哪些异同点？

练习

一、选择题

1. 一般飞机的舱位主要分为主舱和下舱，（　　）除了主舱和下舱外，还多了一个上舱。
   A. A340　　　　　B. MD-11　　　　C. B747　　　　D. B767

2. 在航空货运中，某集装器代码为 PAP4567MU，其中第二个字母"A"表示（　　）。
   A. 集装器的底板尺寸　　　　　B. 集装器的种类
   C. 集装器的所有人　　　　　　D. 集装器的外形以及与飞机的适配性

3. 下列属于 IATA 三个航空运输业务区中 TC3 区的国家有（　　）。
   A. 秘鲁　　　　　B. 智利　　　　　C. 摩纳哥　　　　D. 新西兰

4. 国际航协出版的通用运价手册是（　　）中的一本。
   A. OAG　　　　　B. DGR　　　　　C. TACT　　　　D. LAR

二、判断题

1. 任何适合航空运输的货物都可以采取集中托运的形式。（　　）

2. 主舱载客，下舱载货的飞机称为客货混用机。（　　）

3. 一般来说，大宗货物、紧急物资、鲜活易腐物品、危险品、贵重物品等，必须预定舱位。非紧急的零散货物，可以不预定舱位。

4. 蔬菜可以与鲜花、植物放在飞机的同一舱内。（　　）

5. 航空货运中，承运人可以有权选择路线或变更货运单上所填列的路线并无须事先通知托运人。（　　）

6. 运费更改通知书——CCA 仅用于货物运输费用发生变化时的修改。（　　）

7. 在航空运输中，发生索赔纠纷时，如果收货人在目的站已经将货物提取，则托运人无权索赔。如托运人要求索赔，应该有收货人出具的权益转让书。（　　）

8. 航空货运代理公司从发货人处接收货物时，应注意检查货物外包装情况。包装件有任何破损情况，均应在货运单 Handing information 栏内标注出详细情况。（　　）

三、操作题

1. 有一托运人准备运往日本大阪一批植物苗，请问代理人应如何向航空公司交运。

（1）托运人应提交哪些文件？

（2）货物包装应注意哪些方面？

（3）货物外包装上应贴有哪些标签？

（4）货运代理在运输的安排上应注意哪些问题？

2. 有一托运人准备从重庆运往法兰克福一批机械设备，请问代理人应如何向航空公司交运。

（1）托运人应交哪些文件？

（2）能否办理运费到付？

（3）应如何注意运达目的站的时间？

任务二　航空运费计算

货物的航空运费是指将一票货物自始发地机场运输到目的地机场所应收取的航空运输费用。货物的航空运费主要由两个因素组成，即货物适用的运价与货物的计费重量。由于航空运输货物的种类繁多，货物运输的起讫地点所在航空区域不同，每种货物所适用的运价亦不同。换言之，运输的货物种类和运输起讫地点的IATA区域使航空货物运价乃至运费计算分门别类。同时，由于飞机业务载运能力受飞机最大起飞全重和货舱本身体积的限制，因此，货物的计费重量需要同时考虑其体积重量和实际重量两个因素。又因为航空货物运价的"递远递减"的原则，产生了一系列重量等级运价，而重量等级运价的起码重量也影响着货物运费的计算。由此可见，货物航空运费的计算受多种因素的影响。

在从事航空运输经营活动过程中，每一个经营者（航空公司）既要维护企业自身的利益，又要保护消费者（货物托运人）的利益，这是企业的生存和发展之本。在组织货物运输的全过程中，销售环节是一个重要环节，它直接关系到航空运输企业的销售收入，从而影响企业运输收入的实现。尤其是在组织国际联运货物的销售阶段，正确计算航空货物运费是企业最终实现运输收入，提高经济效益的重要保证。

一、基本概念

（一）运价的相关概念

▶ 1. 运价

运价，又称费率，是指承运人对所运输的每一重量单位货物（千克或磅）所收取的自始发地机场至目的地机场的航空费用。

（1）航空货物运价所使用的货币，指用以公布航空货物运价的货币一般采用运输始发地的本国货币，有的国家以美元代替其本国货币公布。以美元公布货物运价的国家视美元为当地货币。运输始发地销售的航空货运单的任何运价、运费值均应为运输始发地货币，即当地货币。以美元公布货物运价的国家的当地货币为美元。

(2) 货物运价的有效期，指销售航空货运单所使用的运价应为填制货运单之日的有效运价，即在航空货物运价有效期内适用的运价。

▶ 2. 航空运费

货物的航空运费是指航空公司将一票货物自始发地机场运至目的地机场所应收取的航空运输费用。该费用根据每票货物所适用的运价和货物的计费重量计算而得。

由于货物的运价是指货物运输起讫地点间的航空运价，航空运费就是指运输始发地机场至目的地机场间的运输货物的航空费用，不包括其他费用。

▶ 3. 其他费用

其他费用是指由承运人、代理人或其他部门收取的与航空货物运输有关的费用。在组织一票货物自始发地至目的地运输的全过程中，除了航空运输外，还包括地面运输、仓储、制单、国际货物的清关等环节，提供这些服务的部门所收取的费用即为其他费用。

（二）计费重量的相关概念

▶ 1. 实际毛重

实际毛重指包括货物包装在内的货物重量。由于飞机最大起飞全重及货舱可用业载的限制，一般情况下，对于高密度货物，应考虑其实际毛重作为其计费重量。

▶ 2. 体积重量

按照国际航协规则，将货物的体积按一定的比例折合成的重量，称为体积重量。由于货舱空间体积的限制，一般对于低密度的货物，即轻泡货物，考虑其体积重量作为其计费重量。

无论货物的形状是否为规则的长方体或正方体，计算货物体积时，均应以最长、最宽、最高的三边的厘米长度计算。长、宽、高的小数部分按四舍五入取整。体积重量的折算，换算标准为每 $6\,000\ cm^3$ 折合 1 kg，即 $1m^3$ 折合为 167kg。

▶ 3. 计费重量

计费重量是指用以计算货物航空运费的重量。货物的计费重量一般采用货物的实际毛重与货物的体积重量两者比较取高者；但当货物按较高重量分界点的较低运价计算的航空运费较低时，则此较高重量的分界点的货物起始重量作为货物的计费重量。国际航协规定，国际货物的计费重量以 0.5kg 为最小单位，重量尾数不足 0.5kg 的，按 0.5kg 计算；0.5kg 以上不足 1kg 的，按 1kg 计算。例如，103.001kg→103.5kg，103.501kg→104.0kg。

当使用同一份运单，收运两件或两件以上可以采用同样种类运价计算运费的货物时，其计费重量规定为货物总的实际毛重与总的体积重量两者较高者。综上所述，较高重量分界点重量也可能成为货物的计费重量。

（三）最低运费

最低运费是指一票货物自始发地机场至目的地机场航空运费的最低限额。货物按其适用的航空运价与其计费重量计算所得的航空运费，应与货物最低运费相比，取高者。例如，重庆至欧美国家或地区货物每票最低收费人民币 320 元；至东南亚国际或地区货物每票最低收费人民币 230 元。

二、国际航空运价

目前,国际航空货物运价按制定的途径划分,主要分为协议运价和国际航协运价。

1. 协议运价

协议运价是指航空公司与托运人签订协议,托运人保证每年向航空公司交运一定数量的货物,航空公司则向托运人提供一定数量的运价折扣。目前,航空公司使用的运价大多是协议运价,但在协议运价中又根据不同的协议方式进行细分,如表5-9所示。

表5-9 航空国际货物运价构成表

协议定价		包板(舱)	死包板(舱)
			软包板(舱)
长期协议	短期协议	返还	销售量返还
			销售额返还
自由销售			

(1) 长期协议:通常航空公司同代理人签订的协议是一年的期限。

(2) 短期协议:通常航空公司同代理人签订的协议是半年或半年以下的期限。

(3) 包板(舱):指托运人在一定航线上包用承运人的全部或部分的舱位或集装器来运送货物。

(4) 死包板(舱):托运人在承运人的航线上通过包板(舱)的方式运输时,托运人无论向承运人是否交付货物,都必须付协议上规定的运费。

(5) 软包板(舱):托运人在承运人的航线上通过包板(舱)的方式运输时,托运人在航班起飞前72小时如果没有确定舱位,承运人则可以自由销售舱位,但承运人对代理人的包板(舱)的总量有一个控制。

(6) 销售量返还:如果代理人在规定期限内完成了一定的货量,航空公司则可以按一定的比例返还运费。

(7) 销售额返还:如果代理人在规定期限内完成了一定的销售额,航空公司则可以按一定的比例返还运费。

(8) 自由销售:也称议价货物或是一票一价,即除协议货物,都是一票货物一个定价。

2. 国际航协运价

国际航协运价是指IATA在TACT运价资料上公布的运价。国际货物运价使用IATA的运价手册(TACT RATES BOOK),结合并遵守国际货物运输规则(TACT RULES)共同使用。按照IATA货物运价公布的形式划分,国际货物运价可分为公布直达运价和非公布直达运价。

公布直达运价包括普通货物运价(general cargo rate)、指定商品运价(specific commodity rate)、等级货物运价(commodity classification rate)、集装货物运价(unit load device rate)。国航IATA TACT公布运价如表5-10所示。

表 5-10 国航最新 IATA TACT 公布运价

ORIGIN: CKG	IATA TACT RATE(CNY/KG)						
DESTINATION	MIN	NOR	Q45	Q100	Q300	Q500	Q1000
AMS	320.00	71.28	53.46		50.41	46.33	42.77
BKK	230.00	28.35	21.26		19.85	18.43	
BLL	320.00	71.22	53.42		50.37	46.29	42.73
CMB	230.00	47.19	34.13				
CNX	230.00	33.20	24.75		23.34	21.92	
DUB	320.00	88.35	66.26		62.36		
DUS	320.00	66.63	49.97		47.16		
DXB	320.00	66.12	55.17				
EDI	320.00	84.87	63.81		60.11		
FUK	230.00	39.11	29.36				
FRA	320.00	66.63	49.97		47.16	43.31	39.98
GLA	320.00	84.87	63.81		60.11		
HAM	320.00	66.63	49.97		47.16		
HKG	90.00	14.24	11.11		10.40	9.68	
LAX	420.00	80.67	60.50		56.99	52.44	48.40
LJU	320.00	62.78	47.09		44.46		
LON	320.00	84.25	63.19		59.49	54.76	50.55
TPE	230.00	41.95	31.51		19.23	18.16	17.36
TYO	230.00	43.76	32.82		30.63	28.44	
VIE	320.00	67.24	50.43		47.58		
ZRH	320.00	69.98	52.49		49.50		

注：1. 请严格按照上述 IATA TACT 公布运价缮制运单，重量若需靠级，需按 IATA 公布运价进行靠级（与结算等级运价无关，例如，有 300kg 等级的结算运价，但没有 300kg 等级的公布运价，则不能靠级到 300kg），若不能确定是否需等级，缮制运单时请与我司确认。请注意如果重量可以靠级，我司要求必须进行靠级。

2. 运单必须打印上货物尺寸和总体积。

3. 我司收取 CKG 至所有目的港 2 元/kg 的燃油附加险，代码 MYC。

4. 我公司不承运任何危险品及液态产品，所有化工产品需与我司确认为非危险品后才交货订舱！

5. 我司承运单件货物最大重量 4 吨/件，最大单件尺寸：长 3.1m×宽 2.4m×高 1.6m，我司所有直达点均可承运超大、超重货物，发运至非直达点的超大、超重货物请与我司确认后才交货。

6. 除我司直达点外，所有非直达点我司不承运任何私人物品。

7. 为了避免货物延误，请各代理在预订好一、二程舱位后才交货，预订舱位后请务必按时办理报关手续并交单，若预订舱位时间有所变化，请务必通知我司修改订舱！

请各代理严格按照上述要求执行，以免造成货物延误，谢谢合作！

非公布直达运价包括比例运价和分段相加运价。IATA 运价体系如表 5-11 所示。

表 5-11　IATA 运价体系

IATA 运价	公布直达运价	普通货物运价
		指定商品运价
		等级货物运价
	非公布直达运价	集装货物运价
		比例运价
		分段相加运价

国际航协运价由国际航协通过运价手册向全世界公布，主要目的是协调各国的货物运价，但从实际操作来看，各国从竞争角度考虑，很少有航空公司完全遵照国际航协运价。多进行了一定的折扣，但不能说明这种运价没有实际价值。首先，它把世界上各个城市之间的运价通过手册公布出来，每个航空公司都能找到一种参照运价，所以每个航空公司在制定本公司运价时，都是按照国际航协这个标准运价进行的。其次，国际航协对特种货物运价进行了分类，航空公司在运输这种货物时一般都用国际航协标准运价。最后，这种国际航协运价在全世界制定了一种标准运价，使国际航空货物运输的价格有了统一的基准，使这个市场得到了规范。现有定价遵照的原则如下。

（1）重量分段对应运价，指在每一个重量范围内设置一个运价。例如，北京—首尔的运价如表 5-12 所示。

表 5-12　北京—首尔运价表

重量分级（kg）	运价（元人民币）
N	23.95
45	18.00
100	17.17
300	15.38

N 运价表示的重量在 45kg 以下的运价是每 kg 人民币 23.95 元，也就是运价 23.95 元适用的重量范围是 0～45kg，在这个重量范围用的都是同一个运价。

（2）数量折扣原则，指随着运输重量的增大，运价越来越低，这实际上是使用定价原则中的数量折扣原则，通过这个原则，保证飞机的舱位有充分的货物。从表 5-12 就可以看出，45kg 的运价是 18.00 元，100kg 的运价是 17.17 元，300kg 的运价是 15.38 元，重量越大运价越低。

（3）运距的因素是一个基本因素。运距越长运价越高，这是因为运距越长，运输的消耗越大，因此运价越高。例如，北京—新加坡和北京—悉尼的运价对比如表 5-13 所示。

表 5-13　北京—新加坡和北京—悉尼的运价对比

北京 — 新加坡		北京 — 悉尼	
重量分级（kg）	运价（元）	重量分级（kg）	运价（元）
N	36.66	N	54.72
45	27.50	45	41.04
300	15.38	300	32.83

从北京到悉尼的距离大概是到新加坡的一倍左右。从表 5-13 中可以看出 300kg 的运价，到悉尼是到新加坡的一倍左右，距离越长这种趋势越明显，但在低重量级别，往往运价相差比距离比之差要小，取决于地面操作成本的大小。

(4) 根据产品的性质分类。国际航协根据产品的性质分为在普货运价的基础上运价附加和运价附减，例如，对于活体动物、骨灰、灵柩、鲜活易腐物品、贵重物品、急件等货物采取附加的形式，对于书报杂志、作为货物运输的行李采取附减的形式。

综上所述，运价主要有两个特点：首先，运价是货物重量和距离的函数，即 $p=f(w,d)$，其中，p 为运价；w 为货物重量，d 为运输距离，f 为函数；其次，初步考虑到了运输货物的细分。

三、我国国内航空运价

我国国内航空货物运输价格按照以下几种方式执行。

▶ 1. 最低运费（运价代号 M）

每票国内航空货物最低运费为 30 元。

▶ 2. 普通货物运价（运价代号 N 或 Q）

普通货物运价包括基础运价和重量分界点运价。基础运价为 45kg 以下普通货物运价，费率按照民航总局规定的统一费率执行。重量分界点运价为 45kg 以上运价，由民航总局统一规定，按标准运价的 80% 执行。

▶ 3. 等级货物运价（运价代号 S）

生物制品、植物和植物制品、活动物、骨灰、灵柩、鲜活易腐物品、贵重物品、机械、弹药、押运货物等特种货物的国际航空运费按普通货物标准运价的 150% 计收。

▶ 4. 指定商品运价（运价代号 C）

对于一些批量大、季节性强、单位价值小的货物航空公司可建立指定商品运价，运价优惠幅度不限，报民航总局批注执行。

四、国际航空运价计算

国际航空货物运价按照商品种类、等级划分可以分为以下几种。

(一) 普通货物运价

▶ 1. 基本概念

普通货物运价是指除了货物运价和指定商品运价以外的适合于普通货物运输的运价。该运价公布在 TACT Rates Books Section 中。

一般地，普通货物运价根据货物重量的不同，分为若干个重量等级分界点运价。例如，"N" 表示标准普通货物运价，指的是 45kg 以下普通货物运价（如无 45kg 以下运价时，N 表示 100kg 以下普通货物运价）。同时，普通货物运价还公布有 "Q45" "Q100" "Q300" 等不同重量等级分界点的运价。这里，"Q45" 表示 45kg 以上（包括 45kg）普通货物的运价，依此类推，对于 45kg 以上的不同重量分界点的普通货物运价均用 "Q" 表示。

用货物的计费重量和其适用的普通货物运价计算而得的航空运费不得低于运价资料上公布的航空运费的最低收费标准（M）。

2. 运费计算

[例 5-1] 由北京运往东京一箱服装，毛重 31.4kg，体积尺寸为 80cm×70cm×60cm，计算该票货物的航空运费。公布运价如下：

BEIJING		CN	BJS
Y. RENMINBI		CNY	KGS
TOKYO	JP	M	230.00
N	37.51		
45	28.13		

解：

体积(volume) = 80×70×60 = 336 000(cm^3)

体积重量(volume weight) = 336 000÷6 000 = 56.0(kg)

毛重(gross weight) = 31.4kg

计费重量(chargeable weight) = 56.0kg

适用运价(applicable rate) = GCR Q28.13 CNY/kg

航空运费(weight charge) = 56.0×28.13 = CNY1 575.28

[例 5-2] 北京运往新加坡一箱水龙头接管，毛重 35.6kg，计算其航空运费。公布运价如下：

BEIJING		CN	BJS
Y. RENMINBI		CNY	KGS
SINGAPORE	SG	M	230.00
N	36.66		
45	27.50		
300	23.46		

解：(1) 按实际重量计算：

gross weight = 35.6kg

chargeable weight = 36.0kg

applicable rate = GCR N 36.66CNY/kg

weight charge = 36.0×36.66 = CNY1 319.76

(2) 采用较高重量分界点的较低运价计算：

chargeable weight = 45.0kg

applicable rate = GCR Q27.50CNY/kg

weight charge = 27.50×45.0 = CNY1 237.50

(1) 与 (2) 比较，取运费较低者，即航空运费为 CNY 1 237.50。

[例 5-3] 由上海运往日本大阪一件洗发香波样品 5.3kg，计算其航空运费。公布运价如下：

SHANGHAI		CN	SHA
Y. RENMINBI		CNY	KGS
OSAKA	JP	M	230.00
N	30.22		
45	22.71		

解：
gross weight＝5.3kg
chargeable weight＝5.5kg
applicable rate＝GCR N30.22 CNY/kg
weight charge＝5.5×30.22＝CNY166.21
minimum charge＝230.00CNY
此票货物的航空运费应为CNY230.00。

(二) 指定商品运价

▶ 1. 基本概念

指定商品运价是指适用于自规定的始发地至规定的目的地运输特定品名货物的运价。

通常情况下，指定商品运价低于相应的普通货物运价。就其性质而言，该运价是一种优惠性质的运价。鉴于此，指定商品运价在使用时，对于货物的起讫地点、运价使用期限、货物运价的最低重量起点等均有特定的条件。

使用指定商品运价计算航空运费的货物，其航空货运单的"Rate Class"一栏，用字母"C"表示。

▶ 2. 指定商品运价传统的分组和编号

在TACT RATES BOOKS的SECTION 2中，根据货物的性质、属性以及特点等对货物进行分类，共分为十大组，每一组又分为十个小组。同时，对其分组形式用四位阿拉伯数字进行编号。该编号即为指定商品货物的品名编号。

▶ 3. 指定商品运价的使用规则

在使用指定商品运价时，只要所运输的货物满足下述三个条件，则运输始发地和运输目的地就可以直接使用指定商品运价：

(1) 运输始发地至目的地之间有公布的指定商品运价；
(2) 托运人所交运的货物品名与有关指定商品运价的货物品名相吻合；
(3) 货物的计费重量满足指定商品运价使用时的最低重量要求。

▶ 4. 运费计算

运费计算步骤如下：

(1) 先查询运价表，如有指定商品代号，则考虑使用指定商品运价；
(2) 查找TACT RATES BOOKS的品名表，找出与运输货物品名相对应的指定商品代号；
(3) 如果货物的计费重量超过指定商品运价的最低重量，则优先使用指定商品运价；
(4) 如果货物的计费重量没有达到指定商品运价的最低重量，则需要比较计算。

[例5-4] 北京运往大阪20箱鲜蘑菇共360.0kg，每件体积长、宽、高分别为60cm×45cm×25cm，计算航空运费。公布运价如下：

BEIJING	CN	BJS	
Y. RENMINBI	CNY	KGS	
OSAKA	JP	M	230.00
N	37.51		
45	28.13		
0008	300	18.80	
0300	500	20.61	
1093	100	18.43	
2195	500	18.80	

解:查找 TACT RKTES BOOKS 的品名表,蘑菇可以使用0008(新鲜蔬菜和水果)的指定商品运价。由于货主交运的货物重量符合"0850"指定商品运价使用时的最低重量要求,运费计算如下:

volume=60cm×45cm×25cm×20=1 350 000(cm³)

volume weight=1 350 000÷6 000=225(kg)

chargeable weight=360.0kg

applicable rate=SCR 0008/Q300 18.80CNY/kg

weight charge=360.0×18.80=CNY6 768.00

注:在使用指定商品运价计算运费时,如果其指定商品运价直接使用的条件不能完全满足,例如货物的计费重量没有达到指定商品运价使用的最低重量要求,使按指定商品运价计得的运费高于按普通货物运价计得的运费时,则按低者收取航空运费(见例5-2)。

[例5-5]承上例,如果货主交运10箱蘑菇,毛重为180kg,计算其航空运费。

(1)按指定商品运价使用规则计算:

actual gross weight=180.0kg

chargeable weight=300.0kg

applicable rate=SCR0008/Q300 18.80CNY/kg

weight charge=300.0×18.80=CNY6 768.00

(2)按普通运价使用规则计算:

actual gross weight=180.0kg

chargeable weight=180.0kg

applicable rate=GCR/045 28.13CNY/kg

Weight charge=180.0×28.13=CNY5 063.40

对比(1)与(2),取运费较低者,即航空运费为CNY5 063.40。

[例5-6]承上例,如果货主交运2箱蘑菇,毛重为36kg,计算其航空运费。

分析:由于货物计费重量仅36kg,而指定商品运价最低重量要求300kg,因此采用普通货物运价计算,求得较低运费。

(1)按 NORMAL GCR 运价计算运费:

actual gross weight=36.0kg

chargeable weight=36.0kg

applicable rate=GCR/N 37.51CNY/kg

Weight charge=36.0×37.51=CNY1 350.36

(2)按 Q45 运价计算运费:

actual gross weight=36.0kg

chargeable weight=45.0kg

applicable rate=GCR/Q45 28.13CNY/kg

Weight charge=45.0×28.13=CNY1 265.85

对比(1)与(2),取运费较低者,即航空运费为CNY1 265.85。

▶ 5. 运价靠级

所谓运价靠级指的是当货物重量在公布运价表中比较靠近下一个重量等级而会享受更低的运费率时，作为货运代理公司则需要详细计算当前等级重量与下一个等级重量所支付给航空公司的运费，取较低者作为与航空公司结算的运费，当然在航空运单上，计费重量（chargeable weight）一栏中则计入相应的重量。

[**例 5-7**]从重庆运往曼谷 1 件货物，重 90.0kg，体积尺寸长、宽、高分别为 80cm×80cm×55cm，计算航空运费。运价如下：

CHONGQING	CN	CKGS
Y. RENMINBI	CNY	KGS
BONGKOK		
M	230.00	
N	59.61	
45	45.68	
100	38.81	
300	38.79	
500	35.77	

（1）按查找的运价构成形式来计算：
volume＝80cm×80cm×55cm＝352 000（cm³）
volume weight＝352 000÷6 000＝58.7（kg）
chargeable weight＝90.0kg
weight charge＝90×45.68＝CNY4 111.20

（2）由于计费重量已经接近下一个较高重量点 100kg，用较高重量点的较低运价计算：
chargeable weight＝100.0kg
Weight charge＝100.0×38.81＝CNY3 881.00

对比（1）与（2），取运费较低者。

因此，运费为 CNY3 881.00，需注意的是，航空运单上 gross weight 一栏仍为 90 kg，但 chargeable weight 一栏需改为 100kg。

（三）等级货物运价

▶ 1. 定义

等级货物运价是指在规定的业务区内或业务区之间运输特别指定的等级货物的运价。

IATA 规则规定，等级货物包括以下各种货物：活动物，贵重货物，书报、杂志类货物，作为货物运输的行李，灵柩、骨灰，汽车等。

▶ 2. 运价代号及使用规则

等级货物运价是在普通货物运价基础上附加或附减一定百分比的形式构成，附加或附减规则公布在 TACT RULES 中，运价的使用须结合 TACT RATES BOOKS 一同使用。

通常附加或不附加也不附减的等级货物用代号（S）表示（S—surcharged class rate）。附减的等级货物用代号（R）表示（R—reduced class rate）。

IATA 规定，对于等级货物运输，如果属于国际联运，并且参加联运的某一承运人对其承运的航段有特殊的等级货物百分比，即使运输起讫地点间有公布的直达运价，也不可以直接使用。此时，应采用分段相加的办法计算运输始发地至运输目的地的航空运费。此项规则在此不详细说明。

以下所述的各种等级货物运价均为运输始发地至运输目的地之间有公布的直达运价，并且可以直接使用情况下的运价计算。

▶ 3. 活动物运价（见表5-14）

表5-14 中国至世界各区的活动物运价表

ALL LIVE ANIMALS except: A.Baby Poultry less than 72 hours old B.Monkeys and Primates C.Cold blooded animals*	Within 1		Within 2 (see also Rule 3.7.1.3.)	Within 3	Between 1&2		Between 2 &3	Between 3&1	
	to/from Canada	other sectors			to/from Canada	others sectors		to/from Canada	other sectors
	150% of appl. GCR Except: 9 below	Normal GCR Expect: 10 below	150% of Normal GCR Expect: 1 below	Normal GCR Expect: 2,3, 17 below	150% of appl. GCR Expect: 6,12 below	Normal GCR Expect: 6,14 below	Normal GCR Expect: 3,7, 16 below	150% of appl. GCR Expect: 3 below	Normal GCR Expect: 3,13, 15 below
A.BABY POULTRY less than 72 hours old	150% of appl. GCR Except: 9 below	appl. GCR	Normal GCR Expect: 4 below	Normal GCR or over 45 kg. Expect: 3,17 below	150% of appl. GCR Expect: 12 below	Normal GCR or over 45 kg. Expect: 5,14 below	Normal GCR or over 45 kg. Expect: 3,16 below	150% of appl. GCR Expect: 3 below	Normal GCR or over 45 kg. Expect: 3,13, 15 below
B.Monkeys and PRIMATES	150% of appl. GCR Except: 9 below	appl.GCR	150% of Normal GCR Expect: 1 below	Normal GCR Expect: 3,17 below	150% of appl. GCR Expect: 12 below	appl. GCR Expect: 14 below	Normal GCR Expect: 3,16 below	150% of appl. GCR Expect: 3 below	appl. GCR Expect: 3,15 below
C.COLD BLODED-LMALS*)	125% of appl. GCR Except: 8 below	Normal GCR Expect: 10 below	150% of Normal GCR Expect: 1 below	Normal GCR Expect: 2,3, 17 below	125% of appl. GCR Expect: 11 below	Normal GCR Expect: 14 below	Normal GCR Expect: 3,16 below	125% of appl. GCR Expect: 3 below	Normal GCR Expect: 3,13, 15 below

资料来源：TACT RULES. 2001(53).

运价表中有关内容说明如下。

1）名称解释

BABY POULTRY，幼禽类，指出生不足72小时的幼禽；

MONKEYS and PRIMATES，猴类和灵长类；

COLD BLOODED ANIMALS，冷血动物类；

ALL LIVE ANIMAL，指除上述三类以外的所有活动物。

表5-14中的"Except"表示一些区域的运价规则与表中规则有例外的情况，使用时应严格按照TACT-RULES的规则要求，计算正确的航空运费。

2）运价规则的运用说明

Normal GCR，使用45kg以下的普通货物运价，如无45kg以下的普通货物运价，可使用100kg以下普通货物运价；不考虑较高重量点较低运价。

Normal GCR or Over 45kg，使用45kg以下普通货物运价，或者45kg以上普通货物运价；即使有较高重量分界点的较低运价，也不可以使用。

Appl. GCR，使用相适应的普通货物运价。

as a percentage of Appl. GCR，按相应的普通货物运价附加某个百分比使用。

注意：运输动物所用的笼子等容器、饲料、饮用水等重量包括在货物的计费重量内。

3）活动物运输的最低收费标准

IATA三区内：相应M的200%。

IATA二区与三区之间：相应M的200%。

IATA一区与三区之间（除到/从美国、加拿大以外）：相应M的200%。

从IATA三区到美国：相应M的110%。

从美国到IATA三区：相应M的150%。

IATA三区与加拿大之间，相应M的150%。

注意：对于冷血动物，有些区域间有特殊规定，应按规则严格执行。

[例5-8] 从北京运往温哥华一只大熊猫，重400.0kg，体积尺寸长、宽、高分别为150cm×130cm×120cm，计算航空运费。公布运价如下：

BEIJING		CN		BJS
Y. RENMINBI		CNY		KGS
VANCOUVER	BC	CA	M	420.00
N	59.61			
45	45.68			
100	41.81			
300	38.79			
500	35.77			

解：查找活动物运价表，从北京运往温哥华，属于自三区运往一区的加拿大，运价的构成形式是"150% of Appl. GCR"。

(1) 按查找的运价构成形式来计算：

volume＝150×130×120＝2 340 000(cm^3)

volume weight＝2 340 000÷6 000＝390.0(kg)

chargeable weight＝400.0kg

applicable rate＝S 150% of Applicable GCR

150%×38.79CNY/kg＝58.185CNY/kg＝58.19CNY/kg

weight charge＝400×58.19＝CNY23 276.00

(2) 由于计费重量已经接近下一个较高重量点500 kg，用较高重量点的较低运价计算：

chargeable weight＝500.0kg

applicable rate＝S 150% of Applicable GCR

150%×35.77CNY/kg＝53.655CNY/kg＝53.66CNY/kg

weight charge＝500.0×53.66＝CNY26 830.00

对比(1)与(2)，取运费较低者，因此，运费为CNY23 276.00。

[例5-9] 从上海运往巴黎两箱幼禽，每一箱重25.0kg，体积尺寸长、宽、高分别为70cm×50cm×50cm×2，计算航空运费。公布运价如下：

SHANGHAI		CN		SHA
Y. RENMINBI		CNY		KGS
PARIS		FR	M	320.00
N	68.34			
45	51.29			
500	44.21			

解：查找活动物运价表，从上海运往巴黎，属于三区运往二区，运价的构成形式是"Normal GCR or Over 45kg"。

按查找的运价构成形式来计算：
total gross wight＝25.0×2＝50.0(kg)
volume＝70×50×50×2＝350 000(cm^3)
volume weight＝350 000÷6 000＝58.33(kg)≈58.5(kg)
chargeable weight＝58.5kg
applicable rate＝S Normal GCR or Over 45kg
100％×51.29CNY/kg＝51.29CNY/kg
weight charge＝58.5×51.29＝CNY3 000.47
因此，运费为 CNY3 000.47。

五、比例运价和分段相加运价

如果货物运输的始发地至目的地没有公布直达运价，则可以采用比例运价和分段相加运价的方法构成全程直通运价，计算全程运费。

(一) 比例运价

当货物运输始发地至目的地无公布直达运价时，比例运价采用货物运价手册中公布的一种不能单独使用的运价附加数，与已知的公布直达运价相加构成非公布直达运价，此运价称为比例运价。

▶ 1. 使用要求

TACT RATES BOOK 中所列的比例运价分为三类：①普通货物的比例运价，用"GCR"表示；②指定商品的比例运价，用"SCR"表示；③集装箱的比例运价，用"ULD"表示。

▶ 2. 采用比例运价与公布直达运价相加时必须严格遵守的原则

只有相同种类的货物运价才能组成始发站至目的站的货物运价，例如，①普通货物比例运价只能与普通货物运价相加；②指定商品的比例运价只能与指定商品的运价相加；③集装箱的比例运价只能与集装箱的运价相加。

▶ 3. 注意事项

(1) 比例运价只适合国际运输，不适合当地运输；

(2) 采用比例运价构成直达运价，比例运价可加在公布运价的两端，但每一端不能连加两个以上的比例运价；

(3) 当始发地或目的地可以经不同的运价组成点与比例运价相加组成不同的直达运价，应采用最低运价；

(4) 运价的构成不影响货物的运输路线。

(二) 分段相加运价

▶ 1. 基础知识

对于相同运价种类，当货物运输的始发地至目的地无公布直达运价和比例运价时，只能采用分段相加的办法，组成运输起讫地点间的运价，一般采用最低组合运价。分段相加运价，分为分段相加运价和分段相加运费。

对于采用不同的运价种类，组成分段相加运价，必须严格按 TACT RULES3.8.2 的运价相加规则进行组合：

（1）运输起讫地点间的运价采用相同种类、相同重量分界点运价直接相加构成，则为分段相加运价（其中可能涉及货币换算），该运价乘以货物的计费重量即构成全程航空运费；

（2）如果运输起讫地点间的运价是采用不同种类运价或虽采用相同种类运价，但采用不同的重量等级分界点，则称为分段相加运费。

采用分段相加运价构成全程运费，在航空货运单的运费计算栏中，应在"NO. Pieces RCP"一栏的货物件数下面，填上运价组成点城市的英文三字代码。

▶ 2. 国际货运分段相加运价的相加规则（见表 5-15）

表 5-15　国际货运分段相加运价规则表

运价类别	可相加运价
国际普通货物运价	普通货物比例运价
	国际普通货物运价
	国内运价
	过境运价
国际指定商品运价	指定商品运价
	国内运价
	过境运价
国际等级运价	国内运价
	过境运价

从表 5-15 中可以看出，国际指定商品不可以与国际指定商品运价相加；国际等级货物运价不可以与国际等级货物运价相加。否则，将违背某种国际指定商品运价与国际等级货物运价的特定含义，从而破坏了运输起讫地点间的运价体系。

根据运价组成表，可采用左列运价和右列相加，也可采用右列运价和左列相加，以构成始发地至目的地的分段相加运价。国内运价和过境运价在组成分段相加运价时具有普遍性，其运价则受到一定的限制。

如果货物运输起讫地点间无公布直达运价且比例运价无指定商品运价，而运输的货物属于指定商品，按分段相加组成办法，可以采用两种计算方法：按普通货物比例运价计算和按分段相加的指定商品运价计算。

由于属于不同运价种类，比较计算时应考虑优先使用指定商品运价的原则，还应兼顾货物的重量是否满足指定商品运价的最低重量限制。总之，通过比较，计算出较低的航空运费。

国际航空货物运输中，航空运费是指自运输始发地至运输目的地之间的航空运输费用。在实际工作中,对于航空公司或其代理人将收运的货物自始发地(或从托运人手中)运至目的地(或提取货物后交给提货人)整个运输组织过程,除发生航空运费外,在运输始发站、中转站、目的站经常发生与航空运输有关的其他费用。

六、运价的使用顺序

(1) 如果有协议运价,则优先使用协议运价。

(2) 在相同运价种类、相同航程、相同承运人条件下,公布直达运价应按下列顺序使用:

① 优先使用指定商品运价。如果指定商品运价条件不完全满足,则可以使用等级货物运价和普通货物运价。

② 其次使用等级货物运价。等级货物运价优先于普通货物运价使用:

• 如果货物可以按指定商品运价计费,但如果因其重量没满足指定商品运价的最低重量要求,则用指定商品运价计费可以与采用普通货物运价计费结果相比较,取低者。如果该指定商品同时又属于附加的等级货物,则只允许采用附加的等级货物运价和指定商品运价的计费结果比较,取低者,不能与普通货物运价比较。

• 如果货物属于附减的等级货物,即书报杂志类、作为货物运输的行李,其等级货物计费则可以与普通货物运价计算的运费相比较,取低者。

(3) 如果当运输两点间无公布直达运价,则应使用非公布直达运价:

① 优先使用比例运价构成全程直达运价;

② 当两点间无比例运价时,使用分段相加办法组成全程最低运价。

七、其他费用

(一) 货运单费

货运单费又称为航空货运单工本费,此项费用为填制航空货运单的费用。航空公司或其代理人销售或填制货运单时,该费用包括逐项逐笔填制货运单的成本。对于航空货运单工本费,各国的收费水平不尽相同。依 TACT RULES 4.4 及各航空公司的具体规定来操作。货运单费应填制在货运单的"其他费用"一栏中,用两字代码"AW"(air waybill)表示。按《华沙公约》等有关公约,国际上多数 IATA 航空公司做如下规定:

(1) 由航空公司来销售或填制航空货运单,此项费用归出票航空公司所有,表示为 AWC;

(2) 由航空公司的代理人销售或填制货运单,此项费用归销售代理人所有,表示为 AWA。

中国民航各航空公司规定:无论货运单是由航空公司销售还是由代理人销售,填制 AWB 时,货运单中"OTHER CHARGES"一栏中均用 AWC 表示,意为此项费用归出票航空公司所有。

(二) 垫付款和垫付费

垫付款是指在始发地机场收运一票货物,所发生的其他费用到付。这部分费用仅限于货物地面运输费、清关处理费和货运单工本费。此项费用需按不同其他费用的种类代号、费用归属代号(A 或 C)及费用金额一并填入货运单的"其他费用"一栏。例如,"AWA"表示代理人填制的货运单;"CHA"表示代理人代替办理始发地清关业务;"SUA"表示代理人将货物运输到始发地机场的地面运输费。

垫付费是对于垫付款的数额而确定的费用。垫付费的费用代码为"DB",按 TACT RULES 规定,该费用归出票航空公司所有。在货运单的其他费用栏中,此项费用应表示为"DBC"。

垫付费的计算公式:垫付费=垫付款×10%,但每一票货物的垫付费不得低于 20USD 或等值货币。

(三)危险品处理费

国际航空货物运输中,对于收运的危险品货物,除按危险品规则收运并收取航空运费外,还应收取危险货物收运手续费,该费用必须填制在货运单"其他费用"栏内,用"RA"表示费用种类,TACT RULES 规定,危险品处理费归出票航空公司所有。在货运单中,危险品处理费表示为"RAC"。

自中国至 IATA 业务一区、二区、三区,每票货物的最低收费标准均为 400 元人民币。

(四)运费到付货物手续费

国际货物运输中,当货物的航空运费及其他费用到付时,在目的地的收货人,除支付货物的航空运费和其他费用外,还应支付到付货物手续费。

此项费用由最后一个承运航空公司收取,并归其所有。一般运费到付货物手续费的收取采用目的站开具专门发票,但也可以使用货运单(此种情况在交付航空公司无专门发票,并将 AWB 作为发票使用时使用)。

对于运至中国的运费到付货物,到付运费手续费的计算公式及标准如下:

到付运费手续费=(货物的航空运费+声明价值附加费)×2%

各个国家运费到付货物手续费的收费标准不同。我国运费到付货物手续费最低收费标准为 100 元人民币。

(五)声明价值附加费

当托运人托运的货物,毛重每千克价值超过 20 美元或其等值货币时,可以办理货物声明价值,托运人办理声明价值必须是一票货运单上的全部货物,不得分批或者部分办理。托运人办理货物声明价值时,应按照规定向承运人支付声明价值附加费。声明价值附加费的计算公式为:

$$声明价值附加费=[货物声明价值-(货物毛重×20 美元)]$$

注:20 美元应折算为当地货币。

练习

1. Routing:Beijing,CHINA(BJS)To Portland,U.S.A(PDX)
Commodity:FIBRES
Gross Weight:22 Pieces,Each 70.5kg
Dimensions:22 Pieces,82cm×68cm×52cm
计算该票货物的航空运费。
公布运价如下:

BEIJING	CN		BJS
Y. RENMINBI	CNY		KGS
PORTLAND,	U.S.A.	M	420.00
		N	59.61
		45	45.68
		100	41.81
		300	38.79
		1 000	27.29
		1 500	25.49

2. Routing：SHANGHAI, CHINA(SHA) TO NAGASAKI, JAPAN(NGS)
Commodity：Personal Effects
Gross Weight：Each 20.4kg, total 6 pieces
Dimensions：Total 6 pieces, Each 89cm×61cm×35cm
计算该票货物的航空运费。
公布运价如下：

SHANGHAI	CN		SHA
Y. RENMINBI	CNY		KGS
NAGASAKI	JP	M	230
		N	38.22
		45	28.13
		100	18.8
		300	20.61

任务三 缮制航空货运单

　　航空运单(air way bill，AWB)，是承运人与托运人之间缔结运输合同的文件，也是由承运人或其代理人出具的货物收据。但它不具有物权凭证的性质，既不能转证，也不能凭以提取货物。收货人提货须凭航空公司发出的提货通知单。

　　国际航空货运单一般由一式十二联组成：三联正本、六联副本和三联额外副本。货运单的三联正本背面印有英文的有关运输契约涉及航空货物运输的许多法律问题，如索赔、保险、改变承运人等。

　　航空公司或其代理人根据托运书填制好货运单后，托运人(或其代理人)和承运人(或其代理人)在货运单上签字后货运单即开始生效。货物运输至目的地之后，收货人提取货物时，在货运单上的"交付联"上签字后，作为运输凭证，货运单的运输使用有效期即告结束；但是作为运输契约，其法律有效期则延至自运输停止之日起两年内有效。

一、航空运单的作用

航空货运单是货物托运人和承运人（或其代理人）所使用的最重要的运输文件，其作用归纳如下：

▶ 1. 航空运单是承运人与托运人之间缔结货物运输的运输契约

与海运单不同，航空运单不仅证明航空运输合同的存在，而且航空运单本身就是发货人与航空运输承运人之间缔结的货物运输合同，在双方共同签署后就产生效力。

▶ 2. 航空运单是承运人收运货物的证明文件

在发货人将货物发运后，承运人或其代理人就会将其中一份交给发货人，作为已经接收货物的证明。

▶ 3. 航空运单是运费结算凭证及运费收据

航空运单分别记载着属于收货人负担的费用，属于应支付给承运人的费用和应支付给代理人的费用，并详细列明费用的种类和金额，因此可以作为运费账单和发票。

▶ 4. 航空运单是进出口货物办理清关的证明文件

出口时航空运单是报关单证之一，在货物到达目的地机场进行进口报关时，航空运单也通常是海关查验放行的基本单证。

▶ 5. 航空运单是在货物运输组织的全过程中运输货物的依据

航空运单随货同行，证明货物的身份。运单上载有有关该票货物发送、转运、交付的事项，承运人会据此对货物的运输做出相应的安排。

拓展阅读

海运提单与航空运单的区别

一般提单都是在海运上应用的。海运提单是船方或其代理人在收到其承运的货物时签发给托运人的货物收据，也是承运人与托运人之间的运输契约的证明，法律上具有物权证书的效用。收货人在目的港提取货物时，必须提交正本提单。

运单在海运、空运、陆运和铁路运输中都得到广泛的应用，是承运人与托运人之间签订的运输契约，也是承运人或其代理人签发的货物收据。航空运单还可作为核收运费的依据和海关查验放行的基本单据。但航空运单不是代表航空公司的提货通知单，在航空运单的收货人栏内，必须详细填写收货人的全称和地址，而不能做成指示性抬头。

提单本身是物权凭证（即提单代表货物），可以转让，可以背书。而海运单不是，海运单仅仅代表了货主和承运人之间存在一个运输合同，承运人需按照合同要求提供运输服务，当然，由于海运单不是物权凭证，因此也不能转让。

同时，由于物权凭证这一属性，提单可以不记名，持有提单的人就被视为货物的合法拥有者。而运单是必须是记名的，持有运单的人也不能被视为货物的所有者，货物的合法拥有者必须是运单上记名的人。

航空运单与海运提单有很大不同，却与国际铁路运单相似。它是由承运人或其代理人签发的重要的货物运输单据，是承托双方的运输合同，其内容对双方均具有约束力。航空运单不可转让，持有航空运单也并不能说明可以对货物要求所有权。

航空运单是发货人与航空承运人之间的运输合同与海运提单不同，航空运单不仅证明航空运输合同的存在，而且航空运单本身就是发货人与航空运输承运人之间缔结的货物运输合同，在双方共同签署后产生效力，并在货物到达目的地交付给运单上所记载的收货人后失效。

航空运单是承运人签发的已接收货物的证明，航空运单也是货物收据，在发货人将货物发运后，承运人或其代理人就会将其中一份交给发货人（即发货人联），作为已经接收货物的证明。除非另外注明，它是承运人收到货物并在良好条件下装运的证明。

航空运单是承运人据以核收运费的账单。航空运单分别记载着属于收货人负担的费用，属于应支付给承运人的费用和应支付给代理人的费用，并详细列明费用的种类。

航空运单是报关单证之一，出口时航空运单是报关单证之一。在货物到达目的地机场进行进口报关时，航空运单也通常是海关查验放行的基本单证。

航空运单同时可作为保险证书，如果承运人承办保险或发货人要求承运人代办保险，则航空运单也可用来作为保险证书。

二、航空运单的分类

（一）航空主运单

凡由航空运输公司签发的航空运单，称为主运单，是航空运输公司据以办理货物运输和交付的依据，是航空公司和托运人订立的运输合同，每一批航空运输的货物都有自己相对应的航空主运单，样本如表5-16所示。

（二）航空分运单

分运单是指集中托运人在取得航空公司签发的总运单后，签发自己的分运单给真正的收发货人。它是集中托运人接收货物的初步证据，是集中托运商的目的港代理人交付货物给收货人的正式文件，也是集中托运商与托运人结算运费的依据。

航空分运单有正本3份，副本若干份。正本的第1份交发货人，第2份航空货运代理公司留存，第3份随货物同行交收货人。副本分别作为报关、财务、结算及国外代理办理中转分拨等用。航空分运单与航空主运单的内容基本相同，如表5-17所示。

在托运的情况下，除了航空运输公司签发主运单外，集中托运人还要签发航空分运单。航空分运单作为集中托运人与托运人之间的货物运输合同，合同双方分别为货主A、B、C……和集中托运人，货主与航空运输公司没有直接的契约关系。而航空主运单作为航空运输公司与集中托运人之间的货物运输合同，当事人则为集中托运人和航空运输公司。

由于在起运地货物由集中托运人将货物交付航空公司，在目的地由集中托运人或其代理从航空运输公司处提取货物，再转交给收货人，因此货主与航空运输公司也没有直接的货物交接关系，航空分运单不过是集中托运人（货运代理公司）为了更好地区分各个货主货物而签发的运单。

另外，货运代理公司为了节省运费，航空货运代理常以集中托运者的身份，将各委托人的零星货物集中在一起向航空公司托运。但航空公司只签发一套航空运单，无法分给各委托人，因此航空代理就签发航空分运单发给各委托人，委托人可将此凭证寄给到达站收货人，收货人就凭分运单向到达站航空代理所委托的代理人提取货物。

表 5-16 航空主单样本

999　　59820600						Not Negotiable **Air Waybill** Issued by			中国国际航空公司 **AIR CHINA** BEIJING CHINA　999—59820600			
Shipper's Name and Address			Shipper's Account Number									
						Copies 1, 2 and 3 of this Air Waybill are originals and have the same validity.						
Consignee's Name and Address			Consignee's Account Number			It is agreed that the goods described herein are accepted for carriage in apparent good orderAnd condition (except as noted) and SUBJECT TO THE CONDITIONS OF CONTRACT ON THE REVERSE HEREOF. ALL GOODS MAY BE CARRIED BY AND OTHER MEANS INCLUDING ROAD OR ANY OTHER CARRIER UNLESS SPECIFIC CONTRARY INSTRUCTIONS ARE GIVEN HEREON BY THE SHIPPER. THE SHIPPER'S ATTENTIONIS DRAWN TO THE NOTICE CONCERNING CARRIER'S LIMITATION OF LIABILITY. Shipper may increase such limitation of liability by declaring a higher value for carriage and paying a supplemental charge if required.						
Issuing Carrier's Agent Name and City						Accounting Information						
Agent's IATA Code			Account No.									
Airport of Departure (Addr. of First Carrier) and Requested Routing												
To	By First Carrier Routing and Destination		to	by	to	by	Currency	CHGS Code	WT/VAL PPD　COLL	Other PPD　COLL	Declared Value for Carriage	Declared Value for Customs
Airport of Destination			Flight/Date For carrier Use Only Flight/Date				Amount of Insurance			INSURANCE - If Carrier offers insurance, and such insurance is requested in accordance with the conditions thereof, indicate amount to be insured in figures in box marked "Amount of Insurance."		
Handing Information												
(For USA only) These commodities licensed by U.S. for ultimate destination ....Diversion contrary to U.S. law is prohibited												
No of Pieces RCP	Gross Kg Weight lb		Rate Class Commodity Item No.	Chargeable Weight		Rate Charge		Total		Nature and Quantity of Goods (incl. Dimensions or Volume)		
Prepaid Weight Charge **Collect**					Other Charges							
Valuation Charge												
Tax												
Total other Charges Due Agent					Shipper certifies that the particulars on the face hereof are correct and that **insofar as any part of the consignment contains dangerous goods, such part is properly described by name and is in proper condition for carriage by air according to the applicable Dangerous Goods Regulations.**							
Total other Charges Due Carrier												
					.... Signature of Shipper or his Agent							
Total Prepaid		Total Collect										
Currency Conversion Rates		CC Charges in Dest. Currency										
					Executed on (date)　　　　at(place)　　　　Signature of Issuing Carrier or its Agent							
For Carrier's Use only at Destination	Charges at Destination		Total Collect Charges			999—59820600						

表 5-17　航空分运单样本

Shipper's Name and Address	Shipper's Account Number				HAWB NO. **HOUSE AIR WAYBILL**					
Consignee's Name and Address	Consignee's Account Number				MAWB No.					
Issuing Carrier's Agent Name and City					Accounting Information					
Agent's IATA Code	Account No.									
Airport of Departure (Addr. of First Carrier) and Requested Routing										
To	By First Carrier Routing and Destination	to	by	to	by	Currency	CHGS Code	WT/VAL PPD COLL	Other PPD COLL	Declared Value for Carriage / Declared Value for Customs
Airport of Destination	Flight/Date	For carrier Use Only Flight/Date			Amount of Insurance	INSURANCE - If Carrier offers insurance, and such insurance is requested in accordance with the conditions thereof, indicate amount to be insured in figures in box marked "Amount of Insurance."				
Handing Information										
(For USA only) These commodities licensed by U.S. for ultimate destination ....Diversion contrary to U.S. law is prohibited										
No of Pieces RCP	Gross Weight Kg/lb	Rate Class Commodity Item No.	Chargeable Weight	Rate	Charge	Total			Nature and Quantity of Goods(incl. Dimensions or Volume)	
Prepaid	Weight Charge	Collect	Other Charges							
	Valuation Charge									
	Tax									
Total other Charges Due Agent			Shipper certifies that the particulars on the face hereof are correct and that insofar as any part of the consignment contains dangerous goods, such part is properly described by name and is in proper condition for carriage by air according to the applicable Dangerous Goods Regulations.							
Total other Charges Due Carrier										
			Signature of Shipper or his Agent							
Total Prepaid	Total Collect									
Currency Conversion Rates	CC Charges in Dest. Currency									
			Executed on (date)　　　　at(place)　　　　Signature of Issuing Carrier or its Agent							
For Carrier's Use only at Destination	Charges at Destination		Total Collect Charges							

例如，重庆直通物流有限公司同时承接了3位货主从重庆发往韩国仁川的3票货物。为了减少运输成本，使利润最大化，直通物流会开具一份重庆至仁川的主运单，该主运单上的货物数量、重量为3位货主货物数量、重量之总和，收发货人则为直通物流及其在仁川的海外代理公司。但为了更好地区分3位货主的货物，直通物流的航空货运操作员则会给3位货主各开具一份航空分运单，而分运单上的数量、重量等均为各位货主货物的具体信息，而分单上的收发货人也是各位货主与买家的真实信息。

当货到仁川后，直通物流的海外代理则会一一通知各位货主的买家前来提取运单办理相关进境手续。当然在结算费用的时候，货运代理公司会按照主单上的总费用（享受了集货后的等级运价）支付给航空公司，而另一方与3位货主之间则按照分单上的实际运费结算，由此来赚取由于集货带来的差价。除此之外，运用分运单还有一个好处就是，主单上收发货人信息采用货运代理公司的信息可以避免货运代理行业之间的不正当竞争。

三、航空运单的内容及缮制

航空运单与海运提单类似，也有正面、背面条款之分，不同的航空公司也会有自己独特的航空运单格式。所不同的是，船运公司的海运提单可能千差万别，但各航空公司所使用的航空运单则大多借鉴国际航空运输协会所推荐的标准格式，差别并不大，这里只介绍这种标准格式。

▶ 1. 航空货运单号码（Air Waybill Number）

航空运单右上方和右下角的编号，由航空公司填写。编号由11位数字组成，前三位一般是各国航空公司的代号，如中国民航的代号为999，日本航空公司的代号为131等。

▶ 2. 承运人（Carrier）

此栏填写航空公司的名称。一般由航空公司自行印好航空公司的全称和简称，同时还印有"Not Negotiable"的字样。

▶ 3. 发货人名称及地址（Shipper's Name and Address）

发货人名称及地址，信用证结算方式下一般填写受益人名称；托收结算方式下一般填写合同中卖方的名称地址。如信用证另有规定，则按信用证要求填写。

▶ 4. 发货人账号（Shipper's Account Number）

一般可以不填。

▶ 5. 收货人名称及地址（Consignee's Name and Address）

此栏为航空运单的抬头。此栏根据信用证的规定填写，有的以买方为收货人，有的以开证行为收货人。如果信用证没有特殊规定，空运单必须做成记名抬头，不能做成指示式抬头。托收结算方式下一般填写合同中的买方。

▶ 6. 收货人账号（Consignee's Account Number）

一般可以不填。

▶ 7. 签发运单的承运人的代理人名称及城市（Issuing Carrier's Agent Name and City）

如果运单直接由承运人本人签发，此栏则可空白不填。若运单由承运人的代理人签发，则填写实际代理人名称及城市名。

▶ 8. 代理人国际航空运输协会代号(Agent's IATA Code)

本栏由承运人填写代理人的国际航空运输协会代号,规范填写方式为"代理人代码/城市代码"。

▶ 9. 代理人账号(Account No.)

此栏填写代理人账号,供承运人结算时使用,一般不填。

▶ 10. 始发站机场(Airport of Departure)

一般仅填写起航机场名称即可。

▶ 11. 转运机场/首程飞机/路线及目的地

货物运输途中需转运时按实际情况填写。

▶ 12. 货币及费用代码(Charges Code)

货币及费用代码即支付费用使用的货币国际标准电码表示,如 USD、HKD,费用代码可以不填。

▶ 13. 运费及声明价值费(WT/VAL,weight charge/valuation charge)

此时可以有两种情况:预付或到付。如预付在"PPD"中填入"×",否则填在"COLL"中。需要注意的是,航空货物运输中运费与声明价值费支付的方式必须一致,不能分别支付。

▶ 14. 目的地机场(Airport of Destination)

此栏填写货物运输的最终目的地机场。

▶ 15. 航班/日期(Requested Flight/Date)

此栏填写飞机航班号及其实际起飞日期。但本栏所填内容只能供承运人使用,因此该起飞日期不能视为货物的装运日期(一般以航空运单的签发日期作为装运日期)。UCP600规定,空运单据中其他与航班号和航班日期相关的信息将不被用来确定发运日期。

▶ 16. 会计事项(Accounting Information)

会计事项指与费用结算的有关事项,如运费预付、到付或发货人结算使用信用卡号、账号以及其他必要的情况。

▶ 17. 运输申报价值(Declared Value for Carriage)

此项填写托运货物总价值,一般可按发票额填列,如不愿宣布货物价值,则填"NVD",即无申报价值。

▶ 18. 海关申报价值(Declared Value for Customs)

此栏所填价值是提供给海关的征税依据。当以出口货物报关单或商业发票作为征税时,本栏可空白不填或填"As Per Invoice",如果货物系样品等数量少且无商业价值,可填"NCV"。

▶ 19. 保险金额(Account of Insurance)

只有在航空公司提供代理保险业务而客户也有此需要时才需填写。

▶ 20. 处理情况(Handling Information)

可利用本栏填写所需要注明的内容,如标记、件号、包装方法、随机文件、发货人对本批货物运输问题的特别指示、承运人对货物处理的有关注意事项等。

▶ 21. 货物件数和运价组成点[No of Pieces/RCP(Rates and Charges Point)]

填入货物包装件数，如 10 包即填"10"。当需要组成比例运价或分段相加运价时，在此栏填运价组成点机场的 LAYA 代码。

▶ 22. 毛重(Gross Weight)

此栏填入货物总毛重，重量单位可选择千克(kg)或磅(lb)。

▶ 23. 运价等级(Rate Class)

针对不同的航空运价共有 6 种代码：

"M"为 minimum charge，即货物的起运费率。

"N"为 normal under 45kg rate，即 45kg 以下的普通货物的费率。

"Q"为 quantity over 45kg rate，即 45kg 以上普通货物的费率。

上述以 45kg 为计算界限，因此称为重量分界点。

"C"为 special comnodity rate，即特种货物费率。

"R"为 reduced class rate less than normal rate，即折扣费率。对少数货物，可按"N"费率给予一定百分比的折扣。

"S"为 surcharged class rate、more than normal rate，即加价费率。对少数货物，按"N"费率加一定的百分比。

▶ 24. 商品代码(Commodity Item No.)

在使用特种运价时需要在此栏填写商品代码，通常情况下可以不填。

▶ 25. 计费重量(Chargeable Weight)

此栏填航空公司据以计算运费的计费重量，一般按毛重计费，如果按体积计算的重量大于实际毛重，则将体积重量填入，如按起码运价计收运费，则本栏可以不填。

▶ 26. 费率(Rate/Charge)

填入该货物按 kg 计算的费率。

▶ 27. 运费总额(Total)

运费总额等于计费重量乘以费率。

▶ 28. 货物品名和数量(包括体积或容积)(Nature and Quantity of Goods incl. Dimensions or Volume)

此栏填写商品名称、唛头、数量和尺码，包括体积和容积。其中，货物的尺码应以厘米或英寸为单位，尺寸分别以货物最长、最宽、最高边为基础。体积则是上述三边的乘积，单位为立方厘米或立方英寸。

▶ 29. 计重运费(Weight Charges)(Prepaid /Colleted)(预付/待付)

在对应的"预付"或"待付"栏内填入按重量计算的运费额。

▶ 30. 其他费用(Other Charges)

其他费用指除运费和声明价值附加费以外的其他费用。根据 LATA 规则，各项费用分别用三个英文字母表示，其中前两个字母是某项费用的代码，如运单工本费就表示为 AW；第三个字母是 C 或 A，分别表示费用应支付给承运人(carrier)或货运代理人。

▶ 31. 预付手续费金额(Prepaid)

此栏填写属于承运人的需要而产生的费用总额。

▶ 32. 预付运费总额及其他预付手续费金(Total Prepaid/Total Colleted)

此栏填写预付费总额加预付手续费金额。

▶ 33. 托运人关于所装货物非危险品的保证

因为危险品不许空运，托运人对此应签字做出保证，签名后以示保证所托运的货物并非危险品。

▶ 34. 签单时间(日期)、地点、承运人或其代理人的签字[Executed on(Date)of(Place)]

签单以后正本航空运单方能生效。本栏所表示的日期为签发日期，也就是本批货物的装运日期。如果信用证规定运单必须注明实际起飞日期，则以该所注的实际起飞日期作为装运日期。本栏的日期不得晚于信用证规定的装运日期。

▶ 35. 发货人或其代理人签名(Signature of Carrier or His Agent)

以代理人身份签章时，如同提单一样，需在签章处加注"As Agents"；承运人签章则加注"As Carrier"。注意，以上所有内容不一定要全部填入空运单，IATA也并未反对在运单中写入其他所需的内容。

拓展阅读

航空货运单的填开责任及要求

1. 航空货运单的填开责任

根据《华沙公约》《海牙议定书》和承运人运输条件的条款规定，承运人的承运条件为航空货运单，由托运人准备。托运人有责任填制航空货运单。规定明确指出，托运人应自行填制航空货运单，也可以要求承运人或承运人授权的代理人代为填制。托运人对货运单所填各项内容的正确性、完备性负责。由于货运单所填内容不准确、不完全，致使承运人或其他人遭受损失，托运人负有责任。托运人在航空货运单上的签字，证明其接受航空货运单正本背面的运输条件和契约。

根据《中华人民共和国民用航空法》有关条款规定，托运人应当填写航空货运单正本一式三份，连同货物交给承运人。承运人有权要求托运人填写航空货运单，托运人有权要求承运人接受该航空货运单。

2. 货运单的填制要求

(1) 航空货运单一般应使用英文大写字母，用电脑打制。各栏内容必须准确、清楚、齐全，不得随意涂改。

(2) 货运单已填好的内容在运输过程中需要修改时，必须在修改项目的近处盖章注明修改货运单的空运企业名称、地址和日期。修改货运单时，应将所有剩余的各联一同修改。

(3) 在始发站货物运输开始后，货运单上的"运输声明价值(Declared Value for Carriage)"一栏的内容不得再做任何修改。

(4) 每批货物必须全部收齐后，方可填开货运单，每一批货物或集合运输的货物均填写一份货运单。

练习

请根据客户的托运书(见表5-18)制作航空货物主运单(见表5-19)。

表5–18 重庆宏达集团货物托运书
SHIPPER'S LETTER OF INSTRUCTION

托运人姓名、地址、电话号码 Shipper's Name, Address & Telephone No.	航空货运单号码 Air Waybill Number	
Chonging Hongda Industry (GROUP) Co., Ltd. No.60 zhangjiawan, top bridge, ShapingbaDistrict, Chongqing, China Tel: +86-23-65083503 / 65083502	安全检查 Safety Inspection	
收货人姓名、地址、电话号码 Consignee's Name, Address & Telephone No.	是否定妥航班日期吨位 Booked	
	预定一程航班/日期	预定二程航班/日期
Green Park Tropical Fishfarm Pte Ltd Lot M28 Murai Farmway, Off Lim Chu Kang Road, London, British Tel: +44-67937105	国航 目的地：LON CA2432 /1-20	
	预付 PP √	到付 CC
	供运输用声明价值	供海关用声明价值
	N.V.D	N.C.V

始发站	CHONGQING	目的港	LONGDON	remark

货物品名：汽车发动机，型号为：LF-760，共有6台，总价值：GBP60000.00，货物以FOB价格成交，以信用证方式结算。要求你司代为制作合同、发票、箱单等全套货运单证，并代为报关报检及货物的托运。货物发运后及时通知我司。

储运注意事项及其他
1. 货物、单据交接时间：
2. 是否提货： 是
提货时间：2017年1月19日下午2点
提货地点：重庆市沙坪坝区上桥宏达集团A仓库

运 价 确 认（CNY）
运价:Q45-63.35元/千克
Q100-59.32元/千克
Q500-54.70元/千克

联系人及电话：李玲，023-65083503	提货费：	操作费：
3. 报关特殊要求：无	商检费：	报关费：
4. 运输时间要求： 2017年1月20日	鉴定费：	制单费：50.00
5. 分单要求： 无	其他费用：	
6. 是否有随机文件：箱单、合同、发票各制作一份		

件数 No.of Pcs.	毛重（千克）Gross Weight (kg)	海关编码 Comm. Item.No.	计费重量（千克）Chargeable Weight (kg)	费率 Rate/kg	货物品名（包括包装、尺寸或体积）Nature and quantify of Goods (Incl,Packaging,Dimensions or Volume)
6	600	84079090	600		中英文品名： 汽车发动机（automobile engine） 单件尺寸（长×宽×高）(单位:cm)： 40×30×30（6箱）打包在1个托盘上

托运人证实以上所填内容全部属实并愿意遵守承运人的运输章程 The shipper certifies that the particulars on the face hereof are correct and agrees to the conditions of carriage of the carrier	托运人（或代理人）名称：重庆宏达集团有限公司
备注：此委托书在托运人填写完整后，经网上传输至我将此委托书打印下来盖上托运人公司公章，连同报关文同时，托运人和我司也产生了法律上的合作关系，托运的真实性负法律责任，我司也将按委托书上的要求进行（红体字的内容为托运人必填部分）	经办人签名：李玲

表 5-19 航空货物主运单

999 59820600					999—59820600
Shipper's Name and Address	Shipper's Account Number	Not Negotiable **Air Waybill** Issued by		中国国际航空公司 **AIR CHINA** BEIJING CHINA	
		Copies 1, 2 and 3 of this Air Waybill are originals and have the same validity.			
Consignee's Name and Address	Consignee's Account Number	It is agreed that the goods described herein are accepted for carriage in apparent good order and condition (except as noted) and SUBJECT TO THE CONDITIONS OF CONTRACT ON THE REVERSE HEREOF. ALL GOODS MAY BE CARRIED BY AND OTHER MEANS INCLUDING ROAD OR ANY OTHER CARRIER UNLESS SPECIFIC CONTRARY INSTRUCTIONS ARE GIVEN HEREON BY THE SHIPPER. THE SHIPPER'S ATTENTION IS DRAWN TO THE NOTICE CONCERNING CARRIER'S LIMITATION OF LIABILITY. Shipper may increase such limitation of liability by declaring a higher value for carriage and paying a supplemental charge if required.			
Issuing Carrier's Agent Name and City		Accounting Information			
Agent's IATA Code	Account No.				
Airport of Departure (Addr. of First Carrier) and Requested Routing					
To	By First Carrier Routing and Destination	to	by	to	by	Currency	CHGS Code	WT/VAL PPD COLL	Other PPD COLL	Declared Value for Carriage	Declared Value for Customs
Airport of Destination	Flight/Date For Carrier Use Only Flight/Date	Amount of Insurance		INSURANCE - If Carrier offers insurance, and such insurance is requested in accordance with the conditions thereof, indicate amount to be insured in figures in box marked "Amount of Insurance."	
Handing Information					
	(For USA only) These commodities licensed by U.S. for ultimate destination .... Diversion contrary to U.S. law is prohibited				
No of Pieces RCP	Gross Weight Kg lb	Rate Class Commodity Item No.	Chargeable Weight	Rate Charge	Total	Nature and Quantity of Goods (incl. Dimensions or Volume)

Prepaid Weight Charge Collect	Other Charges	
Valuation Charge		
Tax		
Total other Charges Due Agent	Shipper certifies that the particulars on the face hereof are correct and that **insofar as any part of the consignment contains dangerous goods, such part is properly described by name and is in proper condition for carriage by air according to the applicable Dangerous Goods Regulations.**	
Total other Charges Due Carrier		
	Signature of Shipper or his Agent	
Total Prepaid Total Collect		
Currency Conversion Rates	CC Charges in Dest. Currency	Executed on (date) at (place) Signature of Issuing Carrier or its Agent
For Carrier's Use only at Destination	Charges at Destination	Total Collect Charges	999—59820600

拓展阅读

从货主视角看航空货运

现在，航空货运业的通行模式是代理人向航空公司预订舱位并进行结算。然而，这种模式往往忽视了运输三角中最重要的一方——货主的利益。在实际操作中，由于航空公司和代理人控制了大部分的话语权，货主的心声往往无法得到有效传达。

一、负面影响很多

众所周知，货物有可能出现意外的丢失（特别是在转运途中），也有可能出现破损，客户常抱怨货物在地上滞留的时间远大于在空中的运输时间。虽然大多数货主不得不接受这样的现实，但航空货运服务中存在的诸多负面因素已经让一些客户从空运转向海运。

毋庸置疑，燃油附加费是最主要的负面因素之一。美国货主的贸易联盟——全国产业运输联合会副总裁彼得·盖蒂认为："现在，航空货运价格不灵活，航空公司对经济下滑和油价下降的反应速度过慢。"

欧洲货主协会也认同上述观点："由于运量下降，运价已降到了合理范围内，但燃油价格始终是客户最重要的考虑因素。2005年，油价水平是每桶40美元，燃油附加费仅为每千克30美分。而今年年初，油价水平仅为每桶30美元，货主却需要为每千克货物支付60~70美分的附加费。我们希望燃油费能够随着油价下跌而相应下降。"

安保规章，特别是美国的安保条例是货主们关注的又一个重要因素。比例高达50%的出口货物必须通过安检或者扫描，但是美国政府并未明示这50%到底是飞机载货量的一半，还是所有代理、地面操作或是机场货物的50%，抑或是每批货物的50%。安保规章对货主这一群体的限制正在加剧。

由于加拿大的许多出口货物需要通过卡车运输到美国机场，加拿大出口商也相应受到了美国安保措施的影响。"如果你是'已知货主'，那么货物将不需要安检。"加拿大东芝公司负责海关和运输的主管约翰·奥瑞利表示。发运鲜货的货主承受的损失最大，位于波士顿的东岸海鲜公司总裁兼CEO迈克尔指出："如果我们有一箱海产品货物需要安检，那么整个冷链都会破裂，从而危害到整批货物的卫生状况。一般通过整个安检需要5个小时，而到那时，龙虾已经死了。"

当然，航空公司和代理人对安检措施不承担责任，但他们应该通过设计合理的流程、确保尽早取得所有必需的数据并递交给当局等措施，来努力降低货物损失。

二、紧俏的运力

航空公司可以控制的另外一个因素是运力。阿尔发协会——一家在世界范围内开展业务的英国贸易公司的老板大卫认为："某些航线上的舱位短缺，会造成真正的麻烦。例如，英国至非洲航线只有3家主要航空公司运营，如果他们将宽体飞机调成窄体飞机，那我们就遭殃了。我们必须要求代理人提前1周或更长时间订舱位。如果货物不能按计划运输，代理人需要组织其他货物填满舱位。我们虽然并不需要为没有利用的舱位付费，但如果多次出现这种情况，代理人就会放弃我们的生意。"

运力短缺也可以解释为什么加拿大公司会通过卡车运货到美国机场？为什么欧洲的货主会发现，他们的货物从另外一个国家起运？

如果运送危险品的话，舱位就更难找了。麦克·佩是一家飞机零件的全球供应公司——Aero Inventory 的物流经理，他指出："通常，危险品只能通过全货机运输，我们很难找到合适的舱位。"随着航空公司更多地使用小型全货机，市场上的可用运力正在减少。为了获得所需要的舱位，货主往往需要同航空公司保持良好的关系。

在世界其他地方，情况更糟。不仅航空公司对现有机队进行评估后在不断缩减货机和宽体客机的投入，而且机场的基础设施也让航空公司的操作更加困难。由于2008年纽约肯尼迪机场和纽瓦克机场的延误激增，美国联邦航空管理局已宣布计划拍卖上述机场的起降时刻。这一决定虽然受到纽约和新泽西港口委员会（PANYNJ）的反对，并在2008年12月付诸法律，使拍卖计划遭到推迟，但是这一行动仍未结束。这一拍卖计划要求航空公司对他们已经拥有的起降时刻进行竞拍。PANYNJ预计，这将会导致成本上升12%，并会造成纽约出发的运力缩减。

在其他地区如加拿大，机场每年的投入主要针对旅客，而不是货物。约翰·奥瑞利指出："如果在基础设施投入和服务提升等方面没有发生明显的变化，加拿大的航空货运产业就无法发展壮大。作为进口商，我们在多伦多、温哥华和一些地区机场需要更多的服务。多伦多的起降费是北美最高的，也是世界上收费最高的机场之一，这对货运经营没有好处。"

三、确保货运链条的完整

确保文件环节完整正确，需要货主、代理人和航空公司各方的通力合作。Aero Inventory 在大部分航线上依靠代理 Kuehne & Nagel 进行文件检查，但是在美国使用的是联邦快递公司，因此需要依靠自己的供应商进行文件操作。麦克·佩解释说："我们在美国拥有500家供应商，如果有一家不能正确录入数据，当遇到海关时我们就会有麻烦。"

鲜货的文件则更为棘手，最大的挑战来自卫生部门的要求。文件在美国获得通过后必须跟着货物走，如果不能和货物一起运达，货物就会被搁置；如果货物出现问题，文件也会被扣留。任何一种情况下，鲜货都会死。运输鲜货如此棘手，东岸海产品公司干脆成立了自己的代理公司。

航空业在运输鲜货方面已经大有提升。10年前，大部分机场没有冷库，对于鲜货运输也没有优先程序保证。但目前，欧洲通过立法已经提高了进出欧洲处理货物的程序。

鲜花运输往往更加麻烦。Flora Holland 公司的进口经理阿诺德如此评论："我们的确看到了好的变化，但是仍有改进的空间。我们的鲜花需要保持2℃的恒温，但在机场、停机坪或是飞机上，货物往往需要承受高达20℃的高温。如果冷链不能贯穿全程，就很难将温度降下来，特别是在货物到达欧洲后。"

阿诺德要求代理能保证在鲜花到达后立即放入冷库，在进出机场的运输过程中，将鲜花放在2℃～5℃的车中。鲜花应在最后1分钟装到飞机上，装机前使用隔热布、隔热毯等设施保护鲜花。飞机也应该始终保持一定的温度。"即使你使用专门的货机，也并不是每一个雇员都知道如何正确操作。航空货运的过程总是充满风险。"

这就是 Flora Holland 和许多同业者都在尽可能多地将鲜花转向海运的原因。虽然海运并不适合运输所有的鲜花种类，但的确有许多品种的鲜花在通过长达两周的海运后到达时的状态，要比仅需几个小时的空运状态还要好。

此外，货物丢失后的赔偿很低。麦克·佩说："我们在货物丢失后拿到的赔偿数额少得可怜。航空公司利用《蒙特利尔条约》和《华沙条约》做保护，我们获得的赔偿一般仅为每千克20美元。为此,我们需要另外购买保险,和保险公司再走一遍全套的索赔程序。我们做下来往往一无所获,即使货物损失不是我们的过错。"

看来,提高货物处理效率的最好方法是建立起良好的关系。但是这对那些零散货主和无法做到这点的货主意味着什么?难道不应该是每位货主都应享受到良好的服务吗?难道不应该每名雇员都通过培训,正确掌握处理特殊货物和文件的方法吗?在绝大部分时间里,即使是航空公司的老主顾,也对这个行业能否安全、快捷高效地运输自己的货物缺乏足够的信心。如果客户将货物转向海运,航空货运行业只有在自己身上寻找原因了。

项目测评

▶ 1. 项目导入研讨

学习完本项目内容后,请以重庆直通物流有限公司货运代理操作员的身份完成项目导入中的各项任务:

(1)为客户选择合理的运输线路。
(2)指导客户填写航空货物托运书。
(3)独立开具航空主运单。
(4)查询公布运价表,计算该票货物的实际运输费用。

▶ 2. 网络自我学习

登录以下航空公司货运官网,查询航班、航线、公布运价情况、跟踪货物运输情况,了解航空货运的最新知识及信息资源。

大韩航空公司:http://cargo.koreanair.com/chn/main/iMain.jsp
韩亚航空公司:https://www.asianacargo.com/Cn
中国国际航空公司:http://www.airchinacargo.com/
泰国航空公司:http://www.thaicargo.com/
国泰航空公司:http://www.cathaypacificcargo.com/

项目六
国际陆路货运代理与多式联运操作

教学目标

★ 知识目标
1. 了解国际铁路运输、公路运输、多式联运的概念及特点。
2. 了解国际铁路联运出口的基本流程。
3. 了解国际公路货物运输的业务流程。
4. 掌握国际多式联运的优势及组织形式。

★ 能力目标
1. 会操作国际货物铁路联运代理业务。
2. 能组织国际多式联运。
3. 能缮制国际多式联运提单。
4. 对陆路运输形成初步意识。
5. 能熟练操作各种陆路运输代理业务。

★ 素质目标
1. 较好的沟通与表达能力。
2. 细心、耐心的职业素养。

项目导入

重庆 ABC 机械制造有限公司于 2016 年 12 月与西班牙西雅特汽车公司签订了汽车发动机出口合同，并委托重庆直通物流有限公司代为办理出境手续及货物的托运。

▶ 1. 货物情况说明

品名：汽车用发动机

数量：500 台

合同价值：EUR1 890 500.00

总件数及重量：500 木箱，98 000kg

交货日期：2017 年 2 月 12 日

装货港：中国任何港口
卸货港：西班牙巴塞罗那
贸易条款：CIP BARCELONA
其他要求：所有发动机需经过中国出入境检验检疫局出具质检证书。

▶ 2. 工作任务

(1)为使货物能在规定的交货期内顺利到达巴塞罗那，重庆直通物流有限公司可以选用哪种或者哪些运输方式？
(2)请为该票货物设计出境运输路线。
(3)各种运输方式中分别涉及了多少承运人？
(4)该票货物出境要经过多少个国家？中途需要交换哪些运输单据？
(5)若有转运，在转运时应当注意什么事项？

项目实施

任务一 国际铁路联运操作

一、国际铁路货物联运的概念

国际铁路运输是指利用铁路进行进出口货物运输的一种方式。在国际贸易运输中，铁路运输是仅次于海洋运输的主要运输方式，与其他运输方式相比，铁路运输运量大、速度快、受气候影响较小、运输过程中风险较小、运费较低、手续简单，特别是在内陆接壤国家间的交易中起着重要的作用。

国际铁路联运指使用一份统一的国际联运单据，在跨两个或两个以上国家铁路货物的运送中，由铁路负责经过两国或两国以上的全程运送，不需发货人和收货人参加的联运业务。

二、国际铁路货物联运的基本规定

目前，国际铁路货物运输公约主要有两个：一个是由奥地利、法国、德国、比利时等西欧国家签订的《国际铁路货物运输公约》(以下简称《国际货约》)；另一个是由苏联、波兰、捷克斯洛伐克、匈牙利、罗马尼亚等国家签订的《国际铁路货物运输协定》(以下简称《国际货协》)。

《国际货约》是在1890年制定的《国际铁路货物运送规则》基础上发展起来的，于1961年2月25日由奥地利、法国、联邦德国、比利时等国在瑞士伯尔尼签订，1970年2月7日修订，1975年1月1日生效，1980年又进行了修订。目前，参加该公约的国家主要有德国、奥地利、瑞士、法国、意大利、比利时、荷兰、西班牙、葡萄牙、土耳其、芬兰、瑞典、挪威、丹麦、匈牙利、波兰、保加利亚、罗马尼亚、捷克斯洛伐克等。

《国际货协》于1951年由苏联、罗马尼亚、匈牙利、波兰等8个东欧国家签订。中国、朝鲜、蒙古于1953年7月加入该协定。后来，越南和古巴也加入该协定。《国际货协》自签订以后至1971年先后经过多次修改和补充，现行的是1971年4月经铁路合作组织批准，并从1974年7月1日起生效的文本。目前，《国际货协》签约国有阿塞拜疆、阿尔巴尼亚、白俄罗斯、保加利亚、越南、格鲁吉亚、伊朗、哈萨克斯坦、中国、朝鲜、吉尔吉斯斯坦、拉脱维亚、立陶宛、摩尔多瓦、蒙古、俄罗斯、塔吉克斯坦、土库曼斯坦、乌兹别克斯坦、乌克兰和爱沙尼亚等。此外，波兰、捷克、斯洛伐克、匈牙利、德国等虽已退出，但仍采用《国际货协》的规定。

《国际货协》的东欧国家又是《国际货约》的成员国，这样《国际货协》国家的进出口货物可以通过铁路转运到《国际货约》的成员国去，这为沟通国际间铁路货物运输提供了更为有利的条件。我国是《国际货协》的成员国，凡经由铁路运输的进出口货物均按《国际货协》的规定办理。

《国际货协》第6条、第7条规定，发货人在托运货物的同时，应对每批货物按规定的格式填写运单和运单副本，由发货人签字后向始发站提出。从始发站在运单和运单副本上加盖印戳时起，运输合同即告成立。

运单是铁路收取货物、承运货物的凭证，也是在终点站向收货人核收运杂费用和点交货物的依据。与提单及航运单不同，运单不是物权凭证，因此不能转让。运单副本在加盖加戳后退还发货人，并成为买卖双方结清货款的主要单据。

此外，《国际货协》还规定了国际铁路联运的诉讼和索赔条款，各成员国都严格按照该条款来处理运输中出现的问题。

三、国际铁路联运的特点

（一）运输方式单一，涉及面广

国际铁路联运仅有铁路一种运输方式，但在运送货物时通常涉及两个或两个以上国家及国境站，运送中涉及面广。

（二）运输组织工作复杂

国际铁路联运要求每批货物的运输条件如包装、转载、票据的编制、添附文件及车辆使用都要符合有关国际联运的规章、规定。运输票据、货物、车辆以及有关单证都必须符合有关规定和一些国家的正当要求。

（三）运输责任实行统一负责制

国际铁路联运采用一份联运单，货物从交付到收货，无论中途经过多少国家，在不同国家因轨距标准不同而进行的换轨换装作业，都不需要货主参与，而由承运国际铁路联运的承运人安排完成。

四、国际铁路运输业务操作流程

（一）托运前的工作

在托运前必须将货物的包装和标记严格按照合同中有关条款、国际货协和议定书中规定办理。

（1）货物包装应能充分防止货物在运输中灭失，保证货物多次装卸不致毁坏。

（2）货物标记、表示牌及运输标记、货签齐全，内容主要包括商品的记号和号码、件数、站名、收货人名称等。字迹均应清晰，不易擦掉，保证多次换装不致脱落。

（二）货物托运

货物的托运是发货人组织货物运输的一个重要环节。发货人在托运时，应告知国际铁路货物运输代理人安排整车或集装箱运输、发送站和运往的国家及到站、货物的品名和数量、预计运输的时间、客户单位名称、电话、联系人等信息，并应向车站提出货物运单，以此作为货物托运的书面申请。车站接到运单后，应进行认真审核。

对整车货物应检查是否有批准的月度、旬度货物运输计划和日要车计划，检查货物运单各项内容是否正确，如确认可以承运，车站即在运单上签证时写明货物应进入车站的日期和装车日期，即表示接受托运。发货人按签证指定的日期将货物搬入车站或指定的货位，并经铁路根据货物运单的记载查对实货，认为符合国际货协和有关规章制度的规定，车站方可予以承认，整车货物一般在装车完毕，发站在货物运单上加盖承运日期戳，即为承运。

发运零担货物，发货人在托运时，不需要编制月度、旬度要车计划，即可凭运单向车站申请托运，车站受理托运后，发货人应按签证指定的日期将货物搬进货场，送到指定的货位上，经查验过磅后，即交由铁路保管。从车站将发货人托运的货物，连同货物运单一同接受完毕，在货物运单上加盖承运日期戳时，即表示货物业已承运。铁路对承运后的货物负保管、装车、发运责任。

承运是铁路负责运送货物的开始，表示铁路开始对发货人托运的货物承担运送义务，并负运送上的一切责任。托运、承运完毕，铁路运单作为运输合同即开始生效。铁路按《国际货协》的规定对货物负保管、装车并运送到指定目的地的一切责任。

（三）货运单据准备

发货人首先需要填写国际铁路联运单（见表6-1），这是发货人与铁路之间缔结的运输契约，它规定了铁路与发、收货人在货物运送中的权利、义务和责任，对铁路和收发货人都具有法律效力。

发货人还要以书面形式委托代理人确认报价并确认代理关系，若需要代理人代为报关报检还需要向代理人提供以下单据：运输委托书、报关委托书、报检委托书、报关单、报检单（加盖委托单位的专用章）、合同、箱单、发票、商检放行单、卫生检疫证、产地证、发运清单等有关单证。

（四）报关

发货人将全套报关单证备齐后送至代理人指定公司，由代理人为其安排口岸报关。

（五）发车

根据运输计划安排通知，发货人送货发运时，在发货当地报关的货物需将报关单、合同、箱单、发票、关封等单据一同随车带到口岸。在口岸报关的需将合同、箱单、发票、报关单、商检证等单据快递给代理公司的口岸代理公司。货物发运后将运单第三联交给发货人。

（六）口岸交接

货物到达口岸后需要办理口岸货物交接转关换装手续，待货物换到外方车发运后，货运公司将口岸该货的换装时间，外方换装的车号等信息通知发货人。

表 6-1　国际铁路联运单样本

发送路简称	1 发货人，通信地址：			25 批号（检查标签）	运输号码：
					2 合同号码：
	5 收货人，通信地址：			3 始发站：	
				4 发货人的特别申明：	
6 对铁路无效约束力的记载：				26 海关记载	
7 通过的国境站：				27 车辆/28 标记载重（吨）/29 轴数/30 自重/31 换装后的货物重量	
8 到达路和站				27　28　29　30　31	

	9 记号，标记，号码	10 包装种类	11 货物名称	12 件数	13 发货人确定的件数（千克）	32 铁路确定的件数（千克）
			49 附件第二号			

14 共计件数（大写）：		15 共计重量（大写）：	16 发货人签字	
17 互换托盘数量		集装箱/运送用具		
		18 种类类型	19 所属者及号码	
20 发货人负担下列过境铁路的费用：		21 办理种别：	22 由何方发车：	33
		整车　零担　大规模集装箱	发货人　铁路	34
		不需要的划清		35
		24 货物的声明价格：		36
23 发货人添附的文件				37
		44 封印		38
		个数	记号	39
				40
45 发站日期数	46 到站日起数	47 确定重量方法	48 过磅的戳记，签字	41
				42
				43

出口货物在国境站交接的一般程序是：

（1）出口国境站货运调度根据国内前方站列车到达预报，通知交接所和海关做好接车准备；

（2）出口货物列车进站后，铁路会同海关接车，并将列车随带的运送票据送交接所处理，货物及列车接受海关的监管和检查；

（3）交接所实行联合办公，由铁路、海关、外运等单位参加，并按照业务分工开展流水作业，协同工作。铁路主要负责整理、翻译运送票据，编制货物和车辆交接单，以此作为向邻国铁路办理货物和车辆交接的原始凭证。外运公司主要负责审核货运单证，纠正出口货物单证差错，处理错发错运事故。海关则根据申报，经查验单、证、货相符，符合国家法令及政策规定，即准予解除监督，验关放行。最后由双方铁路具体办理货物和车辆的交接手续，并签署交接证件。

以上仅是一般货物的交接过程。对于特殊货物的交接，如鲜活商品、易腐、超重、超限、危险品等货物，则按合同和有关协议规定，由贸易双方商定具体的交接方法和手续。属贸易双方自行交接的货物，国境站外运公司则以货运代理人的身份参加双方交接。如果在换装交接过程中需要鉴定货物品质和数量，应由国内发货单位或委托国境站商检所进行检质、检量，必要时邀请双方检验代表复验。外运分公司则按商检部门提供的检验结果，对外签署交接证件。属于需要随车押运的货物，国境站外运分公司应负责两国国境站间的押运工作，并按双方实际交接结果对外签署交接证件，作为货物交接凭证和货款结算的依据。

（七）退单

货物换装交接后，海关将报关核销联退给代理人，由铁路货运代理人根据运费的支付情况再退给客户。

五、国际铁路运输业务注意事项

（1）检查箱况。货主在装货之前请仔细检查集装箱是否适合货物，是否污染、破损、穿漏，出现此类问题货主可拒绝装货并立即通知铁路货运代理人更换或修理集装箱。

（2）不可以超载。国际铁路联运规定的货物限重21.5吨/20英尺柜；26.5吨/40英尺柜；不同班列的车皮的限重种类较多，货主在发货之前要详细询问铁路货运代理人。

（3）不可以偏载。偏载影响铁路装车作业并严重影响行车安全，要求货物重心必须居中，离箱底交叉线中心附近偏差不超过10厘米，均衡装载。

（4）货物加固良好。货物在箱内加固不好会导致行车转弯时货物移动甚至发生车辆倾覆，同时严重影响货物安全。

（5）最好给所装的货物按箱编号、唛头清晰，并准确地反映在装箱单上，以方便理货及海关查验。

（6）装货完毕，监督司机施封并双方签字交接封号、箱号。

（7）货运委托书填写的货物信息必须与实际出货信息及运单信息一致，尤其是品名、重量和体积等；否则会导致运费不一致甚至罚款。

六、我国出境的国际铁路联运主要路线

（一）经我国满洲里口岸出运至俄罗斯的路线

满洲里是我国边境口岸城市，行政上属我国内蒙古自治区，满洲里车站是滨州线的终

点站。滨州线自哈尔滨起向西北至满洲里，全长935千米。满洲里车站是哈尔滨铁路局管辖的客货一等站。

与我国满洲里边境口岸相邻的是俄罗斯的后贝加尔斯克。后贝加尔斯克位于俄罗斯赤塔州内，上行85千米到达博尔集亚，再北上到达卡雷斯克亚连接西伯利亚铁路网络至俄罗斯各地及欧洲内陆。满洲里车站距中俄国境线有9.8千米，相邻的后贝加尔斯克车站距中俄国境线1.3千米。由于两国铁路轨道宽度不同，进出口货物需要在国境站换装后才能运送。我国出口货物在后贝加尔斯克车站换装，进口货物则在满洲里车站换装。近年来，随着中俄贸易的快速增长，满洲里口岸是我国对俄进出口货物的重要集散地。滨州线也是我国通往邻国的几条铁路干线中最重要的铁路。

（二）经我国阿拉山口口岸出运至中亚五国的路线

阿拉山口位于我国新疆博尔塔拉蒙古自治州博乐县（现博乐市）境内，距乌鲁木齐公路570千米。铁路有北疆线从乌鲁木齐到阿拉山口，全长460千米。阿拉山口是我国仅次于满洲里的第二大陆路口岸。2007年，阿拉山口口岸进出口货物通过量达1 248万吨。

与阿拉山口口岸相邻是哈萨克斯坦的多斯特克车站（注：多斯特克以前称德鲁日巴，于2007年改名为多斯特克车站）。北疆线经阿拉山口口岸出境至哈萨克斯坦土西铁路支线的终端多斯特克车站，连接中亚国家运输网络。阿拉山口处于著名的艾比风区，全年多风，年平均风速为2.1米/秒，8级以上的大风多达160余天。但风期山口能见度良好，口岸全年均可通行。因中哈两国铁路轨距不同，进出口货物需要在国境站换装才能运送。我国出口货物在多斯特克车站换装，进口货物则在阿拉山口车站换装。

阿拉山口是我国对哈萨克斯坦等独联体国家经济贸易的重要口岸，也是欧亚大陆桥上重要的交通运输枢纽。随着中国西部地区经济的发展及中国与中亚经济贸易活动的加强，阿拉山口口岸将担当更加重要的角色。

始于重庆的渝新欧运输线，途经四川、陕西、甘肃，然后抵达新疆边境阿拉山口，进入哈萨克斯坦，再转俄罗斯、白俄罗斯、波兰、终至德国杜伊斯堡，全程11 179千米，运行时间为13天，比海运减少24天。现在又延伸到了比利时的安特惠普，每个集装箱可以省下900美元。

（三）经我国二连浩特口岸出运至蒙古国的路线

二连浩特位于内蒙古自治区中北部，是我国与蒙古国接壤的口岸城市，全市面积450平方千米，人口1.6万。二连浩特车站是在我国京包线上的自集宁站向西北延伸至二连浩特站，集二线全长333千米。

二连浩特车站是集二线的终点站，距中蒙国境线4.8千米，距蒙古国境站扎门乌德9.3千米。它是我国通往蒙古的重要铁路干线，也是我国通往俄罗斯、欧洲地区的铁路路径。从北京经由二连浩特到莫斯科比经由满洲里要缩短了1 141千米的路程。但由于目前俄蒙边境口岸通行能力不足及官僚主义严重等原因，从中国至俄罗斯的货物大多仍是经满洲里口岸出运。

由于两国铁路轨距不同，进出口货物需要在国境站换装才能运送。我国出口货物在扎门乌德车站换装，进口货物在二连浩特车站换装。

（四）经我国丹东口岸出运至朝鲜的路径

丹东车站是沈丹线的终点站，自沈阳至丹东的铁路全长274千米，越过鸭绿江与朝鲜铁路相连。丹东相邻的是朝鲜的新义州车站。丹东车站距中朝国境线1.4千米，新义州车站距中朝国境线1.7千米，两国国境站间的距离仅为3.1千米。中朝两国铁路轨距相同，车辆可以原车过轨，货物无须在国境站换装。

（五）经我国凭祥口岸出运至越南的路径

凭祥车站是我国铁路对越南货物运输的国境交接站。它北起湖南衡阳，途经广西柳州、南宁，到达终点站凭祥，全长1 013千米，凭祥车站距中越边境线13.2千米，与凭祥相邻的是越南国境站同登车站。

越南连接我国凭祥的一段铁路，为通用标准轨道和米轨（1 000mm轨距）混合轨，车辆可以直接过轨，所以货物无须换装即可运送。

拓展阅读

铁 路 轨 距

1937年，国际铁路协会做出规定：1 435mm的轨距为国际通用的标准轨距，1 520mm以上的轨距是宽轨，1 067mm以下的轨距算作窄轨。

现行有四种轨距：欧洲大部分国家、土耳其、伊朗、中国和朝鲜半岛标准轨距为1 435mm；芬兰、俄罗斯，以及其他苏联加盟共和国采用1 520mm阔轨；印度、巴基斯坦、孟加拉国和斯里兰卡多数采用1 676mm阔轨；东南亚则多采用1 000mm窄轨。

中国是亚洲铁路里程数第一的国家，但是受到轨距标准不一的制约，有21条铁路的连接点无法与周边国家连接。以著名的亚欧大陆桥铁路为例，它经过哈萨克斯坦、吉尔吉斯斯坦、乌兹别克斯坦和塔吉克斯坦等国家，延伸到欧洲或非洲。可是因为上述独联体国家现仍然沿用1 520mm的宽轨铁路，致使行驶在"泛欧亚铁路干线"上的火车无法成为"欧亚直通车"，极大地限制了经哈萨克斯坦进入中国的欧亚铁路的国际联运业务。如果这条被称之为"第二座欧亚大陆桥"的干线全程都能够使用1 435mm的国际标准铁路，货车从欧洲到中国有8天就够了。

目前，渝新欧、汉新欧、蓉欧、郑新欧、西新欧等从中国直达欧洲各国的铁路班列由于都是从新疆阿拉山口出境到俄罗斯、哈萨克斯坦，受到轨道宽度不一致的影响，进出境铁路班列必须在俄罗斯境内花2~3天更换轨道，若能解决轨道标准问题，这无疑能大大提高物流速度，降低物流成本。

练习

判断题

1. 国际铁路联运中，承运人是以本国铁路的名义与发货人和收货人订立合同的。（   ）

2. 国际铁路联运中，发货人和收货人对已发生法律效力的运输合同不可以提出变更。（   ）

3. 铁路运输的出口货物的报关一般由发货人委托铁路在国境站办理。（   ）

4. 内地对香港的铁路运输既不同于国内运输，也不同于国际联运，它是采取"租车方式、两票运输、三段计费、货物承运收据结汇"的一种特殊的运输方式。（   ）

5. 国际铁路零担货物运输是指按一份托运的一批货物，重量不超过5 000kg，按其体积或种类不需要单独车辆运送的货物。（   ）

6. 国际铁路联运中收货人的变量申请只限于在到达国进口国境站，且在货物尚未从该国境站发出时办理。（　　）

任务二　国际公路联运操作

一、国际公路运输概述

国际公路货物运输是指国际货物借助一定的运载工具，沿着公路作跨及两个或两个以上的国际或地区移动的过程。目前，世界各国的国际公路货物运输一般以汽车作为运输工具，因此，国际公路货物运输与国际汽车货物运输这两个概念往往是可以相互替代的。

二、国际公路货物运输的特点与作用

（一）国际公路货物运输的特点

（1）政治性强、政策性强、纵横关系复杂。

（2）时间性强、风险较大。

（3）可以广泛参与国际多式联运。

（4）是邻国间边境贸易货物运输的主要方式。

（5）按有关国家之间的双边或多边公路货物运输协定或公约运作。

（二）国际公路货物运输的作用

（1）公路运输的特点决定了它最适合于短途运输。它可以将两种或多种运输方式衔接起来，实现多种运输方式联合运输，做到进出口货物运输的"门到门"服务。

（2）公路运输可以配合船舶、火车、飞机等运输工具完成运输的全过程，是港口、车站、机场集散货物的重要手段。尤其是鲜活商品、集港疏港抢运，往往能够起到其他运输方式难以起到的作用。可以说，其他运输方式往往要依赖汽车运输来最终完成两端的运输任务。

（3）公路运输也是一种独立的运输体系，可以独立完成进出口货物运输的全过程。公路运输是欧洲大陆国家之间进出口货物运输的最重要的方式之一。我国的边境贸易运输、港澳货物运输，其中有相当一部分也是靠公路运输独立完成的。

（4）集装箱货物通过公路运输实现国际多式联运。集装箱由交货点通过公路运到港口装船，或者相反。美国陆桥运输，我国内地通过香港的多式联运都可以通过公路运输来实现。

三、国际公路运输的分类

按承运货物的贸易特性划分，可以分为一般贸易运输、保税监管货物运输、转关接驳货物运输、来料加工货物运输，以及其他货物运输。

按其工作性质划分，大致可分为出口物资的集（港）站运输、进口货物的疏港（站）运输、国际多式联运的首末段运输、边境公路过境运输、特种货物运输,以及一般社会物资的运输。

四、国际公路运输的要求

(一) 关于公路运输的车辆装载货物的极限要求

▶ 1. 超限(即三超:超长、超宽、超高)

《道路运输条例》第 35 条规定:运输的货物应当符合核定的载重量,严禁超载;载物的长、宽、高不得违反装载要求。

自 2000 年 4 月 1 日起施行的《超限运输车辆行驶公路管理规定》第 3 条规定,有下列情形之一的运输车辆就属于超限运输车辆:

(1) 货总高度从地面算起 4m 以上(集装箱车货总高度从地面算起 4.2m 以上);

(2) 车货总长 18m 以上;

(3) 车货总宽度 2.5m 以上。

请注意:40 高箱的拖车运输,在我国属于超限运输(超高),40 高箱外部高度尺寸为 2 896mm,而牵引车鞍座高度为 1 320~1 450mm。

▶ 2. 超载(超重)

(1) 单车、半挂列车、全挂列车车货总质量 40 000kg 以上;集装箱半挂列车车货总质量 46 000kg 以上;

(2) 车辆轴载质量在下列规定值以上:

① 二轴车辆,其车货总重超过 20 吨的;

② 三轴车辆,其车货总重超过 30 吨的(双联轴按照两个轴计算,三联轴按照三个轴计算,下同);

③ 四轴车辆,其车货总重超过 40 吨的;

④ 五轴车辆,其车货总重超过 50 吨的;

⑤ 六轴及六轴以上车辆,其车货总重超过 55 吨的;

⑥ 虽未超过上述五种标准,但车辆装载质量超过行驶证核定载质量。

(二) 国际公路运输资质要求

▶ 1. 经营企业的资质要求

根据《中华人民共和国道路运输条例》第 49 条规定,申请从事国际道路运输经营活动的,应当具备下列条件:

(1) 已经取得国内道路运输经营许可证的企业法人。

(2) 从事国内道路运输经营满 3 年,且近 3 年内未发生重大以上道路交通责任事故。道路交通责任事故是指驾驶人员负同等或者以上责任的交通事故。

(3) 从事危险货物运输的驾驶员、装卸管理员、押运员,应当符合危险货物运输管理的有关规定。

(4) 拟投入国际道路运输经营的运输车辆技术等级达到一级。

▶ 2. 运输工具的资质要求

从事国际公路货物运输的工具需办理 C 级或特别行车许可证。

（1）C种国际汽车运输行车许可证，用于货物（含行包）运输，一车一证，在规定期限内往返一次有效，车辆回国后，由口岸国际道路运输管理机构回收。C种行车许可证由省级国际道路运输管理机构或授权的口岸国际道路运输管理机构发放和填写。

（2）国际汽车运输特别行车许可证，用于大型物件运输或危险货物运输，一车一证，在规定期限内往返一次有效。特别行车许可证由省级国际道路运输管理机构或授权的口岸国际道路运输管理机构发放和填写。

▶ 3. 其他相关管理规定

（1）我国从事国际道路运输的车辆进出有关国家境内，应当持有有关国家的国际汽车运输行车许可证；外国从事国际道路运输的车辆进出我国境内，应当持有我国国际汽车运输行车许可证。

（2）国际汽车运输行车许可证一车一证，在有效期内使用。运输车辆为半挂汽车列车、全挂汽车列车时，仅向牵引车发放国际汽车运输行车许可证。

（3）非边境省区的国际道路运输企业，应当向拟通过口岸所在地的省级道路运输管理机构申领国际汽车运输行车许可证。

五、国际公路货物运输的相关单证

为了统一公路运输所使用的单证和承运人的责任起见，联合国所属欧洲经济委员会负责草拟了《国际公路货物运输合同公约》（CMR），并在1956年5月19日在日内瓦欧洲17个国家参加的会议上一致通过签订，目前，包括俄罗斯、哈萨克斯坦、蒙古等国也加入了该《公约》，共有31个成员国，《公约》共有12章51条，就适用范围、承运人责任、合同的签订与履行、索赔和诉讼，以及连续承运人履行合同等都做了较为具体的规定。

CMR运单由3份正本组成，其中，第1份交发货人，第2份随货同行，第3份由承运人留存。当待装货物装在不同车内或装有不同种类货物或数票货物，发货人或承运人有权要求对使用的每辆车、每种货或每票货分别签发运单。

表6-2 国际道路货物运单　　　　　　　　　　　　　　　　　　　　No：000000

1. 发货人　　名称_____　　国籍_____			2. 收货人　　名称_____　　国籍_____		
3. 装货地点　　国家_____　市_____　　街道_____			4. 卸货地点　　国家_____　市_____　　街道_____		
5. 货物标记和号码	6. 件　数	7. 包装种类	8. 货物名称	9. 体积(m^3)	10. 毛重(kg)
11. 发货人指示					
a. 进/出口许可证号码：		从	在		海关

续表

b. 货物声明价值	
c. 发货人随附单证	
d. 订单或合同号	包括运费交货点
e. 其他指示	不包括运费交货点
12. 运送特殊条件	13. 应付运费

		发货人	运费	币别	收货人
14. 承运人意见					
15. 承运人		共计			

16. 编制日期 到达装货____时____分 离去____时____分 发货人签字盖章_____ 承运人签字盖章_____	17. 收到本运单货物日期_____ 18. 到达卸货____时____分 离去____时____分 收货人签字盖章_____
19. 汽车牌号_____车辆吨位_____ 司机姓名_____拖挂车号_____ 行车许可证号_____路单号_____	20. 运输里程_____过境里程_____ 收货人境内里程_____ 共计_____
21. 海关机构记载:	22. 收货人可能提出的意见:

说明：1. 本运单使用中文和相应国家文字印制。
2. 本运单一般使用一式四联单。第一联：存根；第二联：始发地海关；第三联：口岸地海关；第四联：随车携带(如是过境运输可印制6～8联的运单，供过境海关留存)。

六、我国与独联体国家边境公路口岸分布

(一) 新疆地区

▶ 1. 巴克图口岸—巴克特(哈萨克斯坦)

巴克图口岸位于新疆伊犁哈萨克自治州塔城地区境内，地处东经82°48′，北纬46°41′，巴克图口岸是新疆离城市最近的口岸(距离塔城12千米)，也是距乌鲁木齐市最近的口岸(距离乌鲁木齐市621千米)。巴克图口岸对面为哈萨克斯坦共和国东哈州，出境至哈萨克斯坦巴克特口岸0.8千米，至马坎赤市60千米，至乌尔加尔机场110千米，至阿亚库斯车站250千米。巴克图口岸已有200年通商历史，是中国西部通往中亚及欧洲的交通要道。20世纪60年代与苏联中断贸易往来而闭关，1990年，巴克图口岸重新开通，1995年5月通过国家正式检查验收，巴克图口岸于7月1日正式宣布对第三国开放，成为新疆三个向第三国开放的一类口岸(霍尔果斯口岸、阿拉山口口岸、巴克图口岸)之一。巴克图口岸实行6天8小时工作制。

▶ 2. 霍尔果斯口岸—霍尔果斯(哈萨克斯坦)

霍尔果斯口岸位于霍尔果斯市(2014年6月26日，国务院正式批准同意新疆维吾尔自

治区设立县级霍尔果斯市)中哈界河霍尔果斯河界桥上,是西北五省最大的国家一级公路通商口岸,距伊宁市 90 千米,距乌鲁木齐市 670 千米。对方口岸为哈萨克斯坦霍尔果斯口岸,距中方口岸仅 1.5 千米,距哈萨克斯坦雅尔肯特市(原名潘菲洛夫市)35 千米,距哈萨克斯坦原首都阿拉木图 378 千米。

霍尔果斯口岸的历史十分悠久,远在隋唐时,便是古丝路新北道上的重要驿站。1983年经政府批准恢复对哈萨克斯坦和第三国开放,成为中国西部综合运量最大、功能最齐全的一类陆路公路口岸。霍尔果斯口岸实行每周 7 天 12 小时工作制。

▶ 3. 都拉塔口岸—科尔扎特

1994 年,经国务院批准,都拉塔口岸成为国家一类口岸,是目前中国西部唯一由民营企业都拉塔口岸发展有限公司经营的口岸,被人们称为"草原口岸"。对应口岸为科里扎科口岸(相距 3.8 千米),都拉塔口岸位于察布查尔锡伯自治县西部草原,距县城 50 千米,自治州首府伊宁市 70 千米,据霍尔果斯口岸 90 余千米,从伊宁经此口岸到阿拉木图,比从霍尔果斯口岸出境抵阿拉木图,还少走 100 千米。都拉塔实行每周 6 天 8 小时工作制。

▶ 4. 吉木乃口岸—迈哈布奇盖(斋桑县)

吉木乃口岸处在中国、哈萨克斯坦、俄罗斯、蒙古国四个国家的交界区,是我国与哈萨克斯坦、俄罗斯联邦、蒙古国三国进行国际贸易最便捷的通道。吉木乃口岸离俄罗斯联邦的新西伯利亚等四个大城市不远。

▶ 5. 阿拉山口口岸—德鲁日巴

略。

▶ 6. 吐尔尕特口岸—纳伦州(吉尔吉斯斯坦)

略。

▶ 7. 伊尔克什坦口岸—伊尔克什坦(吉尔吉斯斯坦)

略。

(二)内蒙古自治区

(1)二卡(满洲里市)—阿巴该图(俄罗斯后贝加尔)。

(2)黑山头(内蒙古额尔古纳右旗)/旧粗鲁海图(俄罗斯赤塔州普里阿尔贡斯克区)。

(3)室韦(内蒙古额尔古纳右旗)—奥洛契(俄罗斯赤塔州涅尔琴斯科扎沃德区)。

(三)黑龙江省

(1)连崟(黑龙江漠河)—加林达(阿穆尔州斯科沃罗季诺区加林达)

(2)呼玛(呼玛县)—乌沙科沃(阿穆尔州施马诺夫斯克区乌沙科沃)

(3)黑河—布拉戈维申期克

(4)孙吴—康斯坦丁诺夫卡(阿穆尔州康斯坦丁诺夫卡区康斯坦丁诺夫卡)

(5)逊克—波亚尔科沃(阿穆尔州米哈伊洛夫卡区波亚尔科沃)

(6)嘉荫—帕什科沃(犹太自治州奥布卢奇耶区帕什科沃)

(7)萝北—阿穆尔泽特(犹太自治州十月阿穆尔泽特)。

(8)同江—下列宁阔耶(犹太自治州列宁斯阔耶区下列宁斯阔耶)

(9)抚远—哈巴罗夫斯克

（10）饶河—波克罗夫卡（哈巴办夫斯克边疆区比金区波克罗夫卡）
（11）虎林—马尔科沃
（12）密山—图里罗格
（13）绥芬河（公路）—波格拉尼奇内（公路）：该对口岸分别位于中国黑龙江省绥芬河市和俄罗斯联邦滨海边疆区波格拉尼奇内区波格拉尼奇内。
（14）东宁—波尔塔夫卡：该对口岸分别位于中国黑龙江省东宁县三岔口和俄罗斯联邦滨海边疆区波格拉尼奇内区波尔塔夫卡。该对口岸为双边公路客货运输口岸。

（四）吉林省

珲春—克拉斯基诺：该对口岸分别位于中国吉林省珲春市长岭子和俄罗斯联邦滨海边疆区克拉斯基诺区克拉斯基诺。该对口岸为国际客货公路运输口岸。

任务三　国际多式联运基础认知

一、国际多式联运概述

（一）国际多式联运概念

"多式联运"一词最早见于1929年《华沙公约》，根据1980年《联合国国际货物多式联运公约》（以下简称《多式联运公约》）以及1997年我国交通部和铁道部共同颁布的《国际集装箱多式联运管理规则》的定义，国际多式联运是指"按照多式联运合同，以至少两种不同的运输方式，由多式联运经营人将货物从一国境内接管货物的地点运至另一国境内指定地点交付的货物运输"。

国际多式联运是一种以实现货物整体运输的最优化效益为目标的联运组织形式。它通常是以集装箱为运输单元，将不同的运输方式有机地组合在一起，构成连续的、综合性的一体化货物运输。通过一次托运、一次计费、一份单证、一次保险，由各运输区段的承运人共同完成货物的全程运输，即将货物的全程运输作为一个完整的单一运输过程来安排。

（二）与国际多式联运相关的概念

▶ 1. 多式联运经营人

多式联运经营人指其本人或通过其代表订立多式联运合同的任何人，是事主而不是发货人的代理人或代表，也不是参加多式联运的承运人的代理人或代表，并负有履行合同的责任。

拓展阅读

国际多式联运经营人要对整个运输过程负责，因此对经营人的要求较高，必须具备以下条件。

（1）具有经营管理的组织机构、业务章程和具有企业法人资格，能够与发货人或代表订立多式联运合同。

(2) 从发货人或其代表手中接收货物后，即能签发自己的多式联运单证以证明合同的订立、执行和接收货物并开始对货物负责。

(3) 必须具有与经营能力相适应的自有资金。

(4) 多式联运经营人必须能承担多式联运合同中规定的与运输和其他服务有关的责任，并保证把货物交给多式联运单证的持有人或单证中指定的收货人。因此必须具备与合同要求相适应的，能承担上述责任的技术能力。

① 必须建立自己的多式联运路线。

② 要有一支具有国际运输知识、经验和能力的专业队伍。

③ 在各条联运线路上有完整的分支机构、代表或代理人组成的网络机构。

④ 要能够制定各线路的多式联运单一费率。

⑤ 要有必要的设备和设施。

⑥ 要做好宣传普及、咨询服务等工作。

▶ **2. 多式联运合同**

多式联运合同指多式联运经营人凭以收取运费、负责完成或组织完成国际多式联运的合同。多式联运合同的订立是由多式联运经营人公布经营范围、运价标准、提单条款，发货人提出运输申请，双方协商运费率、货物交接的方式、形态、时间，集装箱提取地点、时间等情况，多式联运经营人在交给发货人（或代理人）的场站收据副本上签章，证明接受委托。这时合同即告成立，发货人与经营人的合同关系已确立并开始执行。所以国际多式联运合同需要具备以下的条件：

(1) 必须是对货物的运输，而且是国际间的货物运输。

(2) 在全程运输中要使用两种或两种以上运输方式，而且是这些运输方式的连续运输。

(3) 多式联运经营人应具有接收货物、保管货物和完成或组织完成运输及有关服务的责任。

(4) 该合同应是承揽、有偿和非要式合同。

▶ **3. 多式联运单据**

多式联运提单是证明多式联运合同的运输单据，具有法律效力，同时也是经营人接管货物并负责按照合同交付货物与发货人之间达成的协议（合同）的条款和具体内容的证明，是双方基本义务、责任和权利的说明。

根据国际多式联运公约，多式联运提单应载明下列事项：

(1) 货物的品类，识别货物所必需的主要标志。

(2) 货物的外表状况。

(3) 多式联运经营人的名称和主要营业所。

(4) 发货人、收货人（必要时可有通知人）名称。

(5) 多式联运经营人接管货物的地点和日期。

(6) 交付货物的地点。

(7) 双方明确协议的交付货物地点，交货时间、期限。

(8) 表示该提单为可转让或不可转让的声明。

(9) 多式联运提单签发的点和日期。

(10) 多式联运经营人或经其授权的人的签字。

(11) 经双方明确协议的有关运费支付的说明，包括应由发货人支付的运费及货币，或由收货人支付的其他说明。

（12）有关运输方式、运输线路、转运地点的说明。

（13）有关声明与保留。

（14）在不违背签发多式联运提单所在国家法律的前提下，双方同意列入提单的其他事项等。

各多式联运经营人印制的多式联运提单一般都应能注明上述内容（见表6-3）。这些内

表6-3 国际多式联运单据样本

Shipper		B/L NO.
		PIL
		PACIFIC INTERNATION LINES (PTE) LTD (Incorporated in Singapore)
Consignee		**COMBINED TRANSPORT BILL OF LADING**
		Received in apparent good order and condition except as otherwise noted the total number of container or other packages or units enumerated below for transportation from the place of receipt to the place of delivery subject to the terms hereof. One of the signed Bills of Lading must be surrendered duly endorsed in exchange for the Goods or delivery order. On presentation of this document (duly) Endorsed to the Carrier by or on behalf of the Holder, the rights and liabilities arising in accordance with the terms hereof shall (without prejudice to any rule of common law or statute rendering them binding on the Merchant) become binding in all respects between the Carrier and the Holder as though the contract evidenced hereby had been made between them.
Notify Party		
		SEE TERMS ON ORIGINAL B/L
Vessel and Voyage Number	Port of Loading	Port of Discharge
Place of Receipt	Place of Delivery	Number of Original Bs/L
PARTICULARS AS DECLARED BY SHIPPER – CARRIER NOT RESPONSIBLE			
Container Nos/Seal Nos. Marks and/Numbers	No. of Container / Packages / Description of Goods	Gross Weight (Kilos)	Measurement (cu-metres)
FREIGHT & CHARGES	Number of Containers/Packages (in words)		
	Shipped on Board Date:		
	Place and Date of Issue:		
	In Witness Whereof this number of Original Bills of Lading stated Above all of the tenor and date one of which being accomplished the others to stand void.		
	for **PACIFIC INTERNATIONAL LINES (PTE) LTD** as Carrier		

容通常由发货人填写，或由多式联运经营人或其代表根据发货人提供的有关托运文件及双方协议情况填写。《多式联运公约》中还规定，如果提单中缺少上述内容的一项或数项，但不影响多式联运单据的法律性质，不影响货物运输及各当事人之间的利益，这样的多式联运提单仍然有效。国际多式联运单据根据提单是否可以转让，分为指示提单、不记名提单、记名提单三类。其中，指示提单和不记名提单都是可转让提单，记名提单是不可转让提单。

1）指示提单

正面收货人一栏中载明"由某人指示"（Order of ×××）或"指示"（Order of Bank），后者一般被视为发货人指示。

记名背书（special indorsement），即指示人在提单背面写明被背书人的背书。经营人或其代表在目的地交付货物时应把货物交给被背书人或按其进一步指示的收货人。

空白背书（indorsement in blank），即指示人在提单背面只签署自己的姓名，而不写明被背书人的背书。经营人应将货物交给出示提单的人（同不记名背书）。

两种指示提单均须要指示人背书后才能转让，实现提单的流通。如果指示人不做任何背书，则意味着指示人保留对货物的所有权，只有指示人本人才有提货权。

2）不记名提单

不记名提单又称空白提单，是指在正面收货人栏不写明具体收货人或由某人指示，通常只注明"持有人"（Bearer）或"交持有人"（To Bearer）字样的多式联运提单。

经营人或其代表应将货物交给持有提单的人。

不记名提单的转让不需要背书即可进行，因此这种提单具有很强的流通性，但也给货物买卖双方带来很大风险，所以在实践中极少采用。

3）记名提单

记名提单是指正面收货人一栏载明作为收货人的特定的人（或公司）的提单，一般不能发生转让流通。由于这种提单流通性差，在实践中采用较少。

思考：海运提单根据抬头不同可以分为哪几种？

拓展阅读

国际多式联运单据的性质与作用

1. 国际多式联运单据是多式联运经营人与发货人之间订立的国际多式联运合同的证明，是双方在合同确定的货物运输关系中权利、义务和责任的准则

与单一方式下的运单不同，不是运输合同而只能是合同的证明。

提单正面的内容和背面的条款是经营人与发货人订立合同的条款与实体内容。

提单发生转移后，发货人根据提单或与经营人另外达成的协议而承担的责任也并不因此而解除。

2. 国际多式联运单据是多式联运经营人接管货物的证明和收据

与海运提单一样，当提单在发货人手中时，是承运人已按其上所载情况收到货物的初步证据，即如经营人实际收到的货物与提单内容不符，经营人可以提出反证。但如果提单"转让至善意的第三者或提单受让人"，除提单上订有有效的"不知条款"外，提单成为经营人按其记载的内容收到货物的绝对证据，经营人不得提出实际收到货物与提单上记载内容

不符的任何反证。

3. 国际多式联运单据是收货人提取货物和多式联运经营人交付货物的凭证

无论经营人签发的是哪一种提单，也不论是否发生了转让，收货人或受让人在目的地提货时，必须凭借多式联运提单才能换取提货单（或收货记录）；反之，多式联运经营人或其代表也只能把货物交付给提单持有人。

4. 国际多式联运单据是货物所有权的证明，可以用来结汇、流通、抵押等

谁拥有提单，在法律上就表明拥有提单上记载的货物。提单持有人虽然不直接占有货物，但可以用它来结汇、流通买卖和抵押，如发货人可以用它来结汇，收货人在目的港要求经营人交付货物，或用背书或交付提单方式处理货物（转让），可以作为有价证券办理抵押等。一般来讲，提单的转让可产生货物所有权转移的法律效力。

▶ 4. 契约承运人与实际承运人

契约承运人，指签订运输合同的承运人，在多式联运中，是指与发货人签订多式联运合同的承运人，即多式联运经营人。

实际承运人，指实际完成运输的承运人。在多式联运中，是指实际完成运输全程中某一区段或几个区段货物运输的分运人。这些实际承运人与多式联运经营人订立区段运输合同并据以完成区段运输，但他们与联运合同中的发货人没有合同关系。

二、国际多式联运的基本条件

国际多式联运必须具备以下特征或称基本条件。

（一）必须订立有一个多式联运合同

无论货物全程运输涉及使用几种方式，必须订立多式联运合同，该合同是多式联运经营人与发货人之间权利、义务、责任和豁免的合同关系，是区别多式联运与一般单一方式货物运输，确定多式联运性质的主要依据。该合同的成立须具备以下条件：

（1）至少使用两种以上不同的运输方式；

（2）承担国际货物运输；

（3）接受货物运输，对合同中的货物负有运输、保管之责任；

（4）属于一种承揽、有偿的合同。

（二）必须使用一份全程多式联运单据

该单证应满足不同运输方式的需要，并证明多式联运合同及证明多式联运经营人已接管货物并负责按照合同条款交付货物所签发的单据。

（三）必须是至少两种不同运输方式的连续运输

这是确定一票货运是否属于多式联运的最重要的特征，包括铁路、公路、航空、海运等任何两种或两种以上运输方式的联合运输在内。

（四）必须是国际间的货物运输

这不仅是区别于国内货物运输，主要是涉及国际运输法规的适用问题。可见，即使采用两种以上不同运输工具完成的国内货物运输亦不属于国际多式联运的范畴。

（五）必须由一个多式联运经营人对货物运输的全程负责

该多式联运经营人不仅是订立多式联运合同的当事人，也是多式联运单证的签发人。

当然,在多式联运经营人履行多式联运合同所规定的运输责任的同时,可将全部或部分运输委托他人(分承运人)完成,并订立分运合同。但分运合同的承运人与托运人之间不存在任何合同关系。

(六)必须对货主实现全程单一运费费率

由此可见,国际多式联运的主要特点是,由多式联运经营人对托运人签订一个运输合同统一组织全程运输,实行运输全程一次托运、一单到底、一次收费、统一理赔和全程负责。它是一种以方便托运人和货主为目的的先进的货物运输组织形式。

拓展阅读

各种公约下的联运要求

1. 汉堡规则下的联运的特殊要求

两种运输方式之一为海上运输;所订立的运输合同属于两国间的货物运输。

2. 公路货运公约下的联运

运输合同中规定的接管和交付货物的地点位于两个不同的国家。

3. 华沙公约下的联运

根据有关方订立的运输合同,不论在运输全程有无中断或转运,其出发地和目的地在两个缔约国的主权、宗主权、委托统治权或权利管辖下的领土内有一个经停地点的任何运输。

三、国际多式联运的优点

(一)简化托运、便利货物运输

在国际多式联运方式下,所有一切运输事项均由多式联运经营人负责办理。而托运人只需面向多式联运经营人,一次性办理托运,订立运输合同,支付费用以及保险等业务。同时,由于多式联运采用一份货运单证,统一计费,简化制单和结算手续,节省人力和物力。此外,一旦运输过程发生货损货差,由多式联运经营人对全程运输负责,也可以简化理赔手续,减少理赔费用。

(二)减少货损货差,提高货运质量

尽管多式联运货物在运输途中须经多次转换,但各个运输环节和各种运输工具之间配合密切、衔接紧凑,货物中转速度及时,大大减少货物的在途停留时间,从而保证了货物安全、迅速、准确、及时地运抵目的地,因此相应地降低了货物的库存量和库存成本。同时,多式联运系通过集装箱为运输单元进行直达运输,用专业机械装卸,货损货差事故大为减少,提高了货物的运输质量。

(三)降低运输成本,节省各种支出

由于多式联运可实行"门到门"运输,因此对货主来说,在将货物交由多式联运经营人后即可取得货运单证,并据以结汇,从而提前了结汇时间。这不仅有利于加速货物占用资金的周转,而且可以减少利息的支出。此外,由于货物是在集装箱内进行运输的,因此从某种意义上来看,可相应地节省货物的包装、理货和保险等费用的支出。

(四) 提高运输管理水平，实现运输合理化

传统只能运营自己拥有的运输工具能够抵达的范围的运输业务，货运量受到限制。多式联运使运输业务的范围扩大到世界，其他运输有关行业如仓储、港口、代理、保险、金融等都可通过参加多式联运扩大业务。

国际多式联运由不同的运输经营人共同参与，经营的范围可以大大扩展，同时可以最大限度地发挥其现有设备的作用，选择最佳运输线路组织合理化运输，实现运输资源的优化配置。

(五) 其他作用

(1) 有利于加强政府部门对整个货物运输链的监督与管理；
(2) 保证本国在整个货物运输过程中获得较大的运费收入分配比例；
(3) 有助于引进新的先进运输技术；
(4) 减少外汇支出；
(5) 改善本国基础设施的利用状况；
(6) 通过国家宏观调控与指导职能保证使用对环境破坏最小的运输方式，达到保护本国生态环境和促进交通运输可持续发展的目的。

四、国际多式联运与一般国际货物运输的主要不同点

(一) 多式联运提单与一般海运提单、运单的不同

在提单业务上，有三种提单表面上很相似，实际上是有区别的。

▶ 1. 转船提单

转船提单，是指货物须经中途转船才能到达目的港而由承运人在装运港签发的全程提单。转船提单上注有"在某港转船"的字样，承运人只对第一程运输负责。

▶ 2. 联运提单

联运提单，是指须经两种或两种以上运输方式（海陆、海河、海空、海海等）联运的货物，由第一承运人收取全程运费后，在起运地签发到目的港的全程运输提单。联运提单虽然包括全程运输，但签发提单的承运人只对自己运输的一段航程中所发生的货损负责，这种提单与转船提单性质相同。

上述两类提单统称为联运提单，主要适用于海—陆、海—陆—海、海—空等以海运为第一程运输的多种运输方式，主要用于非成组化的杂货件的运输。其主要特点是：①签发人必须是货物的承运人或其代理人，即由第一承运人作为总承运人，签发包括全程运输的提单，并负责对下程承运人办理托运并代付运费；②运输采用分段责任制。即货物承运人只负责它所承运区段内的运输风险，其余各段的运输风险由各段实际承运人或货主自己负责；③在海—海运输方式下的联运提单与转船提单性质基本相同。

▶ 3. 多式联运单据

多式联运单据，也称多式联运提单，指货物由海上、内河、铁路、公路、航空等两种或多种运输方式进行联合运输而签发的适用于全程运输的提单，主要适用于运送成组化货物，特别是集装箱的多式联运。

（二）多式联运提单与其他单证的不同

▶ 1. 提单的签发人不同

多式联运单据由多式联运经营人签发，而且可以是完全不掌握运输工具的"无船承运人"，全程运输均安排各分承运人负责。联运提单由承运人或其代理人签发。多式联运提单上的收货人和发货人则是真正的、实际的收货人和发货人，通知方则是目的港或最终交货地点的收货人或该收货人的代理人。

▶ 2. 签发人的责任不同

多式联运单据的签发人对全程运输负责。而联运提单的签发人仅对第一程运输负责。

▶ 3. 运输方式不同

多式联运提单的运输既可用于海运与其他方式的联运，也可用于不包括海运的其他运输方式的联运。联运提单的运输限于海运与其他运输方式的联合运输。

▶ 4. 已装船证明不同

多式联运提单可以不表明货物已装船，也无须载明具体的运输工具。联运提单必须是已装船提单。

▶ 5. 单证性质不同

多式联运提单具有一般海运提单的可转让性，而其他运输方式下的运单不可转让。

（三）信用证上的条款不同

根据多式联运的需要，信用证上的条款应有以下三点变动：

（1）向银行议付时不能使用船公司签发的已装船清洁提单，而应凭多式联运经营人签发的多式联运提单，同时应注明该提单的抬头如何制作，以明确可否转让。

（2）多式联运一般采用集装箱运输（特殊情况除外），因此，应在信用证上增加指定采用集装箱运输条款。

（3）如不由银行转单，以便收货人或代理人能尽早取得货运单证，加快在目的港（地）提货的速度，则应在信用证上加列"装船单据由发货人或由多式联运直接寄收货人或其代理"之条款。如由多式联运经营人寄单，发货人出于议付结汇的需要应由多式联运经营人出具一份"收到货运单据已寄出"的证明。

（四）海关验放的手续不同

一般国际货物运输交货地点大都在装货港，目的地大多在卸货港，因此办理报关和通关手续都是在货物进出境的港口。而国际多式联运货物的起运地大都在内陆城市。因此，内陆海关只对货物办理转关监管手续，由出境地的海关进行查验放行。进口货物的最终目的地如为内陆城市，进境港口的海关一般不进行查验，只办理转关监管手续，待货物到达最终目的地时由当地海关查验放行。

五、国际多式联运的运输组织

（一）协作式多式联运的运输组织方法

在协作式多式联运运输组织体制下，全程组织是建立在统一计划、统一技术作业标准、统一运行图和统一考核标准基础上的，而且在接收货物运输、中转换装、货物交付等业务中使用的技术、衔接条件等也需要在统一协调下同步建设或协议解决，并配套运行以保证全程运输的协同性，如图6-1所示。

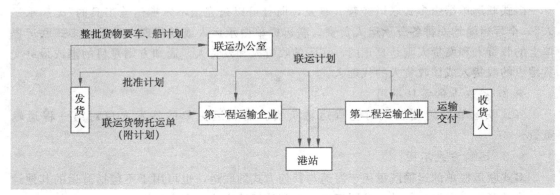

图6-1　协作式多式联运

（二）衔接式多式联运的组织方法

衔接式多式联运的全程运输组织业务是由多式联运经营人完成的，这种联运组织下的货物运输过程如图6-2所示。

在这种联运组织体制下，承担各区段货物运输的运输企业的业务与传统分段运输形式下完全相同，这与协作式多式联运运输体制下还要承担运输衔接工作是有很大区别的。

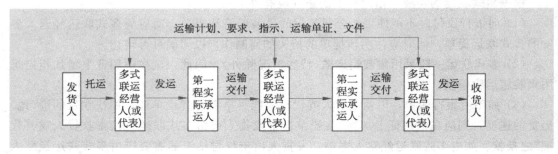

图6-2　衔接式多式联运

思考：协作式多式联运组织方法与衔接式多式联运组织方法的不同点是什么？

（三）多式联运的运输组织业务

（1）宣传与揽货工作组织。

（2）汇总合同，制订运输计划。主要包括选择各票货物运输路线、运输方式、各区段的实际承运人及代理人；确定运输批量；编制订舱计划，集装箱调运计划，装箱、接货计划及各批货物的运输日程计划等。

（3）组织各项计划的实施。主要包括与各区段选择的实际承运人签订分运合同，将计划下达给有关人员或机构，监督其按计划进行工作，并及时了解执行情况，并组织有关信息传递工作。

（4）计划执行情况监督及计划的调整。根据计划及执行情况反馈信息检查、督促各区段、各转接点的工作，如出现问题则对计划进行必要调整，并把有关信息及时传给有关人员或机构，以便执行新的指令。

（5）组织货物交付、事故处理及集装箱回运工作。

（四）多式联运的运输组织形式

国际多式联运是采用两种或两种以上不同运输方式进行联运的运输组织形式。这里所指的至少两种运输方式可以是海陆、陆空、海空等。这与一般的海海、陆陆、空空等形式的联运有着本质的区别。后者虽也是联运，但仍是同一种运输工具之间的运输方式。众所周知，各种运输方式均有自身的优点与不足。一般来说，水路运输具有运量大、成本低的优点；公路运输则具有机动灵活，便于实现货物门到门运输的特点；铁路运输的主要优点是不受气候影响，可深入内陆和横贯内陆实现货物长距离的准时运输；而航空运输的主要优点是可实现货物的快速运输。由于国际多式联运严格规定必须采用两种和两种以上的运输方式进行联运，因此这种运输组织形式可综合利用各种运输方式的优点，充分体现社会化大生产、大交通的特点。

由于国际多式联运具有其他运输组织形式无可比拟的优越性，因此这种国际运输新技术已在世界各主要国家和地区得到广泛的推广和应用。目前，有代表性的国家多式联运主要有远东/欧洲、远东/北美等海陆空联运，其组织形式如下。

▶ 1. 海陆联运

海陆联运是国际多式联运的主要组织形式，也是远东/欧洲多式联运的主要组织形式之一。目前，组织和经营远东/欧洲海陆联运业务的主要有班轮公会的三联集团、北荷、冠航和丹麦的马士基等国际航运公司，以及非班轮公会的中国远洋运输公司、台湾长荣航运公司和德国那亚航运公司等。这种组织形式以航运公司为主体签发联运提单，与航线两端的内陆运输部门开展联运业务，与大陆桥运输展开竞争。

▶ 2. 陆桥运输

在国际多式联运中，陆桥运输起着非常重要的作用，是远东/欧洲国际多式联运的主要形式。所谓陆桥运输是指采用集装箱专用列车或卡车，把横贯大陆的铁路或公路作为中间"桥梁"，使大陆两端的集装箱海运航线与专用列车或卡车连接起来的一种连贯运输方式。目前，我国渝新欧、汉新欧、蓉欧、郑新欧、西新欧等国际铁路均为跨大陆的运输，除了能直接到达的沿线城市，其他欧洲国家或地区都可以采用端头换装公路的路桥运输方式。

▶ 3. 海空联运

海空联运又称空桥运输。在运输组织方式上，空桥运输与陆桥运输有所不同：陆桥运输在整个货运过程中使用的是同一个集装箱，不用换装；而空桥运输的货物通常要在航空港换入航空集装箱。不过，两者的目标是一致的，即以低费率提供快捷、可靠的运输服务。

海空联运方式始于20世纪60年代，但到80年代才得到较大的发展。采用这种运输方式，运输时间比全程海运少，运输费用比全程空运便宜。20世纪60年代，将远东船运至美国西海岸的货物，再通过航空运至美国内陆地区或美国东海岸，从而出现了海空联运。当然，这种联运组织形式是以海运为主，只是最终交货运输区段由空运承担，目前我国内陆城市的进出境货物大多为该种联运方式。

练习

1. 国际多式联运所应具有的特点不包括（　　）。
   A. 签订一个运输合同　　　　　　B. 采用一种运输方式
   C. 采用一次托运　　　　　　　　D. 一次付费
2. 在货运代理支付了有关全程运输费用后，海铁联运经营人签发（　　）给货运代理。
   A. 海铁联运委托单　　　　　　　B. 海铁联运提单
   C. 运输委托书　　　　　　　　　D. 铁路运单
3. 多式联运经营人只要在交给发货人或其代理人的（　　）上签章（必须是海关能接受的），证明接受委托申请，多式联运合同就已经订立并开始执行。
   A. 场站收据（空白）副本　　　　B. 场站收据（空白）正本
   C. 多式联运提单　　　　　　　　D. 运输委托书
4. 在国际多式联运中，如果货物在全程运输中发生了灭失、损害和运输延误，如不能确定事故发生的区段时，一般按在（　　）发生处理。
   A. 公路段　　　　　　　　　　　B. 海运段
   C. 铁路段　　　　　　　　　　　D. 空运段
5. 国际多式联运经营人将集装箱交付船公司或其代理，船公司应向其签发（　　）。
   A. 公路运单　　　　　　　　　　B. 联运提单
   C. 海运提单　　　　　　　　　　D. 运输委托书
6. 在多式联运中，处理货损事故时多采用（　　）。
   A. 统一责任制　　　　　　　　　B. 网状责任制
   C. 责任限额制　　　　　　　　　D. 单一责任制

任务四　国际多式联运操作

国际多式联运业务的操作步骤与国内多式联运业务的操作类似，两者的主要差别在于国际多式联运业务的操作必须有出口报关环节，还有使用单证也不同。国际多式联运业务是在多式联运经营人的组织下完成的，其业务程序主要有以下环节。

一、接受托运申请，订立多式联运合同

多式联运经营人根据货主提出的托运申请和自己的运输路线等情况，判断是否接受该托运申请。如果能够接受，则双方议定有关事项后，在交给发货人或其代理人的场站收据（货物情况可暂时空白）副本上签章（必须是海关能接收的），证明接受托运申请，多式联运合同已经订立并开始执行。

发货人或其代理人根据双方就货物交接方式、时间、地点、付费方式等达成协议填写场站收据（货物情况可暂空），并把其送至联运经营人处编号，多式联运经营人编号后留下货物托运联，将其他联交还给发货人或其代理人。

二、集装箱的发放、提取及运送

多式联运大多数使用集装箱运输，集装箱一般应由经营人提供。集装箱的来源可能有三个：一是经营人自己购置使用的集装箱；二是由公司租用的集装箱，这类集装箱一般在货物的起运地附近提箱而在交付货物地点附近还箱；三是由全程运输中的某一分运人提供，这类集装箱一般需要在多式联运经营人为完成合同运输与该分运人（一般是海上区段承运人）订立分运合同后获得使用权。

如果双方协议由发货人自行装箱，则多式联运经营人应签发提箱单或者租箱公司或分运人签发的提箱单交给发货人或其代理人，由他们在规定日期到指定的堆场提箱并自行将空箱拖运到货物装箱地点，准备装货。如发货人委托，亦可由经营人办理从堆场装箱地点的空箱拖运（这种情况需加收空箱拖运费）。

如果是拼箱货（或是整箱货但发货人无装箱条件不能自装），则由多式联运经营人将所用空箱调运至接受货物集装箱货运站，做好装箱准备。

三、出口报关

若联运从港口开始，则在港口报关；若从内陆地区开始，应在附近的海关办理报关。一般由托运人办理，也可委托多式联运经营人代办。报关时应提供场站收据、装箱单、出口许可证等有关单据和文件。

四、货物装箱

（一）自行装箱

若是发货人自行装箱，发货人或其代理人提取空箱后在自己的工厂和仓库组织装箱，装箱工作一般要在报关后进行，并请海关派员到装箱地点监装和办理加封事宜。如需理货，还应请理货人员现场理货并与之共同制作装箱单。

（二）委托多式联运经营人或货运站装箱

若是发货人不具备装箱条件，可委托多式联运经营或货运站装箱（指整箱货情况），发货人应将货物以原来形态运至指定的货运站由其代为装箱。如是拼箱货物，发货人应负责将货物运至指定的集装箱货运站，由货运站按多式联运经营人的指示装箱。无论装箱工作由谁负责，装箱人均需制作装箱单，并办理海关监装与加封事宜。

（三）多式联运的配积载

▶ 1. 配积载的含义

货物配积载是指根据货物种类、特性、数量、流向等多种货物的既定运输任务，通过合理配装以充分利用运输工具的容积及载重能力的作业环节。它是联合运输的一项重要的技术性较强的工作，相应工作人员应对运输程序、货物调运方法、车船性能及容积或载重量、货物拼配拼装条件等情况清楚明了。

▶ 2. 配积载的要求

（1）掌握发运顺序，做到先急后缓，先重点后一般，先计划内后计划外，先远后近，先进先出，后进后出。

（2）掌握不同货物的拼配范围，确保货物安全。

(3) 掌握轻重配积载原则，提高车船容积利用。

(4) 掌握等级起票，节约运输费用。尤其是零担货物的配积载，因为零担整车的运价是按拼配货物最高的运价等级计收运费，故应尽量将运价等级相同或相近的货物拼配在一起。

▶ 3. 配积载的形式

(1) 见单配积载，是指在货物提交联合运输时，先集中托运单据，后集中货物。也就是在见到托运单据时先对货物进行配积载计划，待确定装车装船期限时，再将货物送到车站码头。见单配积载工作比较主动，一般不占用流转性的仓库，车站、码头货位的利用率高，但遇到大量货物发运时，短途运输压力较大。

(2) 见货配积载，是把需要联运的货物先集中到流转性的仓库或车站、码头货位上，再根据货物的流量、流向进行配积载。见货配积载可方便货主、减少货主负担，装车、装船的时间有保证，短途运输压力小，但易造成仓库堵塞不畅。

五、接收货物

对于由货主自装箱的整箱货物，发货人应负责将货物运至双方协议规定的地点，多式联运经营人或其代理人（包括委托的堆场业务员）在指定地点接收货物。如是拼箱货，经营人在指定的货运站接收货物。验收货物后，代表联运经营人接收货物的人应在场站收据正本上签章并将其交给发货人或其代理人。

六、核收多式联运费用

(一) 多式联运费用项目

多式联运费用主要包括运费、杂费、中转费和服务费。

▶ 1. 运费

货物联运运费包括铁路运费、水路运费、公路运费、航空运费、管道运费5个类别。按货物通过的运输工具，依据国家或各省、市、自治区物价部门规定的运价计算运费。联运服务公司向货主核收的运输费用包括：

(1) 发运地区（城市）内的短途运输运费（接取费）；

(2) 由发运联运服务公司至到达联运服务公司之间的全程运费；

(3) 到达地区（城市）内的短途运输运费（送达费）。

▶ 2. 杂费

多式联运杂费的种类包括装卸费、换装包干费、货物港务费和货物保管费。

联运杂费的计算公式：

铁路（水路）装卸费＝货物重量×适用的装卸费率

换装包干费＝货物重量×适用的换装包干费率

港务费＝货物重量×港务费率

货物保管费＝货物重量（或车数）×天数×适用的保管费率

公路装卸费＝车吨（货物重量）×适用的装卸费率

▶ 3. 中转费

中转费主要包括装卸费、仓储费、接驳费（或市内汽车短途转运费）、包装整理费等。

计算方式分实付实收和定额包干两种方式。

（1）实付实收方式是在中转过程中发生的各项运杂费用，采用实报实销的办法。这种方式除了收取固定的中转服务费外，其他费用均属于代收代付。

（2）定额包干方式是指确定一定的额度，包含所有中转费用。这种方式除了按一种费率包干外，还有按运输方式包干、按费用项目包干和按地区范围包干等。

▶ 4. 服务费

服务费是指联运企业在集中办理运输业务时支付的劳务费用。一般采取定额包干的形式。按不同的运输方式和不同的取送货方式，规定不同费率。

服务费的组成一般包括业务费和管理费。业务费是指用于铁路、水路、公路各个流转环节所发生的劳务费用。管理费是指从事联运业务人员的工资、固定资产折旧和行政管理费等方面的支出。

（二）多式联运费用的核收方式和计算方法

▶ 1. 多式联运费用常用的核收方式

(1) 预付，即由发货人在发货地向发运联运服务公司支付一切运输费用。

(2) 到付，即由收货人在收货地向到达联运服务公司支付一切运输费用。

(3) 分付，即由发货人在发货地向发运联运服务公司支付发货地发生的杂费和运费，由收货人在收货地向到达联运服务公司支付到达地发生的费用。

▶ 2. 计算方法

由发运联运服务公司至到达联运服务公司之间的全程运费是联运货物运输费用的主要组成部分，联运服务公司向货主核收这部分运费的计算办法主要有两种：

(1) 按运输合同规定的运输线路及有关运输工具的运费标准，分别计算单项运输阶段运费，全程运费等于各单项运费之和。

(2) 按联运服务公司自行规定的运费标准计算全程运费。

采用第(1)种方法计算运费时，联运服务公司是以货主运输代理人的身份，为货主代办联运货物的全程运输；而采用第(2)种计算运费方法时，联运服务公司是以货物联运经营人的身份，向货主承包联运货物的全程运输。联运服务公司可根据具体情况分别采用不同的运费计算方法。

七、订舱及安排货物运送

经营人在合同订立之后，即应制订合同涉及的集装箱货物的运输计划，该计划包括货物的运输路线，区段的划分，各区段实际承运人的选择确定及各区段衔接地点的到达、起运时间等内容。这里所说的订舱泛指多式联运经营人要按照运输计划安排洽定各区段的运输工具，与选定的各实际承运人订立各区段的分运合同。这些合同的订立由经营人本人（派出机构或代表）或委托的代理人（在各转接地）办理，也可请前一区段的实际承运人作为代表向后一区段的实际承运人订舱。

八、办理保险

在发货人方面，应投保货物运输险。该保险由发货人自行办理，或由发货人承担费用由经营人代为办理。货物运输保险可以是全程，也可分段投保。在多式联运经营人方面，应投保货物责任险和集装箱保险，由经营人或其代理人向保险公司或以其他形式办理。

九、签发多式联运提单，组织完成货物的全程运输

多式联运经营人的代表收取货物后，经营人凭发货人提交的收货收据（在集装箱运输一般是场站收据正本）应向发货人签发多式联运提单。在把提单交给发货人前，应注意按双方议定的付费方式及内容、数量向发货人收取全部应付费用。

（一）签发提单时应注意的事项

（1）如签发可转让提单，应在收货人栏列明按指示交付或向持票人交付。签发不可转让提单，应列明收货人的名称。

（2）提单上的通知人一般是在目的港或最终交货地点由收货人指定的代理人。

（3）对签发正本提单的数量一般没有规定，但如应收货人要求签发一份以上的正本时，在每份提单上应注明正本份数。

（4）如签发任何副本（应要求），每份副本均应注明"不可转让副本"字样，副本提单不具备提单的法律效力。

（5）如签发一套一份以上的正本可转让提单时，各正本提单具有同样的法律效力，而多式联运经营人或其代表如已按其中一份正本交货便已履行交货责任，其他提单自动失效。

（6）多式联运提单应由多式联运经营人或经他授权的人签字，可以是手签，手签笔迹的印、盖章、符号或用任何其他机械或电子仪器打出。

（7）如果多式联运经营人或其代表在接收货物时，对货物的实际情况和提单中所注明的货物的种类、标志、数量或重量、包装件数等有怀疑，但又无适当方法进行核对、检查时，可以在提单中做出保留，注明不符之处、怀疑的根据。

（8）经发货人同意，可以用任何机械或其他方式保存公约规定的多式联运提单应列明的事项，签发不可转让提单。在这种情况下，多式联运经营人在接管货物后，应交给发货人一份可以阅读的单据，该单据应载明此种方式记录的所有事项。根据公约规定，这份单据应视为多式联运单据。多式联运公约的这种规定，主要是为了适应电子单证的使用而设置的。

（二）多式联运提单签发的时间与地点

由于接收货物的地点不同，签发提单的时间、地点及联运经营人承担的责任也有较大差别。

▶ 1. 在发货人工厂或仓库收到货物后签发的提单

在发货人的"门"接受货物，场站收据中应注明。提单一般在集装箱装到运输工具（可能是汽车，如有专用线时也可能是火车）后签发。在该处签发提单意味着发货人应自行负责货物报关、装箱、制作装箱单、联系海关监装及加封，交给多式联运经营人或其代表的是外表状况良好、铅封完整的整箱货物。而经营人应负责从发货工厂或仓库至码头堆场（或内陆港堆场）的运输和至最终交付货物地点的全程运输。

▶ 2. 在集装箱货运站收货后签发提单

多式联运经营人是在他自己的或由其委托的集装箱货运站接收货物。接收货物一般是

拼箱运输的货物。提单签发时间一般是在货物交接入库后。在该处签发提单意味着发货人应负责货物报关，并把货物（以原来形态）运至指定的集装箱货运站，而多式联运经营人（或委托 CFS）负责装箱，填制装箱单，联系海关加封等业务，并负责将拼装好的集装箱运至码头（或内陆港站）堆场。

▶ 3. 在码头（或内陆港）堆场收货后签发的提单

码头（或内陆堆场）接收货物，一般由发货人将装好的整箱货运至多式联运经营人指定的码头（或内陆港）堆场，由经营人委托的堆场业务人员代表其接收货物，签发正本场站收据给发货人，再由发货人用该正本至经营人或其代表处换取提单。联运经营人收到该正本，并收取应收费用即应签发提单。

该处签发提单一般意味着发货人应自行负责货物装箱、报关、加封等工作，并负责这些整箱货物从装箱地点至码头（或内陆）堆场的内陆运输，而多式联运经营人应负责完成组织完成货物由该堆场至目的地的运输。

以上签发的提单均是待装船提单。为了适应集装箱货物多式联运的需要，《跟单信用证统一惯例》最近三次修订本均规定卖方可使用联运提单结汇。

多式联运经营人有完成和组织完成全程运输的责任和义务。在接收货物后，要组织各区段实际承运人、各派出机构及代表人共同协调工作，完成全程中各区段的运输以及各区段之间的衔接工作，运输过程中所涉及的各种服务性工作和运输单据、文件及有关信息等组织和协调工作。

十、货物交付

当货物运至目的地后，由目的地代理通知收货人提货。收货人需凭多式联运提单提货，经营人或其代理人需按合同规定，收取收货人应付的全部费用。收回提单后签发提货单（交货记录），提货人凭提货单到指定堆场（整箱货）和集装箱货运站（拼箱货）提取货物。

如果整箱提货，则收货人要负责至掏箱地点的运输，并在货物掏出后将集装箱运回指定的堆场，运输合同终止。

十一、运输过程中的海关业务

按惯例，国际多式联运的全程运输（包括进口国内陆段运输）均应视为国际货物运输。因此该环节工作主要包括货物及集装箱进口国的通关手续、进口国内陆段保税（海关监管）运输手续及结关等内容。如果陆上运输要通过其他国家海关和内陆运输线路时，还应包括这些海关的通关及保税运输手续。

这些涉及海关的手续一般由多式联运经营人的派出所机构或代理人办理，也可由各区段的实际承运人作为多式联运经营人的代表办理，由此产生的全部费用应由发货人或收货人负担。

如果货物在目的港交付，则结关应在港口所在地海关进行。如在内陆地交货，则应在口岸办理保税（海关监管）运输手续，海关加封后方可运往内陆目的地，然后在内陆海关办理结关手续。

十二、货运事故处理

如果全程运输中发生了货物灭失、损害和运输延误，无论是否能确定发生的区段，发(收)货人均可向多式联运经营人提出索赔。多式联运经营人根据提单条款及双方协议确定责任并做出赔偿。如能确知事故发生的区段和实际责任者时，可向其进一步进行索赔。如不能确定事故发生的区段时，一般按在海运段发生处理。如果已对货物及责任投保，则存在要求保险公司赔偿和向保险公司进一步追索的问题。如果受损人和责任人之间不能取得一致，则需通过诉讼时效内提起诉讼和仲裁来解决。

国内多式联运与国际多式联运的业务流程的不同，主要是在于是否需要报关和办理保险的迫切性。国际多式联运必须报关，办理货物运输保险的迫切性更大。

思考：货物采用多式联运与单一方式出口操作流程有哪些不同？

拓展阅读

国际多式联运当事人赔偿责任

发货人与多式联运经营人之间的法律关系由合同确定，各自承担合同中规定的权利、责任与义务。

责任期间内，受损方可向责任方提出赔偿要求和以违约提出诉讼。一般做法：多式联运合同中发货人与实际完成各区段的实际承运人之间没有任何合同关系，如果在某一区段运输中无论是由于发货人或实际承运人中的哪一方的过失造成货物的损害，受损方均不能以违约提出诉讼或直接要求对方赔偿，只能由受损方先向多式联运经营人提出赔偿要求，多式联运经营人赔偿后再根据与责任方的合同进一步提出追偿要求。

这种反常的做法并不说明发货人与实际承运人之间不存在任何法律关系，由于发货人毕竟是货物的物权人，因此在确知货损发生的区段和应承担责任的实际承运人时，发货人仍可以向应承担责任的实际承运人提起诉讼和赔偿要求，但这与上面以违约提出的赔偿要求是不同的。多式联运当事人的具体赔偿责任如下。

一、国际多式联运经营人的责任期限

国际多式联运经营人的责任期限指承运人关于货物运输责任自开始时刻到结束时刻之间的一段连续时间。国际多式联运公约仿照汉堡规则（多式联运经营人对货物的责任期限自接管货物之时起至交付货物时止）规定：接管货物之前和交付货物之后对货物不负责任。

1. 接管货物的形式

（1）从发货人或其代表手中接收货物；

（2）根据接管货物地点适用的法律和规章，货物必须由运输管理当局或其他第三方手中接收。

2. 交付货物规定的形式

（1）将货物交给收货人；

（2）如收货人不向多式联运经营人（或其代表）提取货物，则按多式联运合同规定或按交货地点适用的法律规定或特定的行业惯例，将货物置于收货人的支配之下；

(3)将货物交给根据交货地点适用的法律、规章规定的必须向其交付的当局或其他第三方。

二、多式联运经营人赔偿责任基础

承运人在按运输合同规定完成运输的过程中(责任期限内)对发生的哪些事情或事故承担赔偿责任及按照什么样的原则判断是否应承担责任。

(一)过失责任制(单一运输方式)

承运人承担责任是以自己在执行这些合同过程中有过失,并因这些过失造成对收货方或其他人的损害为基础而承担损害的赔偿责任。

(1)完全过失责任制(汉堡规则和航空的海牙议定书采用):不论承运人的过失是什么情况,只要有过失并造成了损害就要承担责任。

(2)不完全过失责任制(海牙规则):规定对某些性质的过失造成的损害可以免责。

(二)严格责任制(铁路公路用)

除不可抗力造成的损害可以免责外,承运人要对责任期限内发生的各类损害承担赔偿责任,无论承运人是否有过失或损害是否由于过失造成。

(1)国际多式联运公约中规定(完全过失责任制):多式联运经营人对于发生在其掌管期间内货物的灭失、损坏或延误交货的损失应负赔偿责任。除非多式联运经营人能证明其本人、受雇人或其代理人或其他人为避免事故的发生和其后果已采取了一切符合要求的措施。

(2)对延迟交货规定:如果货物未在议定的时间内交付,或者无此种协议情况下,未在按照具体情况对一个勤奋的多式联运经营人所能合理要求的时间内交付,即为延误交货。

(3)两种情况:未在双方议定(或合同规定)的时间内交货;未在合理的时间内交货。

三、多式联运经营人的赔偿责任形式

多式联运经营人的赔偿责任形式现行两种:责任分担制(经营人和实际承运人仅对自己完成的区段运输负责,各区段适应的责任按该区段使用的法律予以确定,没有全程统一的责任人)和单一责任制(有统一负责的人,无论损害发生在哪一方,哪一区段托运人或收货人均可向多式联运经营人索赔)。

单一责任制的形式如下:

(1)网状责任制:多式联运经营人对全程运输负责,而各区段实际承运人对自己完成的区段负责。各区段适用的责任原则按适用于该区段的法律予以确定。

(2)统一责任制:多式联运经营人对全程运输负责,而各区段的实际承运人对自己完成的区段负责。无论损害发生在哪一个区段,多式联运经营人或实际承运人承担的赔偿责任相同。

公约有分歧,最后双方让步为修改后的统一责任制,即多式联运经营人对全程运输负责,各区段实际承运人对自己完成区段的运输负责。无论货损发生在哪个区段,多式联运经营人和实际承运人都按公约规定的统一责任限额承担责任。但如果货物灭失、损害发生于多式联运的某一特定区域,而对这一区段适用的一项国际公约或强制性国家法律规定的赔偿责任限额高于本公约规定的责任限额时,多式联运经营人对这种灭失、损害的赔偿应按照适用的国际公约或强制性国家法律予以确定。

目前，实行网状责任制。

四、多式联运经营人赔偿责任限制

多式联运经营人赔偿责任限制指承运人掌管货物期间对应承担赔偿责任的货物灭失、损害和延误交货等造成货物损失进行赔偿的最高限额规定，该限额是由采用的责任形式和责任基础决定的。

限额规定两种形式：一种是单一赔偿标准，即只规定对单位重量货物赔偿限额；另一种是双重赔偿标准，即不但规定单位重量货物赔偿限额，也规定每一货损单位（每件或每一基本运输单元）的赔偿限额。

多式联运公约是以双重赔偿标准与单一标准结合的方式规定的：

（1）如在国际多式联运中包括了海运或内河运输，对每一件或每一货损单位限额为920SDR 或毛重每千克2.75SDR，以较高者为准。

（2）如果在国际多式联运中不包括海运或内河运输，赔偿责任限额按毛重每千克不得超过8.33SDR。还规定，对延迟交货造成的损失的赔偿责任限额为延误交付货物应付运费的2.5倍，但不得超过多式联运合同规定的应付运费总额。

赔偿总额以货物全部灭失为限。

五、发货人与多式联运经营人、实际承运人的法律关系

发货人与多式联运经营人之间的法律关系由合同确定，各自承担合同中规定的权利、责任与义务。

责任期间内，受损方可向责任方提出赔偿要求和以违约提出诉讼。

一般做法：多式联运合同中，发货人与实际完成各区段的实际承运人之间没有任何合同关系，如果在某一区段运输中无论是由于发货人或实际承运人中的哪一方的过失造成货物的损害，受损方均不能以违约提出诉讼或直接要求对方赔偿，只能由受损方先向多式联运经营人提出赔偿要求，多式联运经营人赔偿后再根据与责任方的合同进一步提出追偿要求。

这种反常的做法并不说明发货人与实际承运人之间不存在任何法律关系，由于发货人毕竟是货物的物权人，因此在确知货损发生的区段和应承担责任的实际承运人时，发货人仍可以向应承担责任的实际承运人提起诉讼和赔偿要求，但这与上面以违约提出的赔偿要求是不同的。

六、发货人的义务及赔偿责任

发货人，指其本人或以其名义或其代表与多式联运经营人订立多式联运合同的任何人，或指其本人或以其名义或其代表按照多式联运合同将货物交给多式联运经营人的任何人。

发货人有两种：一是订立多式联运合同的人；另一是交货的人。这两种发货人有时是统一的，在买方订立运输合同的时候不统一。

（一）发货人的义务

（1）保证完成双方议定采用的交接方式下应承担的全部工作，在规定的时间、地点将货物交给多式联运经营人或其代表。

（2）保证申报货物内容（包括名称、性质、包装、单件重、尺码）等准确、完整，铅封完好。

(3) 如使用自有箱,应保证集装箱符合有关国际公约和标准的规定,箱子与附属设备能适合多种运输方式。

(4) 货物包装应牢固,标志、标签应清楚、准确、完整。

(5) 如系危险货物,应说明其特征及应采取的措施、运输要求等。

(6) 保证向多式联运经营人提供办理通关、检查等手续所需的各类单证、文件的准确与齐全。一般多式联运经营人没有检查这些单证文件是否准确、齐全的义务。

(二) 发货人赔偿责任通则

公约中对发货人赔偿责任通则的规定是:如果多式联运经营人遭受的损失是由于发货人的过失或疏忽,或者他的受雇人或代理人在其受雇范围内行事时的过失或疏忽所造成的,发货人对这种损失应负赔偿责任。

并且还规定:如果损失是由发货人的受雇人或代理人本身的过失或疏忽所造成的,该受雇人或代理人对这种损失应负赔偿责任。

根据这样规定,发货人负责的损失不仅包括多式联运经营人的损失,也包括由于这一过失导致多式联运经营人要对实际承运人或其他第三者做出赔偿的损失。

发货人赔偿责任一般包括:

(1) 对由于自行装箱不当,积载不妥引起的多式联运经营人和其他第三者的损失负责。

(2) 对使用自有箱造成的货物损害和引起多式联运经营人和其他第三者的损失负责。

(3) 对自己负责的内陆拖运(不论是空箱、重箱)过失造成的箱、货或其他损失负责。

(4) 对其受雇人、代理人的过失造成的损失负责。

(5) 对由于没有完全履行前面讲过的各项义务造成的多式联运经营人和其他第三者的损失负责。

(三) 发货人对危险货物的责任

(1) 发货人应以合适的方式在危险货物上注明危险标志或标签。无论是在集装箱上还是在包装上都应有明显、准确的标志或标签。

(2) 发货人将危险货物交给多式联运经营人或其任何代表时,应告知货物的危险特性,必要时还应告知应采取的预防措施及运输要求,如果发货人未告知而且多式联运经营人又无从得知货物的危险特性,则:

① 发货人对多式联运经营人由于载运这些货物而遭受的一切损失负责赔偿。

② 视情况需要,多式联运经营人可随时将货物卸下、销毁或使其无害而须给予赔偿。

(3) 如果多式联运经营人或其任何代表在接管货物时已得知货物的危险特性,则不适用上述第(2)条的规定。

(4) 如果第(2)条的第②项规定不适用或不得援用,而危险货物对人命或财产造成实际危险,多式联运经营人可视情况需要将货物卸下、销毁或使其无害,除有分摊共同海损的义务或根据公约对赔偿有关规定承担应负赔偿责任外,无须给予赔偿。

项目测评

▶ **1. 项目导入研讨**

学习完本项目内容后,请以重庆直通物流有限公司货运代理操作员的身份完成项目导入中的各项任务。

▶ 2. 网络自我学习

登录福步外贸论坛官网(http：//bbs.fobshanghai.com/)，注册一个账号，关注并学习最新陆运知识及信息资源。

参 考 文 献

[1] 谢海燕. 国际货运代理理论与实务[M]. 北京：北京大学出版社，2009.
[2] 邓传红. 国际货运代理实务[M]. 大连：大连理工大学出版社，2009.
[3] 孙家庆，姚景芳. 国际货运代理实务[M]. 北京：中国人民大学出版社，2015.
[4] 邵苇苇，赵彦军. 国际货运代理实务[M]. 北京：科学出版社，2012.
[5] 范泽剑. 国际货运代理[M]. 北京：机械工业出版社，2011.
[6] 陈彩凤. 国际货运代理（修订本）[M]. 北京：北京交通大学出版社，2012.
[7] 弓永钦，张洋. 国际货运代理实训教程[M]. 北京：机械工业出版社，2014.
[8] 郭红霞. 国际货运代理[M]. 武汉：武汉大学出版社，2016.
[9] 李春富，山囡囡. 国际货运代理操作实务（第2版）[M]. 北京：中国人民大学出版社，2014.
[10] 中国货运代理协会. 国际海上货运代理理论与实务[M]. 北京：中国商务出版社，2010.
[11] 中国货运代理协会. 国际航空货运代理理论与实务[M]. 北京：中国商务出版社，2010.
[12] 中国货运代理协会. 国际陆路货运代理理论与实务[M]. 北京：中国商务出版社，2010.
[13] 何银星. 货代高手教你做货代：优秀货代笔记[M]. 北京：中国海关出版社，2010.
[14] 李爱红. 国际货运代理企业风险分析与防范[J]. 中国高新技术企业. 2010(12)：69-70.
[15] 黄茜. 国际货运代理操作风险分析与防范[J]. 物流技术. 2012(3)：44-45.
[16] 福步外贸论坛.
[17] 锦城物流网.
[18] 百度百科.
[19] MBA智库.
[20] 航运交易公报.
[21] 中国船检.
[22] 中国国际货运代理协会.
[23] 国际航空运输协会.